先秦至唐五代哀悼诗

文体论、艺术论、作家论

温　瑜　著

燕山大学出版社

2018·秦皇岛

图书在版编目（CIP）数据

先秦至唐五代哀悼诗文体论、艺术论、作家论 / 温瑜著．—2 版．—秦皇岛：燕山大学出版社，2018.6（2019.5 重印）
ISBN 978-7-81142-644-1

I．①先… II．①温… III．①古典诗歌－诗歌研究－中国 IV.①I207.22

中国版本图书馆 CIP 数据核字（2018）第 115020 号

先秦至唐五代哀悼诗文体论、艺术论、作家论

温　瑜　著

出 版 人：陈　玉
责任编辑：孙志强
封面设计：吴　波
出版发行：燕山大学出版社 YANSHAN UNIVERSITY PRESS
地　　址：河北省秦皇岛市河北大街西段 438 号
邮政编码：066004
电　　话：0335-8387555
印　　刷：北京建宏印刷有限公司
经　　销：全国新华书店

开　　本：700mm×1000mm　1/16　印　　张：16.25　字　　数：256 千字
版　　次：2018 年 6 月第 2 版　印　　次：2019 年 5 月第 2 次印刷
书　　号：ISBN 978-7-81142-644-1
定　　价：40.00 元

作者简介：

温瑜(1976 年 9 月—　),女,汉族,广西陆川人。2008 年于广西大学取得文学硕士学位,汉语言文字学专业,师从广西语言学会副会长陈海伦教授。2015 年于南京师范大学取得文学博士学位,中国古代文学专业诗词学方向,师从钟振振教授。恩师为南京师范大学文学研究所所长、特聘院教授、博士生导师,教育部外国学者“中华文化研究奖学金”指导教授,兼任中国韵文学会会长、中国宋代文学学会副会长、中国词学研究会副会长、中国诗学研究中心学术委员会委员,美国中华楹联学会学术顾问、全球汉诗总会名誉理事等,是编辑《全宋词》、《全金元词》、《词话丛编》的一代词宗——唐圭璋先生的得意门生。本人现任教于常熟理工学院,副教授,经济师,全国高级秘书。共主持项目 4 项:省厅级 2 项(已结题)、校级 2 项(已结题);参与项目研究 11 项:国家社科基金重大项目 1 项(在研)、国家社科基金项目 1 项(在研)、国家出版基金项目 1 项(在研)、省级 3 项(2 项已结题)、省厅级 1 项、校级 4 项(已结题)。在《暨南学报》、《北方论丛》、《文艺评论》、《山西师大学报》等刊物发表学术论文 61 篇(均独著),6 篇论文获省厅级奖励(均独著)。出版教材 5 部,唯一主编 1 部,副主编 1 部,参编 3 部。

此系列专著是本人主持的 2016 年江苏高校哲学社会科学研究基金项目《先秦至唐五代哀悼诗研究》(项目号:2016SJB750012)研究成果。

博士毕业谢师宴合影

前排居中为恩师南京师范大学博导钟振振教授，左二为作者，

后排左四为师兄南京师范大学博导曹辛华教授

序 言

当前学界对哀悼诗词的研究大多局限于悼亡诗词和挽歌，侧重于某家、某篇、某时段的研究，重复论述较多，理论建树较少，诗歌体式、风格、音韵和与文化的关系的研究尤为薄弱。哀悼诗作为中国古代诗歌题材的一个大类，揭示了世间最本质、最对立的矛盾——生死，含有人世间最真挚、最浓郁的情感和最深邃、最复杂的思想以及丰富的审美内涵和审美意蕴，具有文学、文体、文化、心灵史、方法论的研究价值。

本系列著作包括两部：《先秦至唐五代哀悼诗类型论、内涵与文化论》《先秦至唐五代哀悼诗文体论、艺术论、作家论》，以“先秦至唐五代哀悼诗”为研究对象，运用多学科交叉研究的方法，分类型、内涵与文化、文体、艺术、作家五个部分，力图从纵向与横向、内部与外部、共性与个性展现先秦至唐五代哀悼诗的整体风貌。

类型论：首先用追根溯源的方法纵向梳理先秦至唐五代哀悼诗中每个小类在中国文学史上的发展历程、内涵特点和艺术特色，明确在差序格局的中国古代封建社会，哀悼对象的社会地位以及作家与哀悼对象之间的关系及感情深浅决定了其语言策略和表达效果。关系越近、感情越深的作品往往以表达哀情为主，反之，则以表达赞美之情为主、哀情为辅。悼夫诗多表达思念和忠贞之情，悼妻诗大多表达哀情，也有的是赞而哀，悼妾诗多赞貌、性、艺和思人兼而有之，除悼亡诗以外的其他亲属哀悼诗和应酬类哀悼诗大多表达赞哀之情。从表达效果看，诗人与死者感情深厚的作品往往写得文采飞扬、动人心扉，而悼君诗、悼皇后诗、悼王诗、悼太子、悼公主诗、悼夫人诗因其哀悼对象身份特殊，既要表达对他们的尊敬、赞扬、哀悼但又不能有过于亲密的表示，故大多出现类型化、模式化的倾向。

内涵与文化论：从不同角度、不同层面探讨由死亡引发的丰富而深刻的情感内涵及与传统文化的关系。首先引入美国耶鲁大学谢利 · 卡根(Shelly Kagan)教授的剥夺解释理论(The Deprivation Account)，解释死亡的本质特征是以剥夺

性(deprivation)为主兼有终结性(finality)、必然性(inevitability)、普遍性(universality)、差异性(variability)、不可预测性(unpredictability)、无所不在(ubiquitous)六个方面的特征。存者对死者往往含有悲伤痛苦、孤独思念、内疚悔恨、报恩补偿、怜悯顾惜等多种复杂的感情。有的哀悼诗作者在哀悼死者的同时含有自己乡关之思和怀才不遇的身世之感。有的哀悼诗则表达了对统治阶级的讽刺、对天命的抱怨、对世态人情的怨刺。其次探讨先秦至唐五代哀悼诗与中国传统文化的关系,诗中无论是生命价值观还是死亡观及丧葬观都带有很强的儒家伦理色彩,但其对维护封建君主专政却有着积极作用。道教以其修道成仙、长生不死淡化存者对死亡的恐惧和悲哀,以其清静无为、放任自然的生活态度让人心境平和,佛教的五蕴聚合、十二因缘、业报轮回的思想缓解了死亡给存者带来的悲哀、痛苦以及超越死亡的希望,道教、佛教均给哀悼诗注入了生命的活力和丰富的审美想象。

文体论:引入现代语言风格学理论,用比较的方法从文体内部探寻先秦至唐五代哀悼诗不同体式的表达规范、使用功能及审美效果。四言体较强的民歌口语向书面语演变的色彩,楚歌体哀怨的风格,五、七古体朴实平易的风格,律体庄重、严肃、典雅的风格,绝句含蓄蕴藉的风格,都在哀悼诗的语音、语汇、语法、章法、修辞呈现出不同的风貌,本著作分析了其语言风格构成原理和主要原因。哀悼情感强烈的程度和哀悼对象的身份是决定诗人选择何种诗体的主要原因。一般而言,哀悼对象身份越尊贵,诗人的感情越内敛,越选用齐言、格律严谨的哀悼诗体。而五律体哀悼诗句式较短,节奏较少,又比四言体句式多了一个字,更富有表现力,而且因其较多使用二一二句式对称结构而越发显得整齐匀称、严谨端庄,因而多用于哀悼地位较为尊贵的死者,是先秦至唐五代所有哀悼诗中数量最多、最适合表达哀情的文体。

艺术论:引入音韵学尤其是汉语发音原理、发音方法的有关理论,从本体探讨先秦至唐五代哀悼诗含蓄、优美、庄重、文雅的语言风格构成原理,尤其以押阳声韵为主、押i、u、ü收尾的阴声韵为辅的发音原理与唔唔哼哼、咿咿呜呜、吁吁嘘嘘的哭声和哀叹声的发声原理大致相同,能较好地抒发对死者的哀痛和感叹之情。其抒情模式是以间接抒情方式为主的颂哀式,包含先颂后哀、先哀后颂、哀颂交集、只颂不哀、只哀不颂、哀颂讽交集六种套式和借景抒情式、借物抒情式、借梦抒情式、比兴式、直接抒情式、综合式六种抒情方式。引入英国语言学家G. Leech的“礼貌原则”(Politeness Principle)和我国人类学家胡先晋(Hu, Hsien-Chin)的“面子/礼貌系统”的语言学理论,解释了含颂式抒情套式最多、纯哀式抒情套式最少而其中又以先颂后哀套式占主流的原因。结合美学、哲学、宗教、地理学、生理学、心理学研究,探讨先秦至唐五代哀悼诗的意象演变过程:以自然界动植物意象为主到以历史故事、神话传说类意象为主,由单一意象到以1~3个主要意象为主到以密集意象为主,其连接方式也由以比兴为主演变到以对偶、对仗为主,其审美意境——“空”具有萧条、偏僻、寂静、寒冷、孤独、虚无、荒谬、悲剧、妙悟等多重内涵,且能以空框效应、充满张力的语言和含蓄的韵味吸引审美主体。

作家论:从个案研究的角度,选择先秦至唐五代10位代表诗人做个案研究,并提出影响一位作家在哀悼诗史地位的五大因素:作家的政治地位或文学地位较高,哀悼对象的地位较高,思想内涵崇高或具有真理性、普遍性,文体运用娴熟或有重大突破,艺术技巧高超和艺术成就巨大。其中杜甫和元稹则是其中的“双子星座”。

本系列著作的创新之处主要体现在:

一、研究理论创新:着力于探寻先秦至唐五代哀悼诗的语言风格及构成原理,四言体哀悼诗的语言风格及构成原理,楚歌体哀悼诗的语言风格及构成原理,五、七言古体哀悼诗的语言风格及构成原理,律体哀悼诗的语言风格及构成原理,绝句体哀悼诗的语言风格及构成原理,以及先秦至唐五代哀悼诗的抒情模式构成原理、抒情方式构成原理、意象构成原理、意境构成原理。

二、研究范畴创新:突破了集中于悼亡诗词和挽歌和某家、某篇、某时段的研究,而是更为科学、系统和全面地研究:首先从纵向梳理先秦至唐五代每类哀悼诗在中国文学史上的发展历程和艺术特点,继而将其置于中国历史纵向、横向对比的整体座标上探讨先秦至唐五代哀悼诗所反映的死亡本质、情感内涵及中国传统文化儒家思想、道教、佛教对哀悼诗的影响,再从文体上探寻先秦至唐五代哀悼诗四言体,楚歌体,五、七言古体,律诗,绝句的表达规范、使用功能和审美效果,以及从本体上总结先秦至唐五代哀悼诗的语言风格、抒情模式、抒情方式、意象、意境的艺术特征,最后分析典型代表作家的艺术个性,力图从纵向与横向、内

部与外部、共性与个性多角度展现先秦至唐五代哀悼诗的整体风貌。

三、研究方法创新:跨学科(尤其是语言学)、多角度研究是本系列著作最大的创新之处:

1. 音韵学理论尤其是汉语发音原理、发音方法的引入为当前古典诗歌音韵研究的滞后带来了新鲜元素。

2. 现代语言风格学理论的引入弥补了中国古典诗学风格分类过细、语言手段构成言之不明、风格之间杂糅不清的不足,有助于解释先秦至唐代哀悼诗不同诗歌体式的风格构成原理和总体语言风格特征。

3. 英国语言学家 G. Leech 的“礼貌原则”和我国人类学家胡先晋的“面子/礼貌系统”的引入也有利于解释中国古代封建社会错综复杂的社会关系和作家在哀悼诗中采用的语言策略。

4. 引入美国耶鲁大学谢利·卡根教授提出的剥夺解释理论,指明了死亡的最本质特征就是剥夺性,即死亡的坏处不是绝对的、稳固的、内在的坏处(intrinsically bad),也不是结果上的坏处(instrumentally bad),而是相对的坏处(comparatively bad),这有利于理顺当前一些哀悼文学研究中将死亡的内在坏处、结果坏处、相对坏处杂糅不清的现象。

5. 结合美学、哲学、宗教、地理学、生理学、心理学研究,一方面能更全面地看到儒家思想、佛教、道教传统文化的积极因素,从历时的角度总结先秦至唐代哀悼诗意象体系的构成、组接方法和典型意象的演变,另一方面更有利于理解先秦至唐代哀悼诗中含着多种审美意蕴的“空”境。

6. 语言学从微观入手、注重量化统计的研究方法对古代文学善于从宏观着眼、忽视量化统计的研究方法亦有补充作用。

本系列著作受到南京师范大学恩师钟振振教授、师哥曹辛华教授、程杰教授、张采民教授、陈书录教授、王青教授和南京大学的程章灿教授、曹虹教授的悉心指导,得到同门兄弟姐妹的热情帮助,在此表示衷心的感谢!同时也希望广大专家学者多提宝贵意见!

温　瑜

2016 年 10 月 8 日于苏州

目　录

第一编　文体论

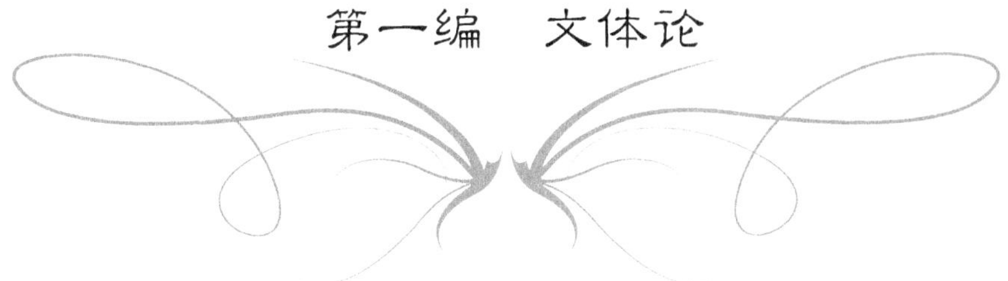

“文非一体，鲜能备善。”[①]古人很早就意识到不同文体的表达规范与使用功能及审美效果是密切相关的。中国古代诗歌体裁可以分为古体诗和近体诗，古体诗包括四言体，楚歌体，五、七言古体，近体诗包括律诗和绝句。所以现将先秦至唐五代哀悼诗分为两类五体：古体诗包括四言体，楚歌体，五、七言古体，近体诗包括律诗、绝句，每种体式的表达规范不同，故使用功能有异，语言风格亦有别。

① 孙冯翼辑，魏文帝撰《典论》，北京：中华书局1985年版，第1页。

第一章

先秦至唐五代四言体哀悼诗

四言体作为我国较早的古代汉族诗歌体裁，是指通篇或绝大部分都是由每句四个字的诗句所组成的诗。它最早出现在上古歌谣及《周易》韵语中，盛行于西周，春秋时期、东汉以后逐渐衰落。现存先秦至唐五代四言体哀悼诗作品共有16首：

先秦：《诗经·邶风·绿衣》《诗经·邶风·二子乘舟》《诗经·唐风·葛生》《诗经·秦风·黄鸟》《诗经·小雅·蓼莪》《楚人谣》。其中《诗经·邶风·绿衣》《诗经·唐风·葛生》为悼亡诗，《诗经·邶风·二子乘舟》为民间悼太子诗，《诗经·秦风·黄鸟》为民间悼臣诗，《诗经·小雅·蓼莪》为悼父母诗，《楚人谣》为民间悼国君诗。

汉：无名氏的《陬操》、无名氏的《伤三贞诗》、（朝鲜）高丽玉的《箜篌引》、无名氏的《郭辅碑歌》。其中《陬操》为文人悼臣诗，《伤三贞诗》《箜篌引》为悼节妇诗，《郭辅碑歌》为悼友诗。

三国：王粲《为潘文则作思亲诗》、曹丕《短歌行》，前一首为悼他人父母诗，后一首为悼父母诗。

晋：孙绰《表哀诗》为悼父母诗。

北魏：高允《咏贞妇彭城刘氏诗》为悼节妇诗。

唐：欧阳詹《有所恨二章》，无名氏《刘明德墓志铭末附歌》[①]均为悼友诗。

总计之，悼亡诗有2首，民间悼太子诗有1首，民间悼臣诗有1首，悼父母诗有3首，民间悼国君诗有1首，文人悼臣诗有1首，悼节妇诗有3首，悼友诗有1首，悼他人父母诗有1首。它们在词汇、句法、章法、修辞上都呈现出较强的民歌口语俗化向书面语雅化演变的色彩。

① 此诗以四言句式为主，只结尾两句用了楚辞体句式，故划归四言体诗。

一、词汇、语气特征

从词汇、语气看多用叠音词，经历了从较多运用到少用甚至不用语气词、语调等手段来表情达意的转变。

现对先秦至唐五代四言体哀悼诗的叠音词和虚词作如下统计：

虚词、叠音词统计表(单位:次)

	篇名	虚词		叠音词
		语气词	其他虚词	
先秦	《楚人谣》		虽(1)必(1)	
	《邶风·绿衣》	兮(4)句中 兮(5)句末 矣(2)句末	之(2) 以(1)无(1) 维(2) 其(3)	
	《邶风·二子乘舟》		其(2)不(1)	泛泛(2)、养养(1)
	《唐风·葛生》	兮(2)句末	于(4)与(3) 之(6)	
	《秦风·黄鸟》	兮(3)句末	于(3)之(3) 其(9)维(3) 者(3)如(3)	交交(3)、惴惴(3)
	《小雅·蓼莪》	兮(2)句中 矣(2)句末	之(4)则(2) 不(3)无(2) 莫(2)	蓼蓼(2)、哀哀(2)、 发发(1)、烈烈、(1)、 律律(1)、弗弗(1)
汉	《陬操》		既(1)焉(1) 将(1)不(2) 之(2)将(1) 于(1)彼(1) 只且(1)其(1)	洋洋(1)攸攸(1)
	《伤三贞诗》		于(1)惟(1) 不(1)	
	《郭辅碑歌》	矣(1)句中	之(3)亦(1) 不(1)	堂堂(1)娥娥(1) 叶叶(1)
	《箜篌引》		竟(1)而(1) 无(1)	

续表

	篇名	虚词		叠音词
		语气词	其他虚词	
三国	《为潘文则作思亲诗》	止(1)句末 思(1)句首 乎(1)句中 矣(1)句末 焉(1)句首 焉(2)句中	之(5)于(6) 既(1)则(1) 不(1) 莫(1)弗(4) 庶(1)於(3) 在(2) 其(1)以(1)	穆穆(1)、齊齊(1)、严严(1)
	《短歌行》		亦(1)不(2) 莫(1)亦(1)	连连(1)、呦呦(1)、翩翩(1)
晋	《表哀诗》	矣(1)句中	以(2)不(1) 彼(1)	茫茫(1)、微微(1)、眇眇(1)、悠悠(1)、寥寥(1)、戚戚(1)
北魏	《咏贞妇彭城刘氏诗》	哉(1)	虽(1)犹(1) 则(1)其(1) 乃(1)在(1) 既(1)于(2) 以(1)之(2) 则(1)	悠悠(1)、戚戚(1)、茫茫(1)、翳翳(1)
唐	《有所恨二章》	兮(2)句末	亦(2)、既(2)、不(4)、在(1)、之(3)	
	《刘明德墓志铭末附歌》	哉(1)句中 兮(2)句中	于(1)而(3) 不(1)	萧萧(1)、累累(1)、已已(1)

由上表观之，先秦至唐五代四言体哀悼诗的确在诗中较多运用叠音词，它们对于诗人哀悼情感的抒发有强调的作用。

叠字又叫重言，它运用在诗歌中可以增强语言的音乐性，生动地描绘景物形态，描写人物的心理、神态，具有难以代替的拟声效果，先秦至唐五代四言体哀悼诗主要是用叠字抒发存者对死者的哀伤、悼念或诗人对存者的同情、怜悯之情，

它有两种表现形式：

一是直接描绘哀伤心情，例如《诗经·秦风·黄鸟》的“临其穴，惴惴其慄”中的“惴惴”，表忧惧戒慎貌，描绘了“三良”被迫从葬秦穆公时的恐惧心情，死得悲惨凄楚，不得其所，也可以看出国人对“三良”的深切同情和对秦穆公逼人从葬的愤恨以及对人殉制度的谴责。

二是通过写景绘物间接烘托人们的哀伤心情，例如汉无名氏的《陬操》写周道衰微，孔子不被卫灵公所重用，晋国大夫赵简子欲聘任孔子，于是孔子离开卫国打算投奔晋国，才来到黄河边就听到赵简子把曾经辅佐他取得政权的忠臣窦鸣犊和舜华杀害了，孔子心里一直把自己比作是像窦鸣犊和舜华那样的君子，现在君子被杀，心中震撼哀伤，不知何去何从，正如诗首所说的“文武既坠，吾将焉归。周游天下，靡邦可依”。现在看到“黄河洋洋，攸攸之鱼”，其中“洋洋”形容河水盛大、宽广无垠，“攸攸”表迅疾貌，形容鱼儿欢快自由地游来游去，鱼儿欢快地在宽广的黄河里游来游去用以反衬有志之士走投无路的悲哀和痛苦，可谓英雄末路。

多数诗歌是以上两种形式综合运用的。例如《诗经·小雅·蓼莪》开篇两章：“蓼蓼者莪，匪莪伊蒿（蔚）。哀哀父母，生我劬劳（劳瘁）。”“蓼蓼”长大貌，“哀哀”悲伤不已貌。两处“蓼蓼”和两处“哀哀”写出了主人公在外服役看到长大的蒿、蔚，以错把蒿、蔚当作莪比喻自己不成才且不能在父母身边尽孝以报答父母养育自己的艰辛而心里哀伤难忍的感情。末两章：“南山烈烈，飘风发发。民莫不穀，我独何害！南山律律，飘风弗弗。民莫不穀，我独不卒！”其中“发发”，风吹迅疾貌，亦像疾风声；“烈烈”，高峻貌；“律律”，山高峻貌；“弗弗”，风疾貌。此两章首两句均以南山高峻难以逾越、飙风凄厉令人胆怯起兴，兴中带比，四个叠音词营造了一个很悲凉的意境，象征诗人遭遇父母双亡的巨大打击，从而引出后两句的哀伤和抱怨：大家都没有不幸事，为何独让我遭受如此劫难，为何独让我不能终养父母，诗歌的主题得到了升华。

又如三国曹丕的“靡瞻靡恃，泣涕连连。呦呦游鹿，衔草鸣麑。翩翩飞鸟，挟子巢栖。”（《短歌行》）“连连”指接连不断貌，与前面的“泣涕”相连，直接抒发了丧父的悲哀；“呦呦”是鹿鸣的象声词；“翩翩”形容飞鸟的行动轻疾貌。后两个叠音词均形容了动物父子相依且富有生命活力的幸福之状，以此反衬自己失去父亲的孤独、寂寞、凄苦的心境。

再如唐诗“风树萧萧，荒坟累累。曾闵攀号，哀情摧毁。中外痛咽兮苦深，肠断绝兮不能已已。”（《刘明德墓志铭末附歌》）“萧萧”形容风吹树叶的风声；“累累”形容数目多得无法计算之貌。这两个叠词描绘出坟场冷落凄清、死气沉沉的样子，衬托出诗人孤寂、哀苦的心情。“已已”则直接抒发了心若肠断、不可遏止的悲痛心情。

从上表可知，多用虚词中的语气词是先秦四言体哀悼诗的一大特色。“《诗经》这种语句末尾加语气词的句式和语气词这种配乐合舞的特点贯穿了整个先秦时期的歌辞，它构成了先秦诗歌所独具的带有原始歌辞性质的特点。”[①]“先秦传世文献中每每引用或记录当时流行的民谣或不见于《诗经》的逸诗。这些诗谣，远起夏商，晚至战国。多数都保留了上述词语末尾加语气词这种原始歌辞的形式，从一个侧面验证了与《诗经》相同的上述先秦诗歌的原始性特点。”[②]先秦四言体哀悼诗的语气词除了具有先秦诗歌语气词的一般功能外，如摹拟语气情态、加深语意，凑足音节，使句式韵律整齐和谐或造成韵脚的一致，还有特殊的功能，即构成感叹句，表达哀婉、叹惜的语气，如《礼记·乐记》所云：“故歌之为言也，长言之也。说之，故言之；言之不足，故长言之，长言之不足，故嗟叹之，嗟叹之不足，故不知手之舞之，足之蹈之也。”[③]演唱歌诗是长言，即拉长声调并以嗟叹补充，语气词是作为声调的延续而出现的，其构成的感叹句使诗歌的主题更加突出。现对四言体哀悼诗的语调调查如下：

语气、语调调查表（单位：句）

	篇名	总句数	陈述句	疑问句	祈使句	感叹句
先秦	《楚人谣》	2	2			1
	《邶风·绿衣》	16	5			11
	《邶风·二子乘舟》	8		1		1
	《唐风·葛生》	20	15	3		2

① 裘燮君著《商周虚词研究》，北京：中华书局2008年版，第137页。
② 裘燮君著《商周虚词研究》，北京：中华书局2008年版，第137页。
③ （清）孙希旦著《礼记集解》下，北京：中华书局1989年版，第1038页。

续表

	篇名	总句数	陈述句	疑问句	祈使句	感叹句
先秦	《秦风·黄鸟》	36	24	3		9
	《小雅·蓼莪》	32	25	2		7
汉	《陬操》	22	21	1		
	《伤三贞诗》	8	7			1
	《郭辅碑歌》	22	21			1
	《箜篌引》	4	4			
三国	《为潘文则作思亲诗》	56	51	2		3
	《短歌行》	24	23			1
晋	《表哀诗》	36	34			2
北魏	《咏贞妇彭城刘氏诗》	64	61	2		1
唐	《有所恨二章》	18	15			3
	《刘明德墓志铭末附歌》	16	15			1

由上观之，先秦四言体哀悼诗的感叹句有两种形式：一是不用语气词直接表达感叹之情，例如："曷维其已！"（《邶风·绿衣》）此抒发对亡妻的思念不能停止的强烈感慨。"彼苍者天，歼我良人！如可赎兮，人百其身！"（《秦风·黄鸟》）此直接抒发对秦穆公逼良人从死的强烈不满和愿意用百身赎三良而不得的惋惜之情。"民莫不穀，我独不卒！"（《诗经·小雅·蓼莪》）此抒发人人都能奉养父母而唯独自己被迫在外服役不能奉养父母的悲哀，等等。此类感叹句数量较少；二是在名词、动词、形容词或名词、动词、形容词短语后面直接加语气词表示感叹，这类感叹句数量较多，如：

父兮生我，母兮鞠我。——（《诗经·小雅·蓼莪》）

不如死之久矣。——（《诗经·小雅·蓼莪》）

角枕粲兮，锦衾烂兮。——（《诗经·唐风·葛生》）

绿兮衣兮。——（《诗经·邶风·绿衣》）

心之忧矣。——（《诗经·邶风·绿衣》）

瓶之罄矣。——（《诗经·小雅·蓼莪》）

休矣亦世。——(汉无名氏《郭辅碑歌》)

诗之作矣。——(三国王粲《为潘文则作思亲诗》)

酷矣痛深。——(晋孙绰《表哀诗(并序)》)

异哉贞妇。——(北魏高允《咏贞妇彭城刘氏诗(八章)》)

哀哉哲人。——(唐无名氏《刘明德墓志铭末附歌》)

有所恨兮。——(唐欧阳詹《有所恨二章》)

这些语气词在句子中构成感叹句,有助于哀悼情感的抒发。吕叔湘先生指出感叹句有三种:"(1)我们的感情为某一事物的某种属性所引起,我们就指出这个属性而加以赞叹;(2)我们指不出某种引起感叹的属性,只说明所产生的是哪种情绪;(3)连那种情绪也不说明,只表示一种混然的慨叹,如'竟有这样的事情啊!'前两种感叹句必有一个感叹的中心,一个形容词,或表外物的属性,或表内心的情感;第三种没有。"[①]先秦至唐五代哀悼诗的带语气词的感叹句主要是前两种。

突出某一事物的某种属性,如"绿兮衣兮""绿兮丝兮"(《邶风·绿衣》)突出衣和丝的颜色碧绿鲜艳,"絺兮绤兮"突出衣的质地,"女所治兮"突出衣的制作所有者,反衬出物新人死、物存人亡的悲哀。"角枕粲兮,锦衾烂兮。"(《唐风·葛生》)这2个"兮"字所构成的感叹句叹惜的是亡夫遗留的床上用品的崭新鲜艳,亦反衬出物新人死、物存人亡的悲哀。

表达某种情绪的,如"心之忧矣""心之忧矣""俾无訧兮"(《邶风·绿衣》)这3个"矣"字所构成的感叹句均是表示主人公睹物思人的感伤与悼念。"劳心慱慱兮""我心伤悲兮""我心蕴结兮"(《毛诗注疏》)这3个"兮"字所构成的感叹句表达的是因此而悲痛、感伤的情绪。"瓶之罄矣"本是突出瓶子空的属性,但和"鲜民之生,不如死之久矣"(《小雅·蓼莪》)相搭配,两件事比较,权衡利弊,后2个"矣"字所构成的感叹句均表达了诗人与其生不得赡养父母、让父母老有所终,还不如去死的悲痛心情。

从表1可知,先秦时代四言体哀悼诗的语气词使用较多,从汉代至唐代四言

① 邵敬敏,任芝锳,李家树,税昌锡,吴立红著《汉语语法专题研究》(增订本),北京:北京大学出版社,2009年版,第125~126页。

体哀悼诗的语气词明显开始减少，除了《为潘文则作思亲诗》用 7 次外，《郭辅碑歌》用 1 次、《表哀诗》用 1 次、《咏贞妇彭城刘氏诗》用 1 次、《有所恨二章》用 2 次、《刘明德墓志铭末附歌》用 3 次，《伤三贞诗》《短歌行》《陬操》《箜篌引》均用 0 次。从表 2 可知，先秦时代四言体哀悼诗的感叹句、疑问句尤其是感叹句所占的比例较高，而从汉代以后，四言体哀悼诗除了汉诗无名氏的《陬操》用 1 句疑问句，《伤三贞诗》《郭辅碑歌》各用 1 句感叹句，三国诗《为潘文则作思亲诗》用了 3 句感叹句和 2 句疑问句，晋诗《表哀诗》用了 2 句感叹句，北魏诗《咏贞妇彭城刘氏诗》分别用 2 句疑问句和 1 句感叹句，唐诗《有所恨二章》和《刘明德墓志铭末附歌》分别用了 3 句和 1 句感叹句外，从汉代以后的四言体哀悼诗除陈述句外很少用甚至不用其他语气、语调等手段来表情达意，这是诗歌语言从口语俗化走向书面语雅化的一个明显体现。

二、句法特征

从句法看，四言体哀悼诗的句式由先秦较为松散的句式转变为汉至唐代整齐严谨的句式，由先秦的重复句式转变为汉至唐代的非重复句式，而且魏晋至唐代的四言体哀悼诗多化用《诗经》的语言句式。

现对先秦至唐五代四言体哀悼诗的句式调查如下：

句式调查表（单位：句）

	篇名	总句数	一言	二言	三言	四言	五言	六言	七言	八言	九言	十言
先秦	《楚人谣》	2						2				
	《邶风·绿衣》	16				16						
	《邶风·二子乘舟》	8				8						
	《唐风·葛生》	20				20						
	《秦风·黄鸟》	36			6	30						
	《小雅·蓼莪》	32				31		1				
汉	《陬操》	22				22						
	《伤三贞诗》	8				8						
	《郭辅碑歌》	22				22						
	《箜篌引》	4				4						

续表

	篇名	总句数	一言	二言	三言	四言	五言	六言	七言	八言	九言	十言
	为潘文则作思亲诗	56				56						
三国	《短歌行》	24				24						
晋	《表哀诗》	36				36						
北魏	《咏贞妇彭城刘氏诗》	64				64						
唐	《有所恨二章》	18				16	2					
	《刘明德墓志铭末附歌》	16				14			1	1		

从上表中可知，先秦6首四言体哀悼诗的句式有以下特征：齐言诗占4首，占总体哀悼诗的66.67%，其中四言诗有3首：《邶风·绿衣》《邶风·二子乘舟》《唐风·葛生》，余下的2首：《楚人谣》是六言诗，《秦风·黄鸟》是四言为主体杂三言诗，《小雅·蓼莪》是四言为主体杂六言诗，无七言以上的四言诗。可见，先秦四言体哀悼诗的语言残留着较强的原始诗歌演变的痕迹，总体上句式长短不，结构松散。探其原因，先秦哀悼诗中的歌谣源自民间创作和老百姓口耳相传，《诗经》中的哀悼诗几乎全是《国风》，《国风》基本上是把口头传唱的民歌记录下来或加工而成的。而汉代以后至唐代的四言体哀悼诗多是文人诗，其句式除了唐代《刘明德墓志铭末附歌》以四言为主杂有1句七言和1句八言楚辞体句式以外，其他的哀悼诗都是整齐的四言句式。可见从先秦至唐五代哀悼诗的句式是由松散向整齐转变的。

重复句式也是先秦四言体哀悼诗语言的一大特点，句子重复即叠句，先秦哀悼诗中的叠句有三种：连续叠句，即中间没有其他词语间隔的接连重复相同的句子。间隔叠句，即相同的句子间隔出现，中间有别的句子隔开。叠句的变式，即两个相连的句子字面并不完全相同，改换了一两个字，但句子的主要部分仍是相同的句式。例如《唐风·葛生》：

葛生蒙楚，蔹蔓于野。予美亡此，谁与独处？

葛生蒙棘，蔹蔓于域。予美亡此，谁与独息？

角枕粲兮，锦衾烂兮。予美亡此，谁与独旦？

夏之日，冬之夜。百岁之后，归于其居。

冬之夜，夏之日。百岁之后，归于其室。

此诗第一、二、三章的第三句是间隔叠句，强调了亡夫坟墓的荒凉与凄清。第一、二章的一、二句，第一、二、三章的第四句，第三章的一、二句，第四、五章的一二句和三、四句，均是叠句的变式，突出了主人公对其亡夫的痛悼与对爱的忠贞。

又如《诗经·小雅·蓼莪》：

蓼蓼者莪，匪莪伊蒿。哀哀父母，生我劬劳。

蓼蓼者莪，匪莪伊蔚。哀哀父母，生我劳瘁。

瓶之罄矣，维罍之耻。鲜民之生，不如死之久矣。无父何怙？无母何恃？出则衔恤，入则靡至。

父兮生我，母兮鞠我。抚我畜我，长我育我，顾我复我，出入腹我。欲报之德。昊天罔极！

南山烈烈，飘风发发。民莫不穀，我独何害！

南山律律，飘风弗弗。民莫不穀，我独不卒！

此诗一、二章的一、二句和三、四句，第三章的五、六句，第四章的一、二句，第四章的三、四、五句，第五、六章的一、二句，第五、六章的三、四句均为叠句的变式，均强调了对父母养育自己的艰辛的体察和不得供养父母的内疚和埋怨。第三章的“无父何怙？无母何恃？”“出则衔恤，入则靡至。”均可看作是略有变化的连续叠句，表现了失去父母的痛苦和悲惨。

由此可见，先秦四言体哀悼诗的叠句以间隔叠句和叠句的变式为主，都是在关键性词句上反复，以加强作者对死者的哀悼之情，有突出主题思想的作用，同时它也是构成先秦四言体哀悼诗重章叠唱的基础。但这种重复句式在汉代至唐代的四言体哀悼诗中再也不存在，这也是诗歌雅化的一个标志。

三国两晋至唐代的四言体哀悼诗极少用叠句，雅化的现象非常明显，有的哀悼诗直接套用或化用古诗、经典中的语言和典故，尤其是《诗经》中《大雅》《小雅》的语言和典故，例如，魏文帝曹丕《短歌行》中的“忧心孔疚”直接套用《诗经·小雅·采薇》的“忧心孔疚，我行不来”，其中的“靡瞻靡恃”化用《诗经·小雅·小弁》中的“靡瞻匪父，靡依匪母”，而“呦呦游鹿”化用《诗经·小雅·鹿鸣》中的“呦呦鹿鸣，食野之苹”，其中的“曰仁者寿，胡不是保”中的“仁者寿”化用《论语·雍也篇》。又如，三国王粲的《为潘文则作思亲诗》中的“思齐先姑，志侔姜姒”即化用《诗经·大雅·思齐》中的“思齐大任，文王之母，思媚周姜，京室之妇。大姒嗣徽音，则百斯男”，其中的“如何不吊”则是化用《诗经·小雅·节南山》中的“不吊昊天”，而“在昔蓼莪，哀有馀音”中的“蓼莪”则直接取《诗经·小雅·蓼莪》中的典故，即诗序所说的孝子追念父母。有的哀悼诗是套用《诗经》语言的句式，例如：

肯定宾语前置：

(1) 奄遘不造，殷忧是婴。——(王粲《为潘文则作思亲诗》)

(2) 曰仁者寿，胡不是保。——(曹丕《短歌行》)

(3) 何以验之，殒身是效。——(高允《咏贞妇彭城刘氏诗》)

(4) 哀哉哲人，于何是美。——(无名氏《刘明德墓志铭末附歌》)

上古汉语肯定宾语在动词之后，一般情况下，《诗经》也是这样，但是为了协韵，《诗经》也将肯定宾语提于动词之前，这类宾语多数是代词“是”，如“申伯之功，召伯是营”(《大雅·崧高》)，其中的“是”指申伯之功(工程)，这种句式为后代四言体哀悼诗所效，上述各例中的“是”就是这种用法。例(1)“是”指父丧。例(2)“是”指仁者寿，即父亲长寿。例(3)“是”指上句“何以验之”，即刘氏的毕志守穷、誓不二醮。例(4)“是”指哲人。

否定宾语前置：

忧心孔疚，莫我能知。——(曹丕《短歌行》)

上古汉语中否定句代词宾语大多在动词之前，此类否定词有“不”“莫”“无”

"罔",代词宾语有"女""予""我""之",《诗经》亦如此,如"三岁贯汝,莫我肯顾。"(《魏风·硕鼠》)否定句代词宾语"我"在动词"肯顾"之前。这种句式为后代四言体哀悼诗所效,上例中的否定句代词宾语"我"在动词"能知"之前。

加字:

从我所好,其乐只且。——(无名氏《陬操》)

我之此譬,忧其独深。——(王粲《为潘文则作思亲诗》)

《诗经》中的句子以四个字为一句,如果字数不够,就在句中加一个虚字,这个字就叫加字,如"绨兮绤兮,凄其以风。"(《邶风·绿衣》)其中的"其"字就是加字,这种用法为后代四言体哀悼诗所效,上述各例中的"其"就是这种用法,"其"在形容词"乐"之前或在形容词"忧"之后,以加强形容词的描写性。

三、章法特征

在章法上,先秦至唐五代四言体哀悼诗由先秦的较多的重章叠唱转变为汉代以后的单篇抒怀。

复沓的艺术形式可以说起源于口头文学创作——民歌的一大特征。先秦四言体哀悼诗集中在《诗经》中的《国风》(4 篇)和《小雅》(1 篇)和民间歌谣中,而以民歌为主体的《国风》和接近《国风》的《小雅》一部分诗歌保存有较多的复沓形式,据统计,"复沓的 177 篇,主要集中在《国风》(131 篇),其次是接近《国风》的《小雅》(41 篇),而《大雅》和《颂》一共只有 5 篇。"[①]《诗经》中的四言体哀悼诗的复沓形式有:(1) 完全叠咏式,即每章句式整齐一致,多用同语反复,只是其中的某些字眼有所变化而已。如《邶风·二子乘舟》是二章叠咏,每章有四句。《秦风·黄鸟》是三章叠咏,每章十二句,《唐风·葛生》是五章叠咏的变体,即前三章叠咏,后二章换词叠咏,每章有四句。(2)不完全叠咏式,即在一篇数章叠咏中,有一、二章是独立的,或各章中有部分叠咏而另一部分不叠咏。如《小雅·蓼莪》有六章,前四章每章四句,后二章每章八句。第一、二章叠咏,五、六章换词叠咏,中

---

① 夏传才著《诗经语言艺术新编》,北京:语言出版社 1998 年版,第 43 页。

间两章独立。

而汉代至唐代的四言体哀悼诗不再使用重章叠唱和重复句式来构成章法，它们探索别的构架方式。汉代的四言体哀悼诗大多篇幅比较短小，它们主要依靠事理逻辑关系来组织结构：(1)因果关系，例如无名氏的《陬操》中写孔子因为不被卫君重用而欲投奔赵简子，但在黄河边上却传来忠臣窦鸣犊和舜华被赵简子屠杀的消息，所以感伤之余，返回老家陬邑。(2)转折关系，例如无名氏的《伤三贞诗》先赞美马妙祈妻义、王元愦妻姬、赵蔓君妻华三人守节坚如磐石，心灵像绣和黼一样美，接着笔锋一转，"其心匪石"，一投入河里就再也找不到了。(3)顺承关系，例如(朝鲜)高丽玉的《箜篌引》中的公从无渡河→竟渡河→堕河而死→当奈公何，按时间顺序写出了妻子面对狂夫不听劝告、渡河而死的整个悲剧过程。

三国、两晋、南北朝的四言体哀悼诗大多是篇幅较长的四言诗，它们主要采用分解、分章、分层的方式来组织结构。分解一般用在乐府诗中，因为长篇四言诗容易出现无序重复的问题，而乐府诗因为要配乐演奏，基本上都要分解，所以在乐府诗中分解实是起到了分章的作用，即使各章意思有重复也不会在节奏上产生杂乱之感。三国曹丕的《短歌行》是一首悼念父亲曹操的乐府相和歌辞，共24句，除最后四句外，前20句每四句一解，共五解：第一解写看到父亲的遗物而睹物思人；第二解写父亲去世后自己的悲伤；第三解写动物的亲子之情；第四解写自己无父的悲哀；第五解是对人生苦短的感慨。乐府诗的分解和分章自然重合，而非乐府长篇四言诗为了解决长篇无序的问题往往是分章和分层，尤其是长篇四言诗在初期大多是分层，后来发展成熟后才是明确的分章。例如，三国王粲的《为潘文则作思亲诗》是王粲为潘文则代作的悼念父母的四言长篇古诗，全诗共分五层，每层押一个韵，五层五韵，前六句为第一层，赞扬母亲的庄敬、勤勉操劳、精心养育后代的美德；第二层从"小子之生"至"焉托予诚"20句写自己从小随父亲征行奔走，父亲早逝，自己无法继承父业，只想回乡归守家园的愿望，但国家动荡，自己漂流在外，疲于奔命，想回乡赡养母亲而无法实现；第三层从"予诚既否"至"早世徂颠"8句写自己希望于上天保佑母亲安享高龄，但母亲却违愿早逝；第四层从"於存弗养"至"以济于今"12句抒写母亲去世后，自己对母亲生不能养、死不能临的自责、悲痛、孤苦及如何苟活于乱世的复杂心情；第五层再次抒发想

回乡而不得的痛苦，只能写诗记哀。晋孙绰的《表哀诗》为孙绰哀悼亡母之作，全诗共九层，每四句一层，第一层含蓄表明母亲的早逝；第二层抒发母亲去世后自己的孤苦、悲痛；第三层回忆母亲生前严厉地教导自己做人的道理，在生活上像春风一样关心我；第四层赞扬母亲像邹母一样勤教慈善；第五层是对自己资质平庸，不能领会母亲教导的自责；第六层抒发随着时间的流逝而日益感到的痛苦；第七层描绘母亲去世后家里的冷落萧条；第八层作者睹物思人，渴望重新得到母亲宠爱的愿望；第九层再次抒发自己对母亲去世后的痛苦心情。北魏高允的《咏贞妇彭城刘氏诗》是高允为贞妇刘氏所作的组诗，共八章，每章八句，第一章写人伦关系天定，男女一旦结为夫妻就要齐心协力继承前人事业，生同室，死同穴；第二章写封卓贤俊通达，应该匹配显贵之家的美女；第三章写封卓与刘氏结婚仅一宿，就奉命到京城任职；第四章写封卓与刘氏情趣相投、相敬如宾，分别后路途遥远，只能互相思念；第五章写刘氏在家里梦见丈夫因事见法、身死千里之外；第六章写丈夫死讯灵验，刘氏立志守节，因悲伤过度而死；第七章赞扬刘氏为了爱情舍生取义、长辞母兄；第八章通过写刘氏坟墓的暗隐不彰，再次赞扬刘氏为旷世贞妇。

碑歌和墓铭附歌都是为死者唱赞歌的体裁，它们一般对逻辑性要求不高，不分章、分解，也没有很明显的分层（即每个层意的诗句并不相等），而是采用直接赞颂的方式组织结构。如无名氏的《郭辅碑歌》共 22 句，首 2 句交代郭辅的出身，次 2 句点明他的去世，继 6 句赞扬他的品德，再 8 句赞美他的后代，最后 4 句写为他镌石作歌纪念。唐代无名氏的墓铭附歌《刘明德墓志铭末附歌》共 16 句，首 8 句高度赞扬刘明德的美德，次 2 句描绘他去世，再 2 句写他坟墓的凄凉，最后 4 句抒发对他的哀悼之情。

四、修辞特征

在修辞上，从先秦时期四言体哀悼诗的多用比兴手法转向汉代以后的多用赋法或者不用赋比兴手法。

起兴原是民间文学的创造和普遍使用的手法。民歌的特点是亲切、朴实、自然。用触物起兴的方法，最容易发端起情和定韵，从而自然而然地展开抒情。先秦四言体哀悼诗中的比、兴是兼而用之以表达哀情的。

《邶风·二子乘舟》是纯乎比体的诗,《毛诗序》曰:"《二子乘舟》,思伋、寿也。卫宣公之二子,争相而死,国人伤而思之,作是诗也。"[1]后人以二子并未真正乘舟反驳其非哀悼诗,《毛传》释之:"国人伤其涉危遂往,如乘舟而无所薄,泛泛然迅疾而不碍也。"[2]即通篇用乘舟作喻,此文学上的艺术手法也,言之亦有理。

《邶风·绿衣》第一、二章以绿衣起兴,诗人睹物思人,物是人非,反复描写诗人内心的忧伤没有尽头。

《唐风·葛生》共五章,前三章为一部分,后两章为另一部分。前两章首两句"葛生蒙楚(棘),蔹蔓于野(域)"用了比兴,是对眼前景物的兴,也是以藤草之生各有托附夫妻相亲相爱的比,描绘了一幅亡夫葬地的荒凉萧条图。为后面两句和第三章抒发哀悼怀念之情、辗转难眠作了铺垫。后两章皆为赋,每章首两句用顺序颠倒的完全相同的文字来抒发主人公日复一日、年复一年的永无终竭的怀念之情,从而引出后两句百年黄泉相会的感叹。

《秦风·黄鸟》前三章首两句"交交黄鸟,止于棘(桑,楚)"是起兴,以在枣树枝上黄鸟的悲鸣兴起子车奄息、仲行、针虎被殉葬之事,"棘""桑""楚"是双关语,"棘"既为酸枣树也为"急","桑"既为桑树也为"丧","楚"既为丛木、荆树也为楚之言"痛楚",渲染出一种紧急、悲痛、凄凉的沉郁氛围,表现出一种同情与悲痛、愤怒和憎恨交加的复杂感情。

《小雅·蓼莪》全诗六章,首两章"蓼蓼者莪,匪莪伊蒿""蓼蓼者莪,匪莪伊蔚"均以见蒿与蔚却错当莪比兴,以其喻自己不成才且不能在父母身边尽孝。第三章前两句"瓶之罄矣,维罍之耻"以汲水瓶喻父母,以装水坛子喻儿子,前两句写汲水瓶空了底、装水坛子真羞耻来喻儿子不能终养父母、守在父母身边尽孝心而感到羞耻。第五、六章首两句"南山烈烈,飘风发发""南山律律,飘风弗弗"均以南山高峻难以逾越,飙风凄厉令人胆怯起兴,兴中带比,营造了一个很悲凉的氛围,象征了诗人遭遇父母双亡的巨大打击。

汉代至唐代的四言体哀悼诗的修辞手法呈现新变,先秦四言体哀悼诗中的比兴手法逐步不再运用,大多是用赋法修辞。除了汉诗无名氏的《伤三贞诗》、三

---

① (清)阮元校刻《十三经注疏·毛诗正义》,北京:中华书局1980年版,第311页。

② (清)阮元校刻《十三经注疏·毛诗正义》,北京:中华书局1980年版,第311页。

国曹丕的《短歌行》用兴的手法之外，汉诗无名氏的《陬操》叙写孔子打算去投奔赵简子，但却传来忠臣窦鸣犊和舜华被赵简子杀害的消息，在黄河边上徘徊、感伤，最后决定返回老家陬邑的经过；汉诗无名氏的《郭辅碑歌》叙写郭辅的出身、品德、后代、功业；三国王粲的《为潘文则作思亲诗》叙写潘文则母亲辛劳养育自己、随父出征、漂泊在外、母死内疚、向往回乡的经过；晋孙绰的《表哀诗》抒发了母死哀伤、忆母教导、睹物伤情之痛；北魏高允的《咏贞妇彭城刘氏诗》叙写了刘氏从结婚到夫妻分离、梦夫已死、自我殉情的经过；唐代无名氏的墓铭附歌《刘明德墓志铭末附歌》赞美了刘明德的高尚品德和抒发了面对凄凉坟场而产生的哀情，均运用了赋的手法。汉诗（朝鲜）高丽玉的《箜篌引》、唐代欧阳詹的《有所恨二章》不用赋、比、兴手法。

综上所述，先秦至唐五代四言体哀悼诗在语调手段运用上由多到少，语气词由多到少，重复句式从有到无，多化用《诗经》的语言句式，雅颂体句式出现，章法从重章叠唱和靠句式重复构建到单篇多种章法演变，赋比兴手法由多到无，无一不表明了先秦至唐五代四言体哀悼诗的语言从民歌口语化痕迹向书面语庄重典雅化的转变。造成这种转变的原因主要是语言演变对诗歌的影响和哀悼诗表达内容对诗歌语言的限制。

首先，从语言演变看，先秦四言体哀悼诗主要集中在《诗经》中的《国风》和民间歌谣，《国风》大多是周初至春秋间各诸侯国的汉族民间诗歌，可以说，先秦四言体哀悼诗主要集中在民间歌谣中，古代的民间歌谣大多是劳动人民信口吟咏的，每句的字数限制及声律并不严格要求，而且带有很强的口语语气，又因为是哀悼诗，所以感叹语气较多。再者，我国周代到春秋中叶的汉语处于单音节向双音节过渡的特殊时期，而原始诗歌的节奏是在劳动一反一复动作的基础上形成的劳动号子进而形成的二拍节奏，所以四言诗需要要借助叠音词和虚词才能构成四言句的二二基本节奏。故先秦四言体哀悼诗呈现出叠音词、虚词较多、感叹语气较明显、句式较散、复沓形式较多的口语化特征。春秋中叶以后，语言得到进一步的发展，双音节词逐渐增多，战国以后，我国已经进入以双音节词为主的时期，四言诗二二基本节奏的构成主要依靠双音节词来完成，故对叠音词、虚词的依赖减弱，而且汉代以后四言体哀悼诗的作者大多是文人，他们主要运用书面语来创作，因此也促进了语言的庄重文雅。

其次，从哀悼诗表达的内容看，由于先秦四言体哀悼诗的作者大多是处在社会底层的劳动人民，他们饱受统治者剥削和压迫，对统治者充满怨恨，所以在诗歌中更多的是表现对统治者的强烈不满和对统治者进行辛辣犀利的嘲讽和揭露，而且歌谣是民间集体创作的自然文学，它的创作几乎超越任何功利目的，是民众用最真实、最自然的语言表现出的最真实的感情，它敢于扬美揭丑，甚至把批判的矛头直指最高统治者，具有现实性、政治性和斗争性。所以先秦四言体哀悼诗大多体现出含“刺”为特征的倾向，按《毛诗序》解，《绿衣》的主旨是妾上僭，夫人失位，卫庄姜伤己而作。《二子乘舟》的主旨是思卫宣公的两个儿子伋、寿，他们争相为死，国人伤悼而思之。《葛生》的主旨是刺晋献公好攻战，国人多丧。《黄鸟》的主旨是哀讽刺穆公以“三良”从死，国人哀伤、怨恨而作。《蓼莪》的主旨是刺幽王让民劳苦，使孝子不得终养父母。先秦的四言体哀悼诗歌谣也具有如此特点，《楚人谣》在哀悼内为佞臣令尹子椒、子兰、上官大夫靳尚所蒙蔽、外为张仪所欺骗、最终客死秦国的楚怀王的同时，也赤裸裸地宣告了对阴险狡诈、恃强凌弱的秦国最高统治者的强烈憎恨和复仇之心。所以既然是具有“骂人”倾向的话，自然也雅不到哪里去。而汉代尤其是三国以后，四言体哀悼诗的作者大多是士大夫，有的还是统治者或统治阶级成员，他们的四言体哀悼诗主要是以赞为主，赞父母、赞节妇、赞朋友，所以往往需要选用文雅的语言进行创作。因为《诗经》中以《周颂》为代表的颂诗大多是郊庙祭祀乐歌，用于歌颂逝去的先祖，具有尊崇先祖和长辈的伦理意义和尊崇先帝、国君及为国家作出贡献的英雄的政治意义，《大雅》的作者大多属于上层统治者，大多注重宗法之义、系亲之道，在作品中用礼乐文化精神（赞颂先祖及当世彬彬君子）去维护国家和社会的和谐与稳定，故多颂扬之诗，《小雅》的作者身份虽然没有《大雅》的作者高，但他们也是统治阶级的成员，所以他们也有一部分赞颂诗，即使是怨刺诗，他们在指斥政治的黑暗腐朽的同时也含有对周王朝国运衰微的悲悼。总之，《周颂》《大雅》及《小雅》中的一部分的诗歌大多是颂扬先祖和长辈的颂扬诗，所用的语言称之为雅颂体，正因为如此，它才被三国以后的四言体哀悼诗作者所青睐。

第二章

先秦至唐五代楚辞体哀悼诗

楚辞体又叫骚体，是战国后期楚国屈原开创、宋玉等后人摹仿的一种诗歌形式，它将南方民歌的精华和上古神话传说融合为一体，内容上书楚语、作楚声、记楚地、名楚物，具有浓厚的楚地色彩，想象丰富，感情奔放，富有浪漫气息和浓重的抒情成分。句中或句末常用“兮”“些”“只”等语助词，句式比较自由，多采取三言至十余言等参差不齐的句式，长、短句参用，篇幅和容量可根据需要任意扩充，因而更适宜抒写复杂的社会生活和表达丰富的思想感情。文采华美，风格绚烂，情思哀怨，善用象征手法。先秦至唐五代楚辞体哀悼诗共存 11 首：

先秦：托名陶婴所作的《黄鹄歌》、屈原的《招魂》和《大招》。

汉代：武帝刘彻《思奉车子侯歌》、无名氏的《芑梁妻歌》、无名氏的《伯姬引》、无名氏的《李翊夫人碑叹》、无名氏的《张公神碑歌》。

三国：魏文帝曹丕《寡妇诗》、嵇康《思亲诗》。

唐代：王维《宋进马哀词》。

先秦至唐五代楚辞体哀悼诗的总体风格是哀怨，这种哀怨特征体现在语言的各个层面。

一、哀怨的心理内涵

先秦至唐五代楚辞体哀悼诗哀怨的心理内涵源自屈原。

屈原（约前 342—前 278），名正则，字灵均，另名平，字原，是楚武王熊通的儿子屈瑕之子。其早年深受楚怀王的信任，任左徒、三闾大夫，常与怀王商议国事，制定律法，举任贤能，主张章明法度、联齐抗秦，提倡“美政”。其为人性直，在修订律法时，因不愿听从上官大夫的话与之合流，而且令尹子兰、上官大夫靳尚和楚怀王的宠妃郑袖等人接受了秦国使者张仪的贿赂，在怀王面前中伤屈原，屈原遭到疏远。公元前 305 年，屈原因反对楚怀王与秦国订立黄棘之盟而被楚怀王逐出郢都。楚怀王不听屈原劝告而受其幼子子兰等人的极力怂恿，被秦国诱骗前去结亲，结果客死秦国。楚襄王即位后，屈原被放逐到江南。在春秋战国王室衰微、诸侯林立、礼崩乐坏、战乱不休的时代，士人朝秦暮楚、择国而仕的现象比比皆是，而屈原坚持留在楚国，一是源于宗族感情，二是源于对故土的热爱，如“受命不迁，生南国兮”(《橘颂》)，“鸟飞反故乡兮，狐死必首丘”(《哀郢》)，更主要的是渴望依靠明君实现自己的美政以振兴楚国。然而，曾经信任他的楚怀王已死，楚顷襄王轻信奸佞、疏远忠良，致使公元前 278 年国都被秦国大将白起带兵南下攻破，屈原实现美政的理想彻底破灭，同年五月怀恨投汨罗江自杀。屈原上无以达于君、下无以见于世、信而见疑、忠而被谤、怀才不遇的哀怨之情在《离骚》《九歌》(11 篇)、《天问》《九章》(9 篇)、《远游》(包括《招魂》、《大招》)、《卜居》等诗均有体现。屈原之后，楚国宋玉的《九辩》批判了楚国黑暗的政治，抒发了他因不合流俗而被谗见疏、游离失所、怀才不遇的悲哀，唐勒、景差及汉代淮南小山、东方朔、王褒、刘向等人的拟作均表达了类似的哀怨之情。

这种哀怨之情在汉至唐代的楚歌体哀悼诗中得到继承和发展：汉武帝刘彻的《思奉车子侯歌》抒发了舍命陪武帝登泰山的奉车子侯霍嬗一日暴亡、上天无眼的哀怨。无名氏的《芑(也作杞)梁妻歌》抒发了齐邑芑梁殖之妻为战死的亡夫哭泣、哀感皇天而城隳的哀怨。无名氏的《伯姬引》、无名氏的《李翊夫人碑叹》抒发了节妇早逝、上天无眼的哀怨。无名氏的《张公神碑歌》抒发了张公神德高功高却去世终得以升仙的哀怨。三国魏文帝曹丕的《寡妇诗》抒发了阮元瑜妻因思念亡夫而彻夜不眠的哀怨。三国嵇康的《思亲诗》抒发了思念亡母而不得的哀怨。唐代王维的《宋进马哀词》抒发了家唯一身、身止一子、单鲜而又死的天之不仁的哀怨。选自西汉刘向《列女传》托名陶婴所作的《黄鹄歌》中的陶婴是封建时代所谓贞洁的典型。诗将早寡的寡妇比作黄鹄，将黄鹄夜半悲鸣想念故雄比作寡妇思念故夫，誓不再嫁，不再恋别的贤雄。诗中充满了对上天要其早寡、自己思念亡夫而彻夜不眠的痛苦和哀怨之情。“悲黄鹄之早寡兮”“宛颈独宿兮”“天命早寡兮”“飞鸟尚然兮”“虽有贤雄兮”(托名陶婴所作《黄鹄歌》)中的 5 个“兮”字所构成的感叹句哀叹的是寡之早、宿之独、飞鸟之尚然、雄之贤的特征。“夜半悲鸣兮”“呜呼悲兮”“寡妇念此兮”这 3 个“兮”字所构成的感叹句哀叹的是守寡之艰难与死者不可忘的情绪。

二、哀怨的语言表现

语言是思想的外壳。先秦至唐五代楚辞体哀悼诗的哀怨内涵体现在语汇、句式、章法、修辞各个层面。

（一）多用位置不固定的语气词和想象类词汇、芳草美树美景类词汇

如第一章所述，多用语气词是先秦诗歌的一大特点。先秦至唐五代楚辞体哀悼诗的语气词大致有兮、些、乎、只，其特点有二：

1. 语气词在句中的位置并不固定，有以下几种：

(1) 语气词置于每个单句的中间，用以联结单句语气词的前后两部分，如：

① ○○○兮○○○：蕙草生兮满园田，竞苔茗兮给万钱。

——（无名氏《张公神碑歌》）

奈何愁兮愁无聊，恒恻恻兮心若抽。

——（嵇康《思亲诗》）

② ○○○兮○○：嘉幽兰兮延秀，蕈妖淫兮中溏。

——（《思奉车子侯歌》）

③ ○○○○兮○○○○：宛颈独宿兮不与众同。

——（托名陶婴所作的《黄鹄歌》）[①]

④ ○○○○兮○○○○○：呜呼哀哉兮死者不可忘。

——（托名陶婴所作的《黄鹄歌》）

⑤ ○○○○兮○○○○(○)：献岁发春兮汩吾南征，菉蘋齐叶兮白芷生。

——（屈原《招魂》中“乱”的部分）

(2) 语气词位于偶句结构首句的末尾，联结前后两个单句，如：

① ○○○○兮，○○○○○○：主此盛德兮，牵于俗而芜秽。

① 除1句不用语气词、1句用于句末外，其余均用于句中。

——(屈原《招魂》)

背春涉夏兮,众木蔼以繁阴。

——(王维《宋进马哀词》)

② ○○○○○○○兮,○○○○○○○:朕幼清以廉洁兮,身服义而未沬。

——(屈原《招魂》)

(3) 语气词位于偶句结构末句的末尾,联结前后两个偶句,如:

① ○○○○,○○○些:九侯淑女,多迅众些。

——(屈原《招魂》)

② ○○○○,○○○只:豕首纵目,被发鬤只。

——(屈原《大招》)

(4) 前一个语气词位于首句的中间,后一个语气词位于末句的末尾,如:

① ○兮○○,○○○○○○些:魂兮归来! 东方不可以托些。

——(屈原《招魂》)

② ○兮○○,○○○○,○○○只:魂乎无西! 西方流沙,漭洋洋只。

——(屈原《大招》)

(5) 语气词位于每句的末尾,如:

○○○○○○○○兮:列种槐梓方茂烂兮。天下远近□不见兮。

——(无名氏《张公神碑歌》)

语气词位置不固定说明说话者心中已被哀怨之情所充斥,情感失控,体现在语言上就是句不拘定法,随性叹惜。

2. 就先秦至唐五代楚歌体哀悼诗语气词的使用频率作如下调查:

先秦至唐五代楚辞体哀悼诗语气词调查表

篇名	总字数(单位:句)	语气词(单位:次)	语气词(单位:次)	语气词(单位:次)
《招魂》	959	兮 29	些 115	
《大招》	846	兮 2	只 107	乎 26
《黄鹄歌》	76	兮 8		
《思奉车子侯歌》	48	兮 8		
《芑梁妻歌》	22	兮 3		
《伯姬引》	28	兮 2		
《李翊夫人碑叹》	181	兮 26		
《张公神碑歌》	433	兮 42		
《寡妇诗》	84	兮 14		
《思亲诗》	210	兮 30		
《宋进马哀词》	256	兮 31		

由上表可知,先秦至唐五代楚辞体哀悼诗的语气词出现的频率较高,尤其是"兮"字出现的频率最高,"些"仅出现在《招魂》,"只"仅出现在《大招》。楚辞体语气词尤其是"兮"字的语助作用早有人注意。《文心雕龙・章句》云:"又诗人以'兮'字入于句限,楚辞用之,字出句外。寻'兮'字成句,乃语助余声。"[①]唐刘知几《史通・浮词》曰:"夫人枢机之发,叠不穷,必有余音足句,为其始末。是以伊惟夫盖,发语之端也;焉哉矣兮,断句之助也。"[②]两处皆言"兮"字为语助词,刘说其还有断句功能,林庚先生说"兮"字起着句逗的作用[③],郭建勋说"兮"字具有强烈的咏叹色彩和表情效果[④],等等,但鲜有人能从音韵学的表声表情功能去论述其作用。在诗词中,韵是起着节奏的作用的,先秦至唐五代楚辞体哀悼诗的语气词虽然位置多变,但是在每一首诗中处于句末还是句中的位置大体还是较有规律的,亦起到节奏的作用,所以从这个层面上说,先秦至唐五代楚辞体哀悼诗的语

① (梁)刘勰撰《文心雕龙》,北京:中华书局1985年版,第48页。

② (唐)刘知几撰,(清)浦起龙通释,吕思勉评,李永圻,张耕华导读整理《史通》,上海:上海古籍出版社2008年版,第114页。

③ 林庚著《诗人屈原及其作品研究》,上海:古典文学出版社1957年版,第101页。

④ 郭建勋《略论楚辞的"兮"字句》,《中国文学研究》1998年第7期。

气词和韵是相通的，起到韵脚的作用，即韵的规律亦可通用于先秦至唐五代楚辞体哀悼诗的语气词。从音韵的角度看，声与情相连，“兮”字、“只”字、“些”字的表声表情功能不容忽视。清代音韵学家江永认为：“音韵有四等，一等洪大，二等次大，三四等皆细，而四尤细。”[1]大体说来，“洪亮级的韵，通常用于表达豪放、赞美、勇敢、坚强、愉快、兴奋、慷慨激昂的感情，表现出豪放雄壮的风格；细微级和柔和级的韵通常用来表达柔美、缠绵、感伤、苦闷、忧郁、沉痛、哀悼、悲愤的感情，表现出柔和纤细的风格”[2]。“兮”字的韵母为－i（前），属于细微级韵，“只”字的韵母为－i（后），属于细微级韵，“乎”字的韵母为 u[u]，属于柔和级韵，“些”字的韵母为复韵母 uo[uA]，属于柔和级韵，往往表达的是柔美、缠绵、感伤、苦闷、忧郁、沉痛、哀悼、悲愤的感情，先秦至唐五代楚歌体哀悼诗的“兮”字很多，“只”字、“些”字、“乎”字也不少，很适合表现感伤、苦闷、忧郁、沉痛、哀悼、悲愤之情。尤其是句中加一“兮”字的特殊音节结构，使音调徐缓，有一咏三叹之感，更适于表达凄恻之情。

其次，先秦至唐五代楚辞体哀悼诗还喜欢较多地运用想象类词汇、芳草美树美景类词汇，前者如屈原的《招魂》《大招》中的雕题、蝮蛇、雄虺、玄蜂、土伯、豕首、设菰、烝凫、曼鹔等等，后者如幽兰、蕈妖、流芳（《思奉车子侯歌》）、秋发、春华、萧草（无名氏《张公神碑歌》）等等，词语的意义分为理性意义（词典意义）和附加意义（色彩意义），而词的附加意义是推断作者情感倾向的根据。想象类词汇形成理想中的图景，与现实形成鲜明的对比，理想与现实的差距用以加强难以实现的悲剧感，例如屈原的《招魂》中由想象类词汇构成的上、下、东、南、西、北六方的恐怖景象和楚国居处、宴游、饮食、娱乐的美好图景，以此来劝告和引诱楚怀王的亡魂不要到处游走，与现实中屈原被谗遭贬、楚怀王客死他乡形成一个巨大反差，从而表达出哀怨之情。芳草美树美景类词汇形成的是芳草美树美景意象图景，它有两大作用：一是象征手法，以芳草喻美人；二是以物美之景反衬人死之悲，例如《思奉车子侯歌》中的前四句的嘉幽兰、延秀、蕈、中溏、华斐斐、丽景、风、流芳这些美好的景物一方面用以象征奉车子侯这一至人，另一方面，这些美景与

① 李新魁著《汉语等韵学》，北京：中华书局 1983 年版，第 26 页。

② 黎运汉著《汉语风格学》，广州：广东教育出版社 2000 年版，第 125 页。

后四句的皇天无慧、至人逝乡、天路远无期、涕下沾裳的悲惨景象形成鲜明的对比，更加突出了至人死去的悲哀。

（二）以哀悼对象定齐言、杂言句式和语气词构联连贯、绵长的句子链条以诉哀情

杂言是楚辞体诗句式的一大特征，先秦至唐五代楚辞体哀悼诗在句式上有两大特征：

一是哀悼上级、长辈或歌颂品德高尚者用四言体或齐言的句式，而哀悼其他死者则用杂言的句式。

先秦臣子哀悼国君诗屈原的《招魂》、《大招》用的是以四言为主杂一些其他句式的四言体。三国嵇康的《思亲诗》是哀悼母亲、兄长诗，是七言诗。哀悼贞女、节女诗除了无名氏的《芑梁妻歌》是 2 句七言杂 1 句八言和托名陶婴所作的《黄鹄歌》九言为主杂 1 句四言、1 句八言、1 句十言外，其他哀悼贞女节妇诗均是采用齐言的形式，无名氏的《伯姬引》是七言诗，三国魏文帝曹丕的《寡妇诗》是六言诗。

其他如汉武帝刘彻《思奉车子侯歌》、无名氏的《李翊夫人碑叹》、无名氏的《张公神碑歌》、唐王维的《宋进马哀词》均是杂言诗。

探其原因，固然楚辞是从四言体诗歌发展而来的，特别是受《诗经》的影响较大，如《天问》《橘颂》等在句式上没有摆脱以四言为主的定格，屈原的《招魂》《大招》即属于这一类作品，《诗经》中祭祀先皇、祖先的诗歌大多用四言雅颂体，《招魂》《大招》亦是哀悼先皇的诗歌，可以说是与《诗经》四言雅颂体一脉相承。而且言为心声，口语语体较多使用短句，句式简单、松散，语序比较灵活，词序易位较为常见，多用省略句、停顿句及重复句等，有不规范现象，常用于表达自由、随意的感情，而书面语体则刚好相反，句式整齐严谨，多用规范语法，常用于表达庄重、严肃的感情。从外观看，齐言诗较杂言诗整齐严谨，从内涵看，齐言诗的感情比杂言诗更为节制，很适用于哀悼比自己地位高的人如国君、父母、兄长和品德较为高尚的人如贞女、节妇等，而其他地位比自己低的或一般的死者多用杂言诗。

二是语气词本身绵长的声和在组成句式时所构成的连贯的绵长的句子链条

以及与绵长的哀悼情感相结合，有利于哀悼情感的抒发。

郭建勋认为，《诗经》《老子》和先于楚骚的其他文献，句中的“兮”字是作为泛声符号，充当句中的语气词表示某种语音持续，都只有一项功能。而楚骚句中的“兮”字，除了作为泛声充当语气词以增强其悲伤、忧愁、愤激等各种情感的效果之外，还往往兼有连词、介词等的作用，即兼有泛声感叹和句法的多重功能。[①]

从上文可知，先秦至唐五代楚辞体哀悼诗的语气词虽然位置多变，但在每一首诗中的位置大体有个较主要的用法，在句中起到连接句子的作用，主要是三种：(1)语气词位于每个单句的句中，将语气词前后部分连成一个整体，如汉武帝刘彻的《思奉车子侯歌》、无名氏的《张公神碑歌》、无名氏的《芑梁妻歌》、无名氏的《李翊夫人碑叹》的多数诗句、魏文帝曹丕的《寡妇诗》、嵇康的《思亲诗》、托名陶婴所作的《黄鹄歌》的多数诗句；(2)在一组偶句中，语气词位于后一分句的句末，起到连接前后两个偶句的作用，如屈原的《招魂》《大招》的大部诗句；(3)以上几种形式杂用，如唐代王维的《宋进马哀词》。这些语气词在句中将句子句句勾连，前后形成一个连贯的绵长的链条，此为形。

先秦至唐五代楚辞体哀悼诗的语气词主要是“兮”“只”“些”，韵母分别为－i(前)、－i(后)、uo[uʌ]，在发音原理上，单韵母－i(前)为舌尖、前、高、不圆唇元音，发音时，口微张开，扁起唇，嘴角向两边展开，舌头平伸，舌尖贴近上齿背，声带振动，软腭往上升，关闭鼻腔通路，声母 z、c、s 的发音拉长的部分就是－i(前)的读音。单韵母－i(后)为舌尖、后、高、不圆唇元音，发音时，口微张开，扁起唇，嘴角向两边展开，舌尖上翘并靠近硬腭前部，声带振动，软腭往上升，关闭鼻腔通路，zh、ch、sh 的发音拉长的部分就是－i(后)的读音。复韵母 uo[uA]由圆唇后元音复合而成。发音的时候，从后高元音 u[u]开始，舌位向下滑到后半高元音 o[o]结束。在发音过程中，唇形始终保持圆唇，开头最圆，结尾时圆度略减。u[u]发音时较短，o[o]的发音响亮并且时间较长。总之，“兮”“只”“些”三个语气词的特点是声音细微、柔和、发音拉长，此为声。

再者，哀悼诗的情感是一种细微的、忧伤的、绵长的、源源不断的情感，此为情。

---

① 郭建勋著《楚辞与中国古代韵文》，长沙：湖南师范大学出版社 2001 年版，第 121 页。

语气词所形成的细微、柔和、绵长的声音与哀伤的绵长情感及绵长的句法形式即声、情、形的紧密结合，使哀悼情感得到更充分的表达而更加感人。例如三国嵇康的《思亲诗》：

奈何愁兮愁无聊，恒恻恻兮心若抽。愁奈何兮悲思多，情郁结兮不可化。
奄失恃兮孤茕茕，内自悼兮啼失声。思报德兮邈已绝，感鞠育兮情剥裂。
嗟母兄兮永潜藏，想形容兮内摧伤。感阳春兮思兹亲，欲一见兮路无因。
望南山兮发哀叹，感机杖兮涕汍澜。念畴昔兮母兄在，心逸豫兮寿四海。
忽已逝兮不可追，心穷约兮但有悲。上空堂兮廓无依，睹遗物兮心崩摧。
中夜悲兮当告谁，独收泪兮抱哀戚。日远迈兮思予心，恋所生兮泪流襟。
慈母没兮谁与骄，顾自怜兮心忉忉。诉苍天兮天不闻，泪如雨兮叹成云。
欲弃忧兮寻复来，痛殷殷兮不可裁。

此诗的语气词“兮”位于每个单句的句中，“兮”字前后两部分是哀伤情感的同义表达，如“奈何愁”与“愁无聊”，“恒恻恻”与“心若抽”，“愁奈何”与“悲思多”，“情郁结”与“不可化”等等，每个分句中都有一个“兮”字，每个分句的“兮”字都将语气词前后部分的哀情连成一个分句，这30个“兮”字将全篇的哀情组成一个绵长的言语链条，它与“兮”绵长的读音和哀伤绵长的情感组合成一个整体，使诗人对母兄的哀悼之情从形式到内容得到有力的强化，因而更加催人泪下。

（三）游仙境界的长篇结构逐渐过渡为中短篇现实多样性结构

楚辞的章法有几种类型：(1)民歌曲式，如《九歌》；(2)末尾加“乱”辞的曲式，如《离骚》《招魂》和《九章》中的《涉江》《哀郢》《抽思》《怀沙》；(3)兼用“少歌”“倡”“乱”的曲，楚辞中只有《九章·抽思》如此；(4)复杂曲式，如《招魂》。

楚辞哀悼诗《招魂》是楚辞中最复杂、最独特的曲式，它们是屈原根据楚国民间巫觋所唱的招魂词加工而成的，《大招》是对《招魂》摹仿。便于说明，现以《招魂》为例，分段分歌节摘录如下：

(1)　　(1) 朕幼清以廉洁兮……长离殃而愁苦；

(2) 帝告巫阳曰……汝筮予之；

(3) 巫阳对曰……不能复用。

(2—1) (1) 乃下招曰……而离彼不祥些；

(2) 魂兮归来……不可以托些；

(3) 魂兮归来……不可以久淫些；

(4) 魂兮归来……往恐自遗贼些；

(5) 魂兮归来……不可以久些；

(6) 魂兮归来……往恐危身些；

(7) 魂兮归来……恐自遗灾些；

(8) 魂兮归来……永啸呼些；

(9) 魂兮归来……多贼奸些。

(2—2) (1) 像设君室……何远为些；

(2) 室家遂宗……敬而无妨些；

(3) 肴羞未通……独秀先些。

(4) 菎蔽象棋……反故居些。

(3) 乱曰：献岁发春兮……魂兮归来哀江南！

全诗分三部分：

(1) 叙述招魂的缘由，为引言。

(2) 正文，(2—1)铺写东南西北上下六方的险恶和恐怖，告诫怀王灵魂哪也不去。(2—2)分别从居处的讲究、宴游的逸乐、饮食的丰盛、娱乐的狂欢四个方面铺写楚国的华美，引诱怀王灵魂归来。

(3) 尾声，总结全篇主题。

而《大招》的章法只有中间的(2)部分即招魂词，结构和《招魂》相似，先陈述四方险恶，呼唤游魂不要向东、南、西、北四方游走，再描绘楚国宫廷、音乐舞蹈、宫室、苑圃禽鸟之盛和美，最后夸耀楚国地域辽阔、人民富庶、政治清明。没有前面的序言即(1)部分和后面的乱即(3)部分。

若除去前面的引言和后面的尾声，《招魂》《大招》中间的章法是一样的，都是纵贯式结构，即对楚怀王的亡魂先劝后诱，这种结构可以看出屈原对楚怀王的一

片忠心和对楚国的至诚热爱，以及突出了对这种忠心和热爱在现实中无法实现和不受人所理解、认同的悲哀。如果说《招魂》《大招》的章法还有章可循的话，那么楚辞以后至先秦至唐五代的楚歌体哀悼诗完全是章法多样、章无定法，大体可以分为以下几种：

1. 先景后情

先景后情即先描绘景物再抒发感情，以景衬情，如：

武帝刘彻的《思奉车子侯歌》共 8 句，前 4 句描绘美景，后 4 句抒发对失去奉车子的哀伤之情。三国魏文帝曹丕的《寡妇诗》共 14 句，前 4 句写景，后 10 句因感起兴，抒写寡妇思念亡夫而彻夜难眠的情状。

2. 纯粹抒情

这种结构即是通篇都是抒发感情。如：

无名氏的《芑梁妻歌》共 3 句，抒发了生死离别的悲哀，这种悲哀感动了上天，以至城为之而隳。无名氏的《伯姬引》共 4 句，均抒发了伯姬为守节而被烧死的高尚情操和对上天无眼使忠良遭殃的愤慨。

3. 并列式结构

无名氏的《张公神碑歌》碑歌共 60 句，篇幅较长，全诗分为 8 节，每节都是先描绘美景，接着再赞美其高尚的品德。

4. 跳跃式结构

嵇康的《思亲诗》共 30 句，运用跳跃式的结构，先抒写失去母兄的悲哀，接着回忆母兄在时的情景，再目睹现在的遗屋、遗物抒发哀伤之情，最后想象今后无母的孤独境地，时间由现在—过去—现在—未来的顺序跳跃，反复抒发对失去母兄的悲痛、感激、内疚之情。

5. 以景喻情式

无名氏的《李翊夫人碑叹》共 26 句，通篇通过日月星辰、动植物、神灵喻写李翊夫人品德高尚、年轻早逝、升入天庭、灵魂孤独的悲哀，比喻显得非常委婉、含蓄、动人。

由此可见，先秦至唐五代楚辞体哀悼诗的章法由先秦时期的游仙境界的长篇结构逐渐向汉以后的中短篇现实多样性结构过渡。

（四）赋法并置强化哀情

赋即铺叙，就是人把思想感情和有关的事物平铺直叙地表达出来，包括叙事和叙情两种，它可以淋漓尽致地细腻描绘铺写，又可以一气贯注以加强语势，还可以渲染某种气氛、环境和情绪。先秦至唐五代楚辞体哀悼诗的赋法主要是用于强化哀悼情感的表达，其形式有以下几种：

1. 对哀悼情感的反复叙说和强化，如嵇康的《思亲诗》，此诗为悼念自幼抚育自己长大成人的母兄而作，诗用骚体，不仅是因为用乡音悼念亲人示不忘本和楚辞音调徐缓、一咏三叹、适合表达凄恻之情，更是因为楚辞有铺陈叙说的传统，可让诗人从不同角度诉说哀情。前四句为全诗总纲，奠定全诗悲愁的情感基调。第一句重写悲愁之无聊，第二句写悲愁之深痛，第三句写悲愁之多，第四句写悲愁之郁结，反复铺陈渲染，营造出凄切悲苦的气氛。“奄失恃”四句说明悲愁的原因，一是突然失去赖以依靠的母兄，内心孤苦无依，二是母兄已经去世，自己永远也不可能再有机会报答他们的养育之恩了。“嗟母兄”四句以“阳春”喻母兄之慈爱，又以“阳春”为媒介引发对母兄的思念之情，但阴阳相隔、无法再见，故悲从内摧。“望南山”四句触景生情，由南山想起早逝的母兄，人们往往以寿比南山祝愿亲人尊长长寿，如今南山依旧，而母兄不在，诗人怎不愁苦和悲思？“忽已逝”四句由室外转到室内，堂屋空廓、遗物残留，而斯人不在，心如崩摧。“中夜悲”六句从时间的角度，抒写因哀思亲人而夜半难寐，而且随着时日的流逝，对亲人的思念还将会与日俱增，眼泪还会沾湿衣襟，还设想今后再也无法在母亲面前撒娇。诗的最后四句，诉天无情，申之以痛，不予理睬，只好自哀自叹、泪洒如雨。忧愁欲弃，旋即复来，绵绵不尽，不可断绝。对母兄的哀悼之情在不同层面、不同角度的抒写中得以突现和强化。

2. 美景、乐景与哀情的反衬和强化，如武帝刘彻的《思奉车子侯歌》：

嘉幽兰兮延秀，蕈妖淫兮中溏。华斐斐兮丽景，风徘徊兮流芳。
皇天兮无慧，至人逝兮仙乡。天路远兮无期，不觉涕下兮沾裳。

前四句用排比的手法铺陈描绘嘉幽兰延秀、蕈妖淫中溏、华斐斐兮丽景、风

徘徊流芳的美景，第五、六句叙写皇天无眼，竟然让这么好的人去世，第七、八句叙写天路遥远而不可再见奉车子侯，所以悲伤难过，泪下沾裳。前四句对美景乐景的铺写与后四句哀情的铺叙形成了鲜明的对比，以乐反衬哀，更加突出了哀情的悲剧效果，王夫之《姜斋诗话》说："以乐景写哀，以哀景写乐，一倍增其哀、乐。"这种写法是延续了《诗经・采薇》中"昔我往矣，杨柳依依。今我来思，雨雪霏霏"中用乐景写哀和哀景写乐的诗歌表现手法。

3. 对哀事的铺陈叙说，如唐代王维的《宋进马哀词》，全诗共44句，前2句写景，即夏天到了树木繁茂。3～8句写宋公因失子上朝时悲伤迷惘，在金碧辉煌的宫殿里，文武百官谈笑着进来，只有宋公因为失去独儿，一个人宁静沉默、伤心不语，起草君王的诏诰而不得言辞。9～23句写宋公下朝时行走在路上，看到人来人往、车来马往、流光溢彩，独不见死去的儿子，望着朱红色大门和华美的殿堂不知所措，忽然想起葬在城南的儿子，感到思绪昏沉、精神错乱，进而抱怨上天的不公。24～37句抒写宋公年老失孤儿的悲痛心情，先叹自己无兄弟、仅有一子，子嗣不繁，但转眼又去世，后继无人，不知今后谁照应自己的晚年，所以感到天昏地暗、来日不长，进而惊叫泪沾衣裳。38～44句书写吊唁的客人对宋公的劝慰之言。整首诗像一个完整的故事，从不同角度书写了宋公失去唯一的儿子后的痛不欲生、失魂落魄的生活状态。

4. 对想象之景的排比和渲染，如屈原的《招魂》《大招》。它们在艺术上最显著的特点是铺叙、对比和排比手法的运用，两篇无论写人、写景或叙事都井然有序、细致入微，且用四字排比句出，辞藻华丽，气势磅礴，极富感染力。例如，在"招魂"一节对天地东南西北（《大招》是东南西北）险恶环境的描写，各种可怕的野兽、鬼怪按东南西北天地六方依次阴森罗列，光怪离奇，极尽夸张之能事，令人毛骨悚然，从而有力地突出了亡魂六方（《大招》是四方）皆不可淹留的规劝。又如描绘故国故居生活的美好，亦是采用浓墨重彩、痛快淋漓的铺叙：宫室之豪华、园林之精美、饮食之丰盛、歌舞之美妙、宴饮之逸乐……应有尽有，令人眼花缭乱，与天地四方的险恶恐怖形成鲜明的对比，怀王亡魂焉能不归来？而且这种煞费苦心的铺叙与现实生活中楚怀王客死他乡、楚顷襄王苟且偷安、楚国奸佞当道、忠臣被谗见疏、楚国重新面临亲秦和拒秦的斗争的丑恶现实也形成鲜明的对比，表达了屈原对楚怀王的无限忠心和追恋之情。

从发生学与心理学的机制角度看，赋的心理机制是：事物无论是在形状上的相似还是在空间上的相近都会被认为具有某种一致性或某种联系。赋法让事物并置，并置会使事物的共同点得以突出和强化，或使并置的事物改变或变形，从而使人们能够更加敏锐地选择到自己所需要的“共同点”。对这些共同点的暗示与渲染、表现与描述都能让作者将自我意念或情感强化地表现给读者，对读者起到加深印象和强调的作用。楚辞体的赋法修辞正是因此而强调了哀情。

综上所述，先秦至唐五代楚辞体哀悼诗在内涵上呈现出哀怨的心理特征，在形式上体现为：多用位置不固定的语气词和想象类词汇、芳草美树美景类词汇，以哀悼对象定齐言、杂言句式，语气词构联连贯、绵长的句子链条，游仙境界的长篇结构逐渐过渡为中短篇现实多样性结构，赋法并置强化哀情，呈现出藻丽、哀怨的语言风格，其原因有二：一是人文地理因素，楚国江山奇丽、地势险峻、河流湍急，一方水土养一方人，造就了楚人剽轻易怒、情感外露、简慢旷逸、不遵矩度的群体性格，相对独立的历史传统铸就了楚人崇尚自由、不重礼法的人文精神，而巫风盛行的民俗又使楚人变成了亲近自然神灵的宗教迷狂，体现在诗歌中则是飞扬流动、自由任性的浪漫风格。二是情感因素，哀怨即悲伤埋怨，这是一种已经失去理性的情感，它的深度和广度因人、因事而异，而不拘定格的先秦至唐五代楚辞体哀悼诗体形式则适用于这种情感的抒发。此外，由于楚辞体哀悼诗是一种地域色彩很浓的诗歌，这给它的创作和传播带来了较大的局限性，而且随着语言的实词化倾向、双音节倾向和格律化倾向，这种诗体在汉魏以后日趋减少以致消失。

第三章

先秦至唐五代五、七言古体哀悼诗

五、七言古诗是中国古体诗的主要形式之二，五个字一句为五古，七个字一句或以七个字为主的为七古，它们可押平声韵，也可押仄声韵，押韵位置不固定，中途可以换韵，句数不限，不讲究平仄和对仗，即使对仗，其位置不定，句数不限，不求工对，不避重字。五古的特点是朴实平易，如胡应麟所说："古诗短体如《古诗十九首》，长篇如《孔雀东南飞》，皆不假雕琢，工极天然。""《青青河畔草》，断而续，近而远，五言之骚也；《昔有霍家奴》，整而条，丽而典，五言之赋也；《孔雀东南飞》，质而不俚，详而有体，五言之史也。而皆浑朴自然，无一字造作，诚为古今绝唱。"[①]后代的五古大体上都保持了自然浑朴的特点，而七古的界定颇有分歧，因而风格也有不同说法，胡应麟、王士祯、刘熙载等人把七言歌行等同于七古，说"五古'平彻而闲雅'，七古'炜煜而橘诳'。"[②]但我们认为七言歌行是有别于七古的，七古的典型风格往往是端正浑厚、庄重典雅，而歌行的典型风格往往是宛转流动、纵横多姿。而且从数量看，先秦至唐五代五言古体哀悼诗有 229 首，七言古体哀悼诗（包括七言歌行）有 20 首，先秦至唐五代五言古体哀悼诗占绝大多数，所以说先秦至唐五代五、七言古体哀悼诗以朴实平易的语言风格来表现哀情是毫无疑问的。

一、用平实的词汇表现哀情

词义分为概念义或理性义和色彩义，前者指人类对客观事物的性质、特征等的界定，它是一个词的核心意义，是每个词必有的意义，相对简单而稳定，后者是指附在理性意义上的表达人或语境所赋予的特定感受的意义，包括含褒义、贬义、中性的感情色彩义和含口头语、书面语的语体色彩义及含形态、动态、颜色、

① （明）胡应麟撰《诗薮》，上海：上海古籍出版社 1979 年版，第 28、34 页。

② （清）刘熙载撰《艺概·诗概》，上海：上海古籍出版社 1978 年版，第 75 页。

声音等的形象色彩义。先秦至唐五代五、七言古体哀悼诗中所说的平实的词汇主要是指诗歌多用概念义、少用形象色彩义的词汇，即在词语选用上力求平实、自然，不尚词彩，不尚雕饰。另一方面，还表现为不像律诗那样因为平仄、对仗、句数的限定（五律、七律）等因素刻意对词语进行破常示异，如词类活用、词义扩大、缩小、超常搭配等，而是词语的性质、语义与语符、能指与所指之间的关系是对应一致的，往往直接明了。但是，平淡无奇、直接明了并不等于浅薄粗俗、单调乏味，而是淡中有味、平中见巧，于平淡中见哀情。例如东晋陶渊明《悲从弟仲德》：

衔哀过旧宅，悲泪应心零。借问为谁悲，怀人在九冥。礼服名群从，恩爱若同生。

门前执手时，何意尔先倾。在数竟不免，为山不及成。慈母沈哀疚，二胤才数龄。

双位委空馆，朝夕无哭声。流尘集虚坐，宿草旅前庭。阶除旷游迹，园林独馀情。

翳然乘化去，终天不复形。迟迟将回步，恻恻悲襟盈。

此五古为诗人约于晋义熙十三年（417 年）为悼念从弟仲德之作。全诗共 110 个字，名词 31 个：哀、宅、泪、心、九冥、礼服、名群、恩爱、同生、门、人、前、时、在数、为山、慈母、胤、龄、位、馆、朝夕、哭声、流尘、虚坐、宿草、前庭、阶除、游迹、园林、终天、襟盈；动词 25 个：衔、过、零、借问、怀、从、若、执手、倾、免、及、成、沈哀、疚、委、无、集、旅、旷、馀、乘化、去、复形、回步、悲；形容词 7 个：旧、悲、悲、空、翳然、迟迟、恻恻；副词 9 个：不、应、不、先、竟、才、独、不、将；介词 2 个：为、在；代词 3 个：谁、何意、尔；数词 3 个：二、数、双。除了翳然、胤、乘化这三个词较为少用之外，其余的都是平平常常的词语，没有什么华丽的形容词，也没有什么特别的动词，更没有什么词汇的超常运用现象，朴实自然，平淡无奇。但是用平淡的词语表达看似平淡的哀情，用于特定的人物、特定的环境中却收到奇巧的效果。例如“双位”起 6 句描写空馆的景象，平常的词语就显得很不寻常；“委”安放，亦含有堆积、存放、丢弃、抛弃之意；“空馆”的“空”写出了人去世之后空间位置增

多、人迹罕至、冷落凄清的情景；“无”哭声照应了上文的“空”；“集”与“流尘”搭配，更突出了人迹罕至、无人打扫的情景；“旅”形象地表达了宿草肆无忌惮生长的景象；“旷”为空、荒废之意；“独”意为只。这几个词语无不照应了前面的“空”，非常形象地表现了从弟夫妇去世之后门庭冷落、萧条凄清的人情和世情，只有作为亲人的作者为之倍感辛酸和凄楚的情景。

如果说平淡是陶渊明诗歌语言的主要特点，还不足以为例的话，那么再举南北朝北周庾信的《伤往诗二首》为例：

见月长垂泪，看花定敛眉。从今一别后，知作几年悲。

镜尘言苦厚，虫丝定几重。还是临窗月，今秋迥照松。

此两首五古是诗人的悼妻之作。第一首诗共20个字，共19个词，名词6个：月、泪、眉、后、花、年；动词8个：见、垂、看、敛、别、知、作、悲；副词4个：长、定、从今；数词2个：几、一。这些词语均是平平常常的词语，而且明白如话，并无超常的用法，但一个“长”（常）和一个“定”字却把诗人对亡妻的持久而专一的悼念、痛惜之情表露无遗，而这爱与哀的深切均是由“一别”所引发，是它使诗人与爱妻今后永远分割于两个完全不同的世界。“知”引出后面的猜测，用问句作结，更显出诗人在妻子去世后迷惘、惆怅、苍凉无尽、忧伤无穷的绵绵怀愫。第二首诗共20个字，共16个词，名词6个：镜尘、虫丝、窗、月、今秋、松；动词3个：言、临、照；形容词3个：苦、厚、迥；副词2个：定、还是；数词1个：几；量词1个：重。这些词语均是平常而不深奥的词语，也无超常用法，但是却情意隽永，“苦厚”与“几重”暗示了妻子去世已久、遗室一片荒凉、冷落的景象，副词“定”起肯定强调作用，也暗含着诗人预想妻亡之后必然萧条的哀伤之情。副词“还是”用得非常好，它留给读者诸多的联想和想象空间，表明了月同人不同，在妻子生前与死后照的地方也不同，这种对比表现了生与死、欢与悲的巨大变化，强化了诗人心中无限凄楚、悲辛的感情，也渲染了荒凉、冷落、幽深、孤寂的气氛。

再如唐孟郊的《伤旧游》：

去春会处今春归，花数不减人数稀。朝笑片时暮成泣，东风一向还西辉。

此七古为诗人悼伤亡友之作，全诗共28个字，共20个词，名词11个：去春、会处、今春、花、数、人数、朝、片时、暮、东风、西辉；动词6个：归、减、笑、成、泣、还；形容词1个：稀；副词2个：不、一向。均是一些平常的词语，也没有词语的超常运用，但是经过巧妙的搭配，却表达出超乎寻常的艺术效果。前两句"去春"与"今春"是时间上的对比，"花数"与"人数"是物与人的对比，"不减"与"稀"是数量上的对比，写出了同地不同时、花是人却非的悲哀；后两句"朝"与"暮"是一天中时间的对比，"笑"与"泣"是情感上的对比，"东"与"西"写出了人生苦短、生死无常的普遍哲理，"片时"和"一向"更是对此起到了强调作用。

总之，用平白如话却准确传神的词语描写人世间的生离死别之情，给人一种剧痛之后的淡淡哀伤之感，正是这种感觉让人明白生与死是世间最普遍、最平常的事情和哲理，起到此时无声胜有声的效果。

二、多用常式句和陈述句表现哀情

句式和语气的选择与作品的风格有很大关系。先秦至唐五代五、七言古体哀悼诗的句法特点是多用常式句和陈述句表现哀情，从而呈现出一种自然、平易的风格特征。

（一）多用常式句，少用变式句

汉语的句式可分为两种：一种是常式句，往往是主语在谓语前，动词在宾语前，修饰语在中心语前，偏句在前，正句在后；另一种是变式句，往往是为了表达强调的需要，可以将谓语置于主语前面，将宾语置于动词前面，中心语置于修饰语前面，正句在前，偏句在后，亦叫倒装句。常式句自然平实，语势和缓，大多用于一般的叙述、议论、抒情，亦可用于表祈使和感叹的语气，形成朴实、平易、典雅的风格；变式句突出强调的作用，常给人一种奇巧之感，易形成奇崛的风格，如宋孙奕在《诗说》中说到"出奇"的句法手段是用倒装字，现代语言学家岑麒祥认为古汉语的倒装用法（代词作宾语的否定式疑问句）能形成奇险的风格。先秦至唐五代五、七言古体哀悼诗是多用常式句，少用变式句。例如北周王褒的《送刘中

书葬诗》：

昔别‖伤南浦，今归‖去北邙。
主　谓　宾　主　谓　宾
书生‖[空]托梦，(久)客‖[每]思乡。
主　状谓宾　定主　状谓宾
塞近‖边云黑，尘昏‖野日黄。
主　谓　主　谓
陵谷‖[俄]迁变，松柏‖[易]荒凉。
主　状谓　主　状谓
题铭‖无复迹，何处‖验龟长。
主　谓　宾　主　谓　宾

此五古是王褒为友人刘中书去世所作的哀悼诗，全诗共10句，全部运用常式句，没有倒装现象，整体显示出一种朴实、平易的风格。

又如唐杜甫的《八哀诗·赠太子太师汝阳郡王琎》：

汝阳‖让帝子，眉宇‖真天人。虬须‖似太宗，色‖映(塞外)春。
主　谓　主　谓　主　谓　宾主　谓　定　宾
[往者开元中]，主恩视遇‖频。出入[独][非时]，礼异‖见群臣。
状　主　谓　谓　状　状　主　谓　宾
爱其谨洁〈极〉，[倍][此骨肉]亲。[从容听朝后]，[或在风雪晨]。
谓　宾　补　状　谓　状　状
[忽]思格猛兽，苑囿‖腾清尘。羽旗动‖若〈一〉，万马‖[肃]駪駪。
状　谓　宾　主　谓　宾　主　谓　补　主　状　谓
诏王‖来射雁，拜命[已]挺身。箭‖出[飞鞚内]，上‖[又]回翠麟。
主　谓　宾　谓　宾　状　谓　宾　主　谓　补　主　状　谓　宾
[翻然]紫塞翮，‖[下]拂明月轮。胡人‖虽获〈多〉，天‖笑不为新。
状　主　状　谓　宾　主　谓　补　主　谓　宾

王‖[每]中一物,[手自]与金银。袖中‖谏猎书,扣马[久]上陈。
主　　状谓　宾　　状谓宾　　主　　宾　　　谓　状　谓

[竟]无衔橛虞,圣‖聪矧多仁。官‖免供给费,水‖有在藻鳞。
状　谓　宾　主　谓　　　　　主　谓　宾　主　谓　宾

匪[唯]帝老大,[皆]是王忠勤。[晚年]务置醴,[门]引申白宾。
谓状　宾　　状谓　宾　　　状　谓　宾　状　谓　宾

道大‖容无能,[永]怀侍芳茵。好学尚贞烈,义形‖[必]沾巾。
主　　谓宾　状谓　宾　　谓宾谓宾　　主　　状　谓宾

挥翰‖绮绣扬,篇什‖若有神。川广‖不可溯,墓久‖狐兔邻。
主　谓　　　主　　谓　宾　主　　谓　　主　　谓

宛彼汉中郡,文雅‖见天伦。何以‖开(我)悲,泛舟‖[俱]远津。
谓　宾　　主　　谓　宾　状　　谓定宾　主　　状谓宾

(温温)(昔)风味,‖[少壮][已]书绅。旧游‖[易]磨灭,衰谢‖增酸辛。
定　　　定　主　　状　　状　谓　　主　　状　谓　主　　谓　宾

倒装分为本句倒装和跨句倒装两种方式,在先秦《诗经》中已有使用,唐代大诗人杜甫将此法发挥到极致,清仇兆鳌说:“句法有直下者,有倒插者,倒插最难,非老杜不能也。”[①]其诗句法的语义构成每以倒装为长,这是形成其诗顿挫风格的一大原因,但在上述这篇五古中,此法并未多用。此长篇五古为杜甫哀悼好友让皇帝李宪之子、汝阳郡王李琎之作,全诗共 52 句,仅有“出入独非时”这 1 句为状语后置,运用了倒装句式,其余都是常式句,可见并非杜甫不擅长用倒装句式,而是五古这种朴实平易的诗体限制了他不能多用倒装句式这种标新立异的变式句,而只能多用朴实、平易的常式句。

(二)少用语气变化

句子从语气上分可分为四种:陈述句、疑问句、祈使句、感叹句,不同的语气形式可以表现出不同的语势差异、强弱差异和风格色彩,陈述句的修辞效果是平

① (清)仇兆鳌:《杜诗详注》引,北京:中华书局 1979 年版,第 4 页。

实，它是构成平实风格的因素之一，适用于各种语体，疑问句、祈使句、感叹句能使语言有变化，它们的风格作用是表情达意强烈，易于渲染气氛、加强语气、突出文意，能曲折委婉、扣人心弦、发人深省，常与陈述句相交错地运用于政论语体和文艺语体，能使语言显得活泼多变、波澜起伏、风格优美。先秦至唐五代五、七言古体哀悼诗共有249首4141句，其中疑问句有140句，感叹句有40句，祈使句有0句，剩下的全是陈述句。可见，陈述句在先秦至唐五代五、七言古体哀悼诗中占有相当大的比重，由此也构成了先秦至唐五代五、七言古体哀悼诗平实的句式特点和平实的语言特征。

总之，常式句和平直语气的运用突出平易亲切、通俗自然的印象，洋溢着一种亲切自然、淳朴隽永的感情，表现出朴实平易的语言风格。

三、章法自然，随哀情而定

五古、七古的诗句长短不一，同一文体，不同的作家虽然章法形式大体相同，但是其中每个层次内的句数不同，即使是同一作家在不同诗篇中运用同一文体，其章法形式大体相同但是每个层次内的句数不同，但都遵从自然章法，即按自然的时间、地点安排结构，极少用多种时空交叉并用的方法安排结构。先秦至唐五代五、七言古体哀悼诗的自然章法主要有六种形式：

（一）生荣—死哀式

这种章法按人生死的时间顺序分为两部分，前一部分写死者生前的出身、功业、品德、成就、才学、美貌（一般为女性）、与诗人的交情等情况，后一部分写死者死亡的悲惨情景及存者对其的哀伤、思念、孤独、寂寞等心情，这两部分在不同的诗歌中句数是不同的。例如汉石勋的《费凤别碑诗》是孙子哀悼祖父的碑文，除了第一部分作者的自我介绍和第二部分介绍祖父的出身、品德、官职的序文之外，第三部分的诗共60句，以“举宗为欢喜”为界分为生荣、死哀两大层，第一大层即首28句写祖父的功业、声誉，第二大层又分为两小层，即次28句写存者对亡者的悼念情景，最后4句写死别之哀。又如南朝齐诗卢询祖的《赵郡王配郑氏挽词》：

君王盛海内，伉俪尽寰中。女仪掩郑国，嫔容映赵宫。
春艳桃花林，秋度桂枝风。遂使丛台夜，明月满床空。

此五古前四句写赵郡王配郑氏生前贵为王妃，夫妻恩爱，郑氏女仪、嫔容出众。后四句中以比喻、婉曲的手法写美丽出众的郑氏突然去世，明月空照丛台和曾经的睡床。

再如白居易的诸多五古如《秦中吟十首·伤友》《念金銮子二首》其一、《哭王质夫》《哭崔常侍晦叔》都是采用生荣—死哀式的章法写作，《秦中吟十首·伤友》共24句，前18句写亡友虽为寒士，但志气高尚，还写了诗人与他的交情，特别是记叙了一次避雨时的情景。后6句写旧友已亡，诗人为之哀伤、凄苦，并用任公叔和黎逢的交谊作典表明自己与他的友情生死不渝。《念金銮子二首》其一是诗人为哀悼早夭的女儿而作，全诗共16句，前4句写女儿生前的情况，即自己晚年才生得一女，虽然不是儿子，但也能抚慰一下没有子女的悲哀。后12句抒写女儿去世之后自己对她的思念和哀伤。《哭王质夫》是诗人于元和十五年(820年)为哀悼好友王质夫而作，全诗共26句，前4句写王质夫生前的情况，诗人与他在仙游寺前分别十多年后，彼此音信不通，不知生死。后22句写作者听到王质夫去世后的惊疑、悲伤、赞美、哀叹，以及对其早夭的愤愤不平。《哭崔常侍晦叔》是诗人于大和七年(833年)为好友崔玄亮的去世而作，全诗共28句，前10句写崔玄亮生前诗人与其的交情，后18句抒写崔玄亮去世之后诗人无人相伴和孤独、寂寞、痛苦的心情。可见，即使是同一作家运用同一种诗体和同一类章法，其章法也并不完全相同。

（二）死后触景伤情式

此章法往往是存者在死者去世以后看到死者的坟墓之景或送葬之景或家中惨状或与死者相关的一些即兴之景，并因此而引起对死者的哀伤、思念之情。例如南朝宋孝武帝刘骏的《拜衡阳文王义季墓诗》：

昧旦凭行轼，濡露及山庭。投步矜履蹈，举目增凄清。轺路灭归轸，沦闼负重扃。

深松朝已雾，幽隧晏未明。长杨敷晚素，宿草披初青。哀往起沈泉，追爱恸中情。

竹帛凭年远，世范随伏倾。

此五古为宋孝武帝刘骏为哀悼皇叔衡阳文王刘义季而作，全诗共14句，前10句全描写刘义季坟墓的景色，描写自己在早晨天色昏蒙时坐着马车来到皇叔的墓前，濡濡的露水打湿了山庭，他小心翼翼地迈着步，满目凄清。马车道上已经没有了皇叔的身影，车上的小门也已被重重关上。墓边的松树已被朝雾打湿，荒凉的郊外迟迟未明。长长的杨柳披着晚素，墓地上隔年的草才开始泛青，描绘出墓地上一片荒凉、凄清、寂静的景象，使诗人不禁哀从中起。第11、12句诗人抒发自己哀恸中发的真切情感，第13、14句则是对皇叔的赞颂，他作为世人的美好典范将会永载史册，被后人景仰。

又如唐聂夷中的《哭刘驾博士》：

出门四顾望，此日何徘徊。终南旧山色，夫子安在哉。

君诗如门户，夕闭昼还开。君名如四时，春尽夏复来。

原野多丘陵，累累如高台。君坟须数尺，谁与夫子偕。

此五古诗人为哀悼好友、晚唐现实主义诗人、国子博士刘驾而作，全诗共十二句，分三个层次，前四句写诗人过去常常和刘驾在一起，每次出门往往就是去找刘驾，但是今天出门之后，却环顾四野，举步犹豫，暗写知己已经去世，抬头望终南山，其景色依旧，但景是人非，刘驾已经不在了，一声“夫子”，一个问句，写出了诗人对刘驾的尊敬和痛失知己的悲哀，此为第一层。次四句为第二层，写刘驾的诗自成一家，在其身后将永照千古，刘驾对人对事态度明朗、恩怨分明，一生光明磊落，是对刘驾的诗作和为人的高度赞扬和评论。第三层为最后四句，写四周原野上很多坟墓，堆积土石高如灵台，而刘驾博士的坟墓却只有数尺之高，固然可以推知刘驾博士生前的地位和权势远远比不上他们，但是刘驾博士诗作的杰出成就和为人的刚正不阿必定会名留千古，谁又比得过他呢？此诗将记叙、写景、议论、抒情融为一体，悲痛中含着理性，犹豫中含着清醒，痛定思痛，情理并重，更易于为人所接受。

再如唐孟郊的《悼亡》：

山头明月夜增辉，增辉不照重泉下。泉下双龙无再期，
金蚕玉燕空销化。朝云暮雨成古墟，萧萧野竹风吹亚。

此七古为孟郊的悼妻之作，全诗共6句，前3句顶真手法写出了思力随着景物而运作，今夜山头的月光更加明亮了，更加明亮的月光从天上往下照，但是却照不到妻子的坟墓里，妻子已经去世，夫妻再也不能相见了，金蚕、玉燕等这些金属和玉质的随葬品恐怕早已销毁，那么亡妻的骨肉之身肯定也已荡然无存，即使自己将来命归黄泉，也必定找不到她的芳踪了。曾经的夫妻恩爱变成了坟墓，只剩下晚风吹拂着竹子，发出萧瑟声音，让人倍感寂寞和凄冷。所以由景触情、情景交融更觉自然蕴藉、韵味无穷。

（三）死后睹物思人式

此章法往往是存者在死者去世以后看到死者遗留的物品或住宅，想起死者的有关情况，或引发自己的孤独、悲伤、寂寞之情。例如三国曹睿的《苦寒行》是魏烈祖明皇帝悼念祖父曹操的作品，他在东征孙权屯兵龙陂时，看到祖父曹操在建安二十四年（219年）南征关羽时驻军于龙陂所建的故垒，因而有感而发。全诗分四解，第一解（首四句）写诗人东征洛都，近二十天来到龙陂城，第二解（次四句）描写所看到的故垒的景象，第三解（再次四句）由故垒联想起祖父虽死潜形但名垂不朽，第四解（第三个四句）赞扬祖父生前的功业及死后的影响，最后六句抒发诗人对祖父的哀伤、思念之情。

又如南朝梁何逊的《行经范仆射故宅诗》为诗人目睹故友遗宅而引发的悼念亡友之情，全诗共八句，前六句全写景，野生的葵菜长满了水井，野生的藤草已经爬上了窗户，沉寂空旷的郊外已暮色降临，再也没有车马回来，原来的池子里面水波荡漾，苍苍茫茫反射着太阳的余晖，看到这一切荒凉、寂寞、萧条的景象，诗人禁不住想起了已归黄泉的故友，所以最后两句抒情点题，边走泪水边落在衣裳上。

再如唐高适的《哭单父梁九少府》是诗人约于开元二十四、二十五年（736 年、737 年）为好友梁洽所作，全诗共 24 句，首 2 句写诗人在翻箧捡物时无意发现了梁九以前寄给他的书信，次 2 句写好友此时已经去了黑暗幽邃的荒凉古墓，第 5～12 句写诗人由遗书想起二人曾经一起登山探云、临水赋诗、同舟望月的亲密交谊，那时从未想到死亡的事情。第 13～24 句写梁九去世之后家中的凄凉惨状和空留身后名的悲哀，从中表达了诗人对他的同情和哀悼之情。

（四）死后直接抒情式

此章法往往是存者在死者去世以后无所傍依、直抒自己对死者的思念、哀伤、痛苦、孤独之情。例如唐孟云卿的《伤情》是为伤悼早逝的兄弟之作，全诗共 18 句，均为抒情之语，首先写自己幼年丧父，身为大哥，一家的重担全压在他身上，所以时常觉得悲伤、孤独、绝望、彷徨、患得患失，然而对幼小的弟弟还得考虑如何去安慰、劝导、鼓励，生活过得甚是艰难。好不容易弟弟们长大成家立业，心想或许可以减轻一点负担了，但是弟弟们又先后去世，留下一群更弱小的孤儿待他抚养。接着诗人又想起一家人背井离乡、弟弟客死他乡、旧居架桥、墓柏长成而自己却无法回乡的一些往事，心里更加悲伤，但是有什么办法呢？天上四时八节、日月星辰、世间万物都有自己的运行规律，如秋风一到草木必然凋零一样，人也必然有一死，所以自己要明白事理，振作起来，不要再多想那些伤心的事了。又如白居易的《哭诸故人，因寄元八》是诗人于元和十五年（820 年）哀悼先己而逝的伟卿、王质夫并赠给元宗简的作品，全诗共 20 句，全为抒怀感伤之语，诗先用孔子哭寝门之典写自己经常为老朋友的去世而哭，伟卿、王质夫都已经去世，屈指而数，他们只活了数十年时间，忍住悲伤，思量自己的身后之事，这两位朋友都比自己年少但都先己而去，我现在头已半白，还能活多久呢？自己与元宗简认识二十年了，曾经看见他生子，现在又听说他已抱孙，活着的人已经升为爷爷，死去的人亦已化为尘土，他住在升平宅，经常能见到他自己感到很开心。再如韦应物的《夏日》为哀悼亡妻的悼亡诗，全诗共 8 句，均抒发对妻子的哀伤、思念之情。诗说自从妻子去世以后心里非常凄苦，总觉得白天的时间很漫长，别人都午睡了，只有自己一个人伤心不眠，独坐山中，觉得周围一片寂静。我想觉悟到淡泊之理可将这忧愁排遣，所以学习佛法的“诸法皆空”之理，或许可以将这世间的一切烦恼忘却吧。但是思念妻子的积习常来侵犯，忧愁挥去又来，难以适应。

总之，死后直接抒情式是遵从诗人思想意识流动的先后顺序，没有明显的层次之分，大多用第一人称和第二人称的口吻直接抒情，显得亲切、自然、动人。

（五）梦中—醒来式

此章法往往是存者在死者去世以后由于对死者思念过深，所以在梦中与之相会，诗的前半部分往往描写与死者在梦中相会的情景，后半部分往往抒写存者醒来之后对死者的哀伤、痛苦、思念之情，这两部分在不同的诗歌中句数是不同的。例如元稹的《梦井》是诗人于元和五年（810 年）春为哀悼亡妻而作，全诗共 40 句，前 14 句写诗人梦见高原上有深井，自己枯渴觅泉但井无悬绠，求人无望，遍入原上只见村空犬猛，遂绕井而哭。后 26 句抒写自己哭着从梦中醒来，觉得房静灯朦，夜半钟声扰乱人心，由梦醒想起早已去世的妻子，希望自己死后有知，能与妻子的灵魂相通，但又恐两魂不能相省，深感悲哀至极，只好吟诗辜负春光好景。

又如白居易的《梦裴相公》为诗人于元和九年（814 年）为好友裴垍的去世而作，全诗共 16 句，前 8 句写诗人在好友去世五年之后一天晚上在梦中与他相遇，那情景就像元和初同为翰林学士在金銮宫相遇一样，那衣着、那神情、那殷勤相待之意，与当时一模一样。后 8 句写梦醒之后深感哀痛，想起当年的事就与昨晚一样，平时总以为自己学了佛法，已经看透世间的一切生死情怨，但还是为老友哀情所感而流涕沾胸。

总之，人皆有梦，用梦境叙写哀情是人思之极的体现，梦境的欢境与现实的哀情形成鲜明的对比，或者梦境的哀境与现实的哀情互相烘托、相得益彰，无论是以欢衬哀还是以哀衬哀，均是现实生活中的常见现象，都易为人们理解和接受。

（六）闻死—追生—叙哀式

此章法往往以存者接受信息的先后为顺序分为三部分，第一部分写存者听到死者去世时的情景，第二部分抒写存者追忆死者生前的有关情况，第三部分描写存者对死者的哀伤、痛苦、思念之情。这三部分在不同的诗歌中句数也是不一

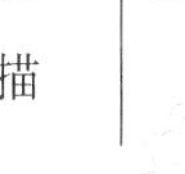

的。例如北周庾信的《和王少保遥伤周处士诗》为诗人哀悼亡友周弘让处士之作，全诗共16句，前四句写诗人听说好友已经去世，感到很悲伤，因为生死虽然不同，但是好友踏上死亡之路，自己随元帝出降到长安后被扣留在北方，终生未能返南，所以同是不归人。次四句诗人回忆起好友生前的情景，自己在梁作重臣之时，周处士隐于句容茅山，自己也幻想有一天能像他一样真隐。第9、10句写周处士突然去世。最后6句用张仲蔚、郑子真、三仙、五柳四个典故抒写自己的悲伤和哀悼。又如储光羲的《同王十三维哭殷遥》是诗人与王维一起哭祭殷遥的作品，全诗共28句，1～4句写诗人听到好友中年去世，觉得他行道不深却贤能无比。5～10句诗人从职业、田产、居室等方面回忆好友生前的艰苦贫贱生活。11～28句写好友去世后双殡茅茨、孤女哀号、慈乌乱飞、猛兽以跧的惨状以及自己对他的哀悼和对生死的感想。

再如贾岛的《哭卢仝》是诗人约于大和十年(834年)所作的哀悼好友卢仝的诗歌，全诗共18句，1～4句写诗人听到终身无官的贤友去世，心中异常悲痛，第5～8句写诗人回忆好友生前四十来年穷困、无官、不得志的一生，天子未辟，地府无追。第9～18句写卢仝于甘露之变中被阉党脑后加钉而死后的惨状：长安旧友对其背弃，其坟墓碑石短小，文字参差不齐、寥寥数行，因无钱买松树，自长蒿草，以及诗人对他生前赠文的珍惜，从中表现了他对好友的真挚哀悼之情。

总之，按时间顺序、按空间顺序、按情感顺序安排章法是先秦至唐五代五、七言古体哀悼诗章法的特点，它给人一种波澜不惊、随其自然的和顺之感。

四、少用积极修辞中的形象描述类修辞手法

陈望道认为，修辞从广义上说是调整或适用语辞，话语文章可以分为内容和形式两方面，语言对形式的表达可分为两种不同的法式，一是记述的，二是表现的，所以修辞可分为两类：消极修辞与积极修辞，前者的目的在于使人理会，要用概念的、抽象的、普通的语言，大抵是“(1)使它没有闲事杂物来乱意；(2)没有奇言怪语来分心。”[①]后者的目的在于使人感受，要用具体的、体验的、情感的语言，

① 陈望道著《修辞学发凡》，上海：上海教育出版社2006年版，第49页。

综合运用辞格和辞趣以生动地表现生活。(如下图所示[①])先秦至唐五代五、七言古体哀悼诗偏向于消极修辞,除了上述词语中、句法、章法的平易表现之外,还体现在较少运用形成藻丽风格的描绘类积极修辞手法。

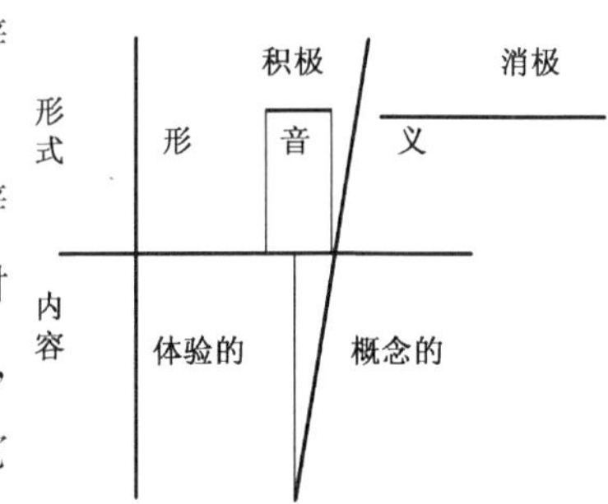

陈望道在《修辞学发凡》中提到的积极修辞手法共有38种,其中比喻、拟人、夸张、排比、衬托、借代的修辞手法为形象描绘类的修辞手法,较多运用它们会形成藻丽的风格,较少运用它们会形成朴实平易的风格。现对249首先秦至唐五代五、七言古体哀悼诗的积极修辞手法中的形象描绘类的修辞手法统计如下:比喻141句,拟人2句,夸张1句,映托1句,借代0句,排比0句。可见,先秦至唐五代五、七言古体哀悼诗的形象描绘类积极修辞手法用得极少,只有比喻用得稍为多一些,其绝大多数与死亡、哀悼有关,主要特点有:

(一)将死亡比作花落、树摧

漼如叶落树。——(潘岳《杨氏七哀诗》)

可怜桂树枝,怀芳君不知。摧折寒山里,遂死无人窥。——(吴均《伤友诗》)

深哀当何为,桃李忽凋摧。——(韦应物《冬夜》)

零落小花乳,斓斑昔婴衣。

班班落地英,点点如明膏。——(孟郊《杏殇》)

可惜千首文,闪如一朝花。——(孟郊《吊卢殷》)

霜摧桃李风折莲,真娘死时犹少年。——(白居易《真娘墓(墓在虎丘寺)》)

画梁朝日尽,芳树落花辞。——(阴铿《和樊晋陵伤妾诗》)

春艳桃花林,秋度桂枝风。——(北周齐卢询祖《赵郡王配郑氏挽词》)

苔生履迹处,花没镜尘中。——(隋薛德音《悼亡诗》)

禅林枝干折,法宇栋梁倾。——(贯休《哭灵一上人》)

① 陈望道著《修辞学发凡》,上海:上海教育出版社2006年版,第47页。

（二）将死亡比作天象变化

邈若雨绝天。堂虚闻鸟声，室暗如日夕。——（潘岳《杨氏七哀诗》）

忽惊薤露曲，掩噎东山云。——（徐彦伯《题东山子李適碑阴二首》）

如彼天有斗，人可为信常。

如彼岁有春，物宜得华昌。——（张籍《祭退之》）

牛斗文星落，知是先生死。——（孙郃《哭方玄英先生》）

忽见江南吊鹤来，始知天上文星失。——（钱起《哭曹钧》）

我心若涵烟，葐蒀满中怀。——（江淹《悼室人》）

（三）将死亡失伴比作鱼鸟无依

高树多悲风，海水扬其波。利剑不在掌，结友何须多。不见篱间雀，见鹞自投罗。罗家得雀喜，少年见雀悲。拔剑捎罗网，黄雀得飞飞。飞飞摩苍天，来下谢少年。——（曹植《野田黄雀行》）

如彼翰林鸟，双栖一朝只。如彼游川鱼，比目中路析。——（潘岳《悼亡诗三首》）

山崩溟海竭，鱼鸟将何依。——（晋顾恺之《拜宣武墓诗》）

青田松上一黄鹤，相思树下两鸳鸯。无事交渠更相失，不及从来莫作双。——（北周庾信《代人伤往诗二首》）

昔年无偶去，今春犹独归。故人恩既重，不忍复双飞。——（梁王氏《孤燕诗》）

（四）用平常事物比喻死亡的不可预料和急速

画梁才照日，银烛已随风。——（隋薛德音《悼亡诗》）

今复哀若人，危光迅风烛。——（隋薛德音《悼亡诗》）

马嘶循古道，帆灭如流电。——（刘禹锡《重至衡阳伤柳仪曹》）

非为独播迁，岂意中台坼。——（庾信《伤王司徒褒诗》）

才看凤楼迥，稍视龙山没。——（隋卢思道《彭城王挽歌》）

忽以千金笑，长作九泉悲。——（阴铿《和樊晋陵伤妾诗》）

平生忽如梦，百事皆成昔。——（韦应物《东林精舍见故殿中郑侍御题诗追旧书情涕泗横集因寄呈阎澧州冯少府》）

（五）用平常事物比喻人死的轻微

嗟嗟无子翁，死弃如脱毛。——（孟郊《吊卢殷》）

气高终不合，去如镜上尘。——（张籍《哭于鹄》）

如冰结圆器，类璧无丝发。——（韦应物《感镜》）

（六）将哀悼悲伤比作下珠、下雨、注海泉、背辒辌

道阻而且长，望远泪如雨。——（石勋《费凤别碑诗》）

茕茕靡所恃，泪下如连珠。——（吴质《思慕诗》）

何言鲁声伯，忽下琼珠泪。——（储光羲《陆著作挽歌》）

命知悲不绝，恒如注海泉。——（江淹《伤内弟刘常侍诗》）

犹似背辒辌，丹旐书空位。——（北周王褒《送观宁侯葬诗》）

总体来看，在先秦至唐五代五、七言古体哀悼诗中，形成藻丽风格的描绘类积极修辞手法如比喻、比拟、夸张、通感、衬托、借代、模拟用得比较少，虽然有用一些比喻，但是这些比喻句中的喻体都是自然界和人类生活中极为常见的景象和物品，所以这些比喻句也是一些极其常见、颇为通俗的比喻，由此也可以看出先秦至唐五代五、七言古体哀悼诗并不刻意追求词彩、自然、朴实、平易的特点。

综上所述，运用平实的词汇、多用常式句和陈述句、使用随哀情而定的自然章法、少用积极修辞中的形象描述类修辞手法是形成先秦至唐五代五、七言古体哀悼诗朴实、平易风格的主要原因。运用这种语言风格有两大优点：一是对作者而言，好写易写，对读者而言，易于接受和传播；二是生与死本是自然界生命循环的客观真理，死后哀本是世间最自然、最普遍的人类情感，所以运用朴实、平易的语言形式去表现这种普遍、自然的客观真理和人类情感，形式与内容相辅相成，容易达到语言表达信、达、雅的最佳效果。

第四章

南朝至唐五代律体哀悼诗

律诗是近体诗中的一种，发源于南朝齐沈约等人提倡的讲究声律、对偶的永明体，在唐朝流行，其字数、用韵、平仄、对仗都有严格的规定，故称为律诗。它的特点是：每首八句：五律每句五字，一首共40字；七律每句七字，一首共56字。限押平声韵，且一韵到底，中间不得换韵，首句可押可不押，五律以首句不入韵为正格，入韵为变格；七律则刚好相反。每句的句式和字的平仄都有规定，二句一联，共四联，分破题（首联）、颔联、颈联、结句（尾联），后联出句第二个字的平仄要与前联对句的第二个字的平仄相一致，叫粘，颔联、颈联的上下句习惯对仗，每首诗对仗联可以一到三联。超过八句的叫排律，也讲粘对，除了尾联或除了首尾两联外，一律对仗。南朝至唐五代的五律体哀悼诗共有454首，七律体哀悼诗共有151首，五排体哀悼诗共有60首，七排体哀悼诗共有0首，因五律体哀悼诗数量较多，故在论述时以五律体哀悼诗为主，附及七律体哀悼诗和五排体哀悼诗。总体来看，律诗大多用于哀悼非亲属类的交际应酬对象，尤其是五律多用于哀悼身份比较尊贵的死者，少数哀悼亲属类的作品仅限于哀悼妻子，这与律诗谨严的语汇、句式、修辞、章法适合于表达庄重、严肃、典雅的哀情有关。

一、用高度凝练精切的语汇、句式、修辞以表达哀情

由于古体诗不受篇幅限制，故可随情所需，或短小精悍，或敷陈铺叙，渲染排比，淋漓尽致，而律诗则不同，因受字数、用韵、平仄、对仗的严格限制，故在遣词造句、布局谋篇都要讲究概括、凝练、精切，主要体现在以下几个方面：

（一）用概括、凝炼的语汇表明死者的个人简况

律体哀悼诗实是用诗体形式写作的墓志铭，它往往用诗化的语言和准确、概括、凝练的语汇表明死者生前的身份、出身、家境、才学、品德、成就等个人简况，例如张九龄《故刑部李尚书挽词三首》其一：

仙宗出赵北，相业起山东。明德尝为礼，嘉谋屡作忠。
论经白虎殿，献赋甘泉宫。与善今何在，苍生望已空。

此五律为诗人于开元二年（715年）七月为哀悼唐宰相李日知而作，其用语非常精炼概括，“仙宗”，唐王室尊老子李耳为始祖，传说老子成仙，因称仙宗，此代指李日知，“赵北”指赵郡，李氏郡望，此两词说明李日知的姓氏高贵和籍贯所在，“山东”指华山以东，《汉书·赵元国传赞》说“山东出相，山西出将”[①]。“相业”和“山东”两词表明了李日知的宰相身份。“明德”“礼”和“嘉谋”“忠”表明了李日知的孝顺明礼、执法宽平、刚正敢谏的美德。“白虎观”为汉代宫观名，汉章帝建初四年（79年）会群儒于此，讲五经同异，成《白虎通德论》书于未央宫中，“甘泉宫”原为秦宫，后经汉武帝扩建而成，它既是作为统治阶级的避暑胜地，更是汉武帝仅次于长安未央宫的重要政治活动场所，汉孝成帝时扬雄从上至此奏《甘泉赋》，此两词与“论经”“献赋”相连，可表明李日知既精通经、赋，又参与国家的重大政治活动。“与善”词自《史记·伯夷列传》：“或曰：‘天道无亲，常与善人。’”[②]天道对于众生一视同仁，不偏不倚，而又常常无意识地暗中帮助善良的人们，“何在”指不在，“苍生”指百姓，“望”，期望，“已空”即落空，这五个词语概述了正直无私、造益众生的李日知去世，老百姓对其的期望落空的情状。此诗的用语高度概括、凝练，仅用四十个字就把宰相李日知的姓籍、职位、功业、品德、才学、声望、逝世说得清清楚楚，像墓志铭但比墓志铭更为简洁精炼。

又如张籍的《哭元九少府》：

（平生）志业独相知，（早结）云山老去期。
（初作）学官常共宿，（晚登）朝列暂同时。
闲（来各）数经过地，醉（后齐）吟唱和诗。
（今日）春风花满宅，（入门）行哭见灵帷。

① （汉）班固撰《汉书》卷六十九，北京：中华书局1962年版，第2998页。
② （汉）司马迁撰《史记》卷六十一，北京：中华书局1959年版，第2124页。

此七律是诗人为哀悼好友元宗简[①]而作，此诗用语也比较概括凝练，“平生”指一生；“志业”指志向与事业；“独”与“相知”相连，说明诗人与元九少府为知心密友，深知他的志向。“云山”指隐者的居处；“云山期”指归隐之约；“早结”指很早立下这一志向；“老”与“去期”相连，即其老时去实现他的归隐之志。首联写诗人深知好友的平生志向。“初作”“晚登”说明任职时间的先后；“学官”指国子监官员；“朝列”指朝班；“常”“暂”为时间副词，说明两人交往的频率；“共宿”“同时”说明两人交往的亲密。颔联写元九少府的任职情况及诗人与之的交往。“闲来”“醉后”点明时间；“各数”“齐吟”表明聚众，它们与“经过地”和“唱和诗”相连，描绘了众人娱乐的方式和情状，颈联写诗人与元九少府在工作之余的休闲娱乐。以上三联写元九少府生前的情况。“今日”说明时间；“春风”“花满”说明元九少府去世的季节和美景，以美景衬托哀景；“宅”和“入门”说明地点；“行哭”指且行且哭；“灵帷”指悬挂于灵堂中的幕帐，用以指代死亡。尾联写元九少府去世，诗人为之吊丧。全诗共56个字，写出了元九少府的早期志向到任官休闲直到死亡的过程以及两人交往的亲密情状，用语概括精炼，俨然是一篇散文的缩写版。但与五律相比，还是没有五律精简，因为其每句多了两个音节，句式加长，所以在写景状物、表情达意方面比五律更有表现力，它往往把五律中不需要说的或者必须省略的部分补充出来。就以上述七律为例，括号中的词语均可以省略变为五律：

志业独相知，云山老去期。学官常共宿，朝列暂同时。
闲数经过地，醉吟唱和诗。春风花满宅，行哭见灵帷。

这样一改，语言变得凝练许多。此外，排律尽管也要讲究每句的字数和用韵、平仄、对仗，但是因为句数不限，所以语汇的概括、凝练程度比七律还要宽松一些，在此不再举例。

① 元九少尹大概是元宗简。尹，原作“府”。全诗校：“一作尹。”据此改。岑仲勉《唐人行第录》说：“宗简卒京兆少尹，元九或元八之讹，惜尹上缺‘京兆’字，不能作强证也。”

（二）用同义词、反义词表现哀情

律诗中要求有1～3联对仗，对仗就是把出句中同类、相近或对立概念的词语放在对句中相对应的位置上，使之相互映衬，从而增加词语的表现力，使语句更具有韵味，它实际上是一种严格的对偶。因而律诗中常常会出现大量的同义词和反义词，南朝至唐五代律体哀悼诗中的同义词和反义词往往表达的是生死迥异、人死悲惨、存者哀悼之意，具有增强作品悲剧意味的作用。

反义词顾名思义就是两个意思相反的词，它在南朝至唐五代律体哀悼诗中有多种表现，如：

(1) 池台金阙是，尊酒玳筵非。——(李峤《马武骑挽歌二首》)

(2) 城郭犹疑是，原陵稍觉非。——(骆宾王《乐大夫挽词五首》)

(3) 万事非吾有，千悲是世情。——(张说《赠工部尚书冯公挽歌三首》)

(4) 长安非旧日，京兆是新阡。——(岑参《河西太守杜公挽歌四首》)

(5) 龙是双归日，鸾非独舞年。——(岑参《西河郡太原守张夫人挽歌》)

(6) 虽殊百两迓，同是九泉归。——(皇甫冉《赠恭顺皇后挽歌》)

(7) 多才非福禄，薄命是聪明。——(《哭皇甫七郎中(湜)》)

(8) 寿域无千载，泉门是九重。——(张祜《宪宗皇帝挽歌词》)

(9) 旧室容衣奠，新茔拱树栽。——(张九龄《故荥阳君苏氏挽歌词三首》)

(10) 青乌新兆去，白马故人来。——(骆宾王《乐大夫挽词五首》)

(11) 佳城非旧日，京兆即新阡。——(骆宾王《丹阳刺史挽词三首》)

(12) 地惨新疆理，城摧旧战功。——(郑丹《明皇帝挽歌》)

(13) 金精何日闭，玉匣此时开。——(宋之问《梁宣王挽词三首》)

(14) 蒿里衣冠送，松门印绶迎。——(宋之问《范阳王挽词二首》)

(15) 谪去因丞相，归来为婕妤。——(宋之问《故赵王属赠黄门侍郎上官公挽词二首》)

(16) 昔去梅笳发，今来薤露晞。——(骆宾王《乐大夫挽词五首》)

(17) 昔叹谗销骨，今伤泪满膺。——(李商隐《闻著明凶问哭寄飞卿》)

(18) 旧时闻笛泪，今夜重沾衣。——(司空曙《冬夜耿拾遗王秀才就宿因伤

故人》）

（19）琴剑今无主，园林旧许谁。——（许棠《哭宣城元征君》）

（20）短歌伤薤曲，长暮泣松扃。——（李峤《武三思挽歌》）

（21）昔焉称夏日，今也谥冬卿。——（张说《赠工部尚书冯公挽歌三首》）

（22）剑飞龙匣在，人去鹊巢空。——（李峤《天官崔侍郎夫人吴氏挽歌》）

（23）地户迎天仗，皇阶失帝兄。——（卢僎《让帝挽歌词二首》）

（24）剑履升前殿，貂蝉托后车。——（王维《故太子太师徐公挽歌四首》）

（25）废井没荒草，阴牖生绿苔。——（韦应物《至开化里寿春公故宅》）

（26）双剑来时合，孤桐去日凋。——（顾况《晋公魏国夫人柳氏挽歌》）

（27）常时柏梁宴，今日谷林归。——（权德舆《德宗神武孝文皇帝挽歌词三首》）

（28）往年求故剑，今夕祔初陵。——（权德舆《昭德皇后挽歌词》）

（29）有名传后世，无子过今生。——（姚合《哭贾岛二首》）

（30）交犹及前辈，语不似今人。——（唐彦谦《吊方干处士二首》）

（31）昨朝犹对坐，今日忽云亡。——（崔泰之《哭李峤诗》）

（32）人间惊早露，天上失朝云。——（刘长卿《故女道士婉仪太原郭氏挽歌词》）

（33）礼逊生前贵，恩追殁后荣。——（《贞懿皇后挽歌三首》）

（34）松萝方有寄，桃李忽无成。——（张九龄《故荥阳君苏氏挽歌词三首》）

（35）刘桢徒有气，管辂独无年。——（张九龄《眉州康司马挽歌词》）

（36）气有冲天剑，星无犯斗槎。——（宋之问《鲁忠王挽词三首》）

（37）举杯常有劝，曳履忽无声。——（《户部尚书崔公挽歌》）

（38）佳辰无白日，宾阁有青苔。——（张说《右丞相苏公挽歌二首》）

（39）颜渊徒有德，伯道且无儿。白发今非老，青云数有奇。——（李嘉祐《故吏部郎中赠给事中韦公挽歌二首》）

（40）近泪无干土，低空有断云。——（杜甫《别房太尉墓（在阆州）》）

（41）有恩加象服，无日祀高禖。——（钱起《贞懿皇后挽词》）

（42）清镜无双影，穷泉有几重。——（顾况《鄜公合祔挽歌》）

（43）有家孀妇少，无子吊人稀。——（耿湋《哭张融》）

(44) 泪有潜成血，香无却返魂。——（窦常《凉国惠康公主挽歌》）

(45) 翻经徒有处，携履遂无归。——（李端《青龙寺题故昙上人房》）

(46) 宝历方无限，仙期忽有涯。——（刘禹锡《敬宗睿武昭愍孝皇帝挽歌三首》）

(47) 尧功终有待，文德本无忧。——（吕温《顺宗至德大圣大安孝皇帝挽歌词三首》）

(48) 相吊有行客，起庐无旧邻。——（张籍《江陵孝女》）

(49) 有名传后世，无子过今生。——（姚合《哭贾岛二首》）

(50) 月高花有露，烟合水无风。——（许浑《再游越中，伤朱馀庆协律好直上人》）

(51) 琴信有时罢，剑伤无处留。——（许浑《伤冯秀才》）

(52) 有美扶皇运，无谁荐直言。——（李商隐《哭刘司户二首》）

(53) 临终时有雪，旅葬处无云。——（项斯《哭南流人》）

(54) 相看莫浪哭，私谥有前闻。——（唐彦谦《吊方干处士二首》）

(55) 天地有何外，子孙无亦闲。——（杜荀鹤《经九华费征君墓》）

(56) 无儿承后嗣，有女托何人。——（杜荀鹤《哭友人》）

(57) 名有诗家业，身无戚里心。——（韦庄《刘得仁墓》）

(58) 素风无后嗣，遗迹有生祠。——（张蠙《哭建州李员外》）

(59) 荒丘寒有雨，古屋夜无灯。——（徐夤《吊赤水李先生》）

(60) 送终时有雪，归葬处无云。——（任翻《哭友人》）

(61) 杉桂有猩猩，糠秕无句句。——（贯休《闻无相道人顺世五首》）

(62) 星辰皆有角，日月略无光。——（贯休《闻王慥常侍卒三首》）

(63) 下世无遗恨，传家有大诗。——（齐己《哭郑谷郎中》）

(64) 世上空惊故人少，集中惟觉祭文多。芳林新叶催陈叶，流水前波让后波。万古到今同此恨，闻琴泪尽欲如何。——（刘禹锡《乐天见示伤微之敦诗晦叔三君子皆有深分因成是诗以寄》）

上述反义词是—非（殊、无）、新—旧、开—闭、送—迎、谪—归、今—昔、今—旧、长—短、夏—冬、在—空、迎—失、前—后、生—没、双—孤、来—去、常时—今

日、今夕—往年、今生—后世、今人—前辈、今日—昨朝、人间—天上、生前—殁后、有待—无忧、莫—有、儿—女、无限—有涯、有—无、少—多、新叶—陈叶、前波—后波、古—今的成对运用，大多表达死亡、哀悼之意，大体有十种情况：一、物是人非，如(1)(2)(46)；二、死亡留给存者之悲，如(3)(20)(21)(41)(45)(51)(52)(54)(55)(61)(63)；三、死亡哲理，如(6)死亡的普遍性，(65)死亡的必然性和普遍性；四、含蓄表明人的死亡，如(4)(5)(8)(9)(10)(11)(12)(13)(14)(22)(23)(27)(43)(53)；五、有才无命，如(7)(36)(37)；六、生死迥异之悲，如(16)(34)；七、人死后惨状，物之无主，妻寡无儿，家道衰落等，如(19)(26)(30)(39)(40)(44)(49)(50)(56)(57)(59)(60)(62)(64)；八、生荣死悲，如(28)(29)；九、死亡的不可预测之悲，如(32)(33)(35)(38)(47)；十、死亡的悲剧，有福无寿之悲，如(42)。反义词是客观世界中相反或相对的矛盾事物的反映，它在律体哀悼诗中的运用可以揭示生死荣枯、生死无常、有才无命、有福无寿等生死矛盾对立的关系，形成对比、映衬的修辞格，给人一种鲜明、深刻的印象，起到强调的作用，增强了语言的表现力。在这些反义词中，“有—无”这对反义词是用得最多的，因为“有—无”和“生—死”这对反义词都是没有中间过渡状态的绝对反义词，彼此含义最接近，生有、死无最能明确地表现出死亡的悲剧意义。

近义词即词汇意义相同或相近的词语，在南朝至唐五代律体哀悼诗中的使用也很普遍，如：

(1) 青史遗芳满，黄枢故事存。——(岑参《苗侍中挽歌二首》)

(2) 故人悲宿草，中使惨晨笳。——(宋之问《鲁忠王挽词三首》)

(3) 垄日寒无影，郊云冻不飞。——(宋之问《梁宣王挽词三首》)

(4) 环珮声犹在，房栊梦不归。——(徐安贞《程将军夫人挽诗》)

(5) 巧笑人疑在，新妆曲未终。——(杜审言《代张侍御伤美人》)

(6) 淑女诗长在，夫人法尚存。——(王维《故南阳夫人樊氏挽歌》)

(7) 从夫荣已绝，封邑宠难追。陌上人皆惜，花间鸟亦悲。——(岑参《韩员外夫人清河县君崔氏挽歌二首》)

(8) 遽闻伤别剑，忽复叹藏舟。灯冷泉中夜，衣寒地下秋。——(岑参《韩员

外夫人清河县君崔氏挽歌二首》)

(9) 青松吊客泪,丹旐路人愁。徒有清河在,空悲逝水流。封树遵同穴,生平此共归。——(蒋涣《故太常卿赠礼部尚书李公及夫人挽歌二首》)

(10) 东山妓逐飞花散,北海尊随逝水空。——(李群玉《哭郴州王使君》)

上述近义词满—存、悲—惨、寒—冻、无—不、疑在—未终、犹在—不归、已绝—难追、惜—悲、遽—忽、伤—叹、冷—寒、泪—愁、河在—水流、同穴—共归、散—空的词义程度的轻重、词义的着重点、词义范围的大小、词义使用的对象、感情色彩、语体色彩、词语的搭配、语法功能虽不尽相同,但是它们成对使用,对于渲染死亡的悲凉气氛和死亡留给存者的哀伤、思念之情均到强调的作用。

总体而言,南朝至唐五代律体哀悼诗中的反义词远远比近义词多得多,其最大的原因是生与死是世界上一切生物的最大矛盾,而反义词的特点更有利于揭示这一本质矛盾,给人们带来更大的震撼和感动。但无论如何,运用反义词和近义词所构成的对仗从听觉上使人听起来铿锵悦耳,便于记忆、传诵、传播,从形式上看,使前后两部分均匀整齐、具有节律感,从意义上看,使前后两部分关联密切,凝练集中,具有很强的概括力。

(三)用典或表明死者个人简况、或表现死亡、或表达哀情

典故,顾名思义,指典制和成例,或指诗文等作品中所引用的古代故事及有来历出处的词语。显然,典故具有历史沉淀性、约定俗成性、高度概括性及书面化、正规化的特征。这些特征很适合用于格律要求严谨的律诗。南朝至唐五代律体哀悼诗中所用的典故有三类:

一是表明死者生前的个人简况,即身份、出身、家境、才学、品德、成就等,如:

(1) 虹影俄侵日,龙髯不上天。——(刘禹锡《敬宗睿武昭愍孝皇帝挽歌三首》)

(2) 秦地吹箫女,湘波鼓瑟妃。——(韩愈《梁国惠康公主挽歌二首》)

(3) 翀天王子去,对日圣君怜。——(王维《恭懿太子挽歌五首》)

(4) 淑女诗长在,夫人法尚存。——(王维《故南阳夫人樊氏挽歌》)

(5) 刘桢徒有气，管辂独无年。谪去长沙国，魂归京兆阡。——(张九龄《眉州康司马挽歌词》)

(6) 一纪尊名正，三时孝养荣。——(韩愈《大行皇太后挽歌词三首》)

(1)"龙髯"之典源自《史记》卷二十八《封禅书》，以黄帝采铜铸鼎、乘龙升天之事喻敬宗睿武昭愍孝皇帝去世，表明其帝王身份。(2)以秦穆公女儿弄玉、帝尧之二女、舜之二妃娥皇、女英喻指梁国惠康公主，以表明其公主身份。(3)以晋明帝做太子时从不同角度回答元帝日远还是日近的问题和周灵王太子王子乔吹笙成仙之事喻恭懿太子的去世和聪明，也表明他的太子身份。(4)"夫人法"王汝南妻郝普女、王司徒妻钟氏女皆有俊才女德，钟、郝为娣姒，雅相亲重。东海家内、京陵家内各循法礼。(5)以建安七子之一的刘桢和 48 岁卒的管辂借指康司马有才无命的不幸，又以贾谊被贬谪到长沙、东汉原涉买京兆阡墓地不成喻指康司马被贬致死的遭遇。(6)"三时孝养"之典源自《礼记注疏》卷二十《文王世子》，言文王作世子时，于鸡初鸣、日中、日暮一天三次朝于王季问安，诗中以此典称赞大行皇太后的儿孙孝顺。

二是含蓄表现死亡，如"粉署见飞鹏，玉山猜卧龙"(温庭筠《秘书刘尚书挽歌词二首》)。占鹏之典源自《史记》卷八十四《贾生列传》，贾谊作长沙王太傅三年，有一只鸮飞入其住舍，止于坐隅。贾生因为自己被贬到长沙，以为不得长寿，为之伤悼，并作赋以自广。"占鹏"遂作为死亡的征兆，诗中的"见飞鹏"即为死亡的婉称。又如"今来大明祖，辇驾桥山曲"(武元衡《德宗皇帝挽歌词三首》)，再如"金兰徒有契，玉树已埋尘"(陈子昂《同旻上人伤寿安傅少府》)。土花封玉树之典源自《世说新语》下卷上《伤逝》："庾文康亡，何扬州临葬云：'埋玉树箸土中，使人情何能已已！'"[①]后世用"埋玉树"用以悼亡，此用"玉树已埋尘"以喻指死亡。唐韩愈《大行皇太后挽歌词三首》之二："凤飞终不返，剑化会相从。""剑化"典自《晋书》卷三十六《张华列传》，吴灭晋兴之时，天空斗牛之间常有紫气，张华听说雷焕精通纬象，雷焕观天说丰城有宝剑，张华即令雷焕为丰城令，雷焕果在丰城

---

① (南朝宋)刘义庆著，(南朝梁)刘孝标注，余嘉锡笺疏《世说新语笺疏》，北京：中华书局 2011 年版，第 554 页。

掘狱屋基得龙泉、太阿双剑，派使者送一剑和北岩土给张华，自己留一剑佩用，张华被杀后，其剑不知去向。雷焕死后，其子雷华为州从事，带剑经过延平津，剑忽从腰间坠水，只见两条龙盘绕而去。后世诗文用“丰城剑”赞美杰出人才，或谓杰出人才有待识者发现，以“丰城气”喻有声誉，以“剑化”喻人去世。

三是表现存者的哀悼、悲伤之情，如骆宾王《乐大夫挽词五首》：

一旦先朝菌，千秋掩夜台。青乌新兆去，白马故人来。
草露当春泣，松风向暮哀。宁知荒垄外，吊鹤自裴徊。

“白马故人”之典源自《后汉书》卷八十一《独行列传·范式》，言范式与张劭互守信用，范式为张劭付两年之约，后梦见张劭死讯，又前往吊丧，“白马故人来”即指吊丧。“吊鹤”典源自《晋书》卷六十六《陶侃列传》，《世说新语》下卷上《贤媛》亦有记载，言陶侃母逝，在墓下，曾有两位仪服鲜异客人前来吊唁，不哭而退，化为双鹤冲天而去。后人以此作哀悼死者的典故。诗中“吊鹤”即指骆宾王为好友乐大夫的去世而悲悼。

总之，典故的历史沉淀性、约定俗成性和高度概括性使南朝至唐五代律体哀悼诗更容易被人们所接受和传播，关于其用典的各种类型可参看下编之《先秦至唐五代哀悼诗的语言风格》。

（四）用超常语汇表达以现哀情

陈望道认为积极修辞重在应和情境，重在情感，消极修辞重在应和题旨，重在理解，所以“积极修辞的辞面子和辞里子之间，又有相当的离异，不像消极手法那样的密合”[①]。语义与语符之间的偏转、挪移、背离、变异以及比喻、夸张、拟人、借代等修辞手法都是语符与意义之间的不同程度的偏离。表现在南朝至唐五代律体哀悼诗中最明显的是将死亡留给存者的哀情挪用到物身上，让物像人一样表述哀情，如：

① 陈望道著《修辞学发凡》，上海：上海教育出版社1979年版，第9页。

日月昏尺景，天地惨何心。——（崔融《则天皇后挽歌二首》）

丘陵一起恨，言笑几时欢。——（骆宾王《乐大夫挽词五首》）

丹桂销已尽，青松哀更多。——（骆宾王《丹阳刺史挽词三首》）

剪桐悲曩戏，攻玉怆新恩。——（张说《惠文太子挽歌二首》）

凤池伤旧草，麟史泣遗编。——（张说《崔司业挽歌二首》）

空山竟不从，宁肯学湘妃。——（皇甫冉《赠恭顺皇后挽歌》）

夕阳迷陇隧，秋雨咽笳箫。——（顾况《晋公魏国夫人柳氏挽歌》）

月边丹桂落，风底白杨悲。——（顾况《义川公主挽词》）

后庭攀画柳，上陌咽清笳。——（窦叔向《贞懿皇后挽歌三首》）

笳萧里巷咽，龟签墓田开。——（权德舆《工部友引日属伤足卧庆不遂执绵》）

晏车悲卤簿，广乐遏箫韶。——（权德舆《德宗神武孝文皇帝挽歌词三首》）

睿词悲薤露，千古仰芳踪。——（权德舆《赠魏国宪穆公主挽歌词二首》）

凝笳悲驷马，清镜掩孤鸾。——（权德舆《赠魏国宪穆公主挽歌词二首》）

剑履归长夜，笳箫咽暮云。——（权德舆《故太尉兼中书令赠太师西平王挽词》）

汉仪陈秘器，楚挽咽繁声。——（刘禹锡《德宗神武孝文皇帝挽歌二首》）

前马悲无主，犹带朔风嘶。——（刘禹锡《故相国燕国公于司空挽歌二首》）

门庭怆已变，风物澹无辉。——（刘禹锡《哭王仆射相公(名播，时兼盐铁，暴薨》）

满船深夜哭，风棹楚猿哀。——（元稹《哭吕衡州六首》）

门咽通神鼓，楼凝警夜钟。——（李商隐《昭肃皇帝挽歌辞三首》）

蝉老悲鸣抛蜕后，龙眠惊觉失珠时。——（白居易《初丧崔儿报微之晦叔》）

上述诗句中表示悲伤、哀悼的心理词汇有：惨、恨、哀、悲、怆、伤、泣、不从、学、迷、咽、悲、攀、咽、咽、悲、遏、悲、悲、掩、咽、咽、悲、怆、哀、咽、悲鸣、惊觉，从客观事理上说，它们的施事应该是人，即死者的亲属、朋友、同事等存者，但是诗歌的作者将它们的语义作了挪用，将它们的施事变为天地、丘陵、青松、剪桐、攻玉、凤池、麟史、空山、夕阳、秋雨、白杨、后庭、上陌、笳萧、晏车、广乐、睿词、凝笳、清镜、笳箫、楚挽、前马、门庭、楚猿、门、蝉、龙，即不直接写人的哀情，而是让这些事物具有人的心理和动作特征，发出这种哀情，这种写法在修辞上称之为拟人，在美学上称之为移情。移情的心理机制是人们由于某种强烈的情感体验或情绪波动的推动，往往会产生一种“推己及物”或“设身处地”的想法，在外物上寻求某种寄托或依扶以便让其也分享自己的快乐和痛苦，即主体审美情感的弥散，正如刘勰所说的“登山则情满于山，观海则意溢于海”[①]。因此，律诗中的这种移情实是存者面对死亡时所产生的巨大悲痛弥散于这些事物的体现，语义的移用不仅仅是为了制造一种陌生化效果，更主要的是渲染死亡留给存者的悲哀之情，增强悲剧审美色彩。

（五）句式节奏

南朝至唐五代的五律体哀悼诗共有 454 首，是先秦至唐五代哀悼诗中数量最多的体裁，占其总数的 37.52%，而且哀悼身份高贵的死者的哀悼诗大多出现在五律中，例如，先秦至唐五代哀悼皇帝诗共有 72 首，除了唐前 8 首为古体诗，唐后的 64 首近体诗中有五绝 1 首，七绝 1 首，五古 2 首，其余的 60 首均为五律，占了唐代悼皇帝诗的 93.75%，占了先秦至唐五代悼皇帝诗的 83.33%。先秦至唐五代哀悼皇后诗全是唐代的作品，共有 27 首，其中五绝 1 首，五古 1 首，其余的 25 首全为五律，占了先秦至唐五代悼皇后诗的 92.59%。先秦至唐五代哀悼公主诗共有 21 首，除了唐前 1 首为古体诗，唐代的 20 首作品全部为五律，占了先秦至唐五代哀悼公主诗的 95.24%。先秦至唐五代哀悼太子诗共有 19 首，除了唐前 1 首为古体诗，唐代的 18 首作品全部为五律，占了先秦至唐五代哀悼太子诗的 94.74%。先秦至唐五代哀悼夫人诗共有 19 首，除了唐前仅有 1 首古体诗外，唐代仅有 1 首五绝，余下的 17 首作品全都是五律，占了先秦至唐五代悼夫人诗的 89.47%。先秦至唐五代哀悼王诗共有 18 首，除了唐前 5 首为古体诗，唐代的 13 首作品均为五律，占了先秦至唐五代哀悼王诗的 72.22%。出现这种现象的主要原因是五律这种诗体庄重典雅，很适合表现中国人对死者尤其是身份尊贵的死者的那种庄重严肃的哀悼之情。而五律这种庄重典雅的风格与其句式特征

① 刘勰著《文心雕龙》，北京：中华书局 1985 年版，第 38 页。

有很大关系。

首先，五律是由五古发展起来的，它们的共同特点都是每句只有五个字，但五律比五古篇幅还要讲究，每篇只限定为40个字，字数越少越要讲究概括、精炼，不能过多地运用修饰语。五古的特点是古朴，所谓古朴就是质朴、平实，妙语天成，不事雕琢，不靠修饰，不加渲染，较少使用描绘类的修饰语词和修辞手法，五律在继承五古古朴的基础上还多了对仗、粘和押韵限制，因而显得更加严谨。这种严谨、古朴、简练显得庄重、严肃，与中国古代"五服"制度的精神一脉相承。亲人初死，其亲人要立即除去华丽的服饰，身穿素淡之衣，大殓的第二天，五服之人，各服同死者亲缘远近关系相符合的丧服，"五服"即斩衰、齐衰、大功、小功、缌麻，这五种丧服的质地、形制和做工各不相同，但都质朴无饰甚至粗陋不堪。例如五服中最重的"斩衰"就是用极粗的生麻布做成，"斩"就是割布，不缉边，使断处外露，衣缝向外，裳缝向内，裳前三幅，裳后四幅，胸缀布条做的衰器，头戴纸冠，麻绳系"武""经"，手持竹杖，脚穿草鞋或麻鞋，表示毫不修饰以尽哀痛。"五服"有轻重等次，服期有长短，全由生者与死者关系亲疏而定。"守制"之人要严格节制日常生活，衣、食、住、行一切从简，以示孝道。可见，五律句式的严谨和古朴、简练符合中国丧礼尚哀、尚礼、尚敬、等级分明的精神，因而被广泛用于哀悼诗中。而七律每句多了两个字，句式加长，易形成悠扬畅达的音调，又因它沿袭楚辞、歌行的路子发展而来，因此修饰语更多，比五律更重色泽和婉妍，如胡应麟所言："五言律宫商甫协，节奏未舒；至七言律，畅达悠扬，纡徐委折，而近体之妙始穷。"[①]所以七律比五律略逊庄重典雅，因而在哀悼诗中远远比五律少，而七排篇幅不限，可以随意加长，庄重典雅又更次之，故数量为0。

其次，在词的韵位安排上，龙榆生认为："一般说来，句句协韵的，也就是韵位过密的，例宜表达激切紧促的思想感情，隔句协韵，也就是韵位均调的，例宜表达低回掩抑的凄婉情调。"[②]我们知道，韵位是表达节奏的，所以他这句话亦可用在诗歌中，亦可说成：一般说来，节奏多而密例宜表达激切紧促的思想感情，节奏疏而少例宜表达低回掩抑的凄婉情调。五律的诗歌节奏由两个双音步和一个单音

---

① (明)胡应麟著《诗薮》内编卷五，上海：上海古籍出版社1979年版，第81页。

② 龙榆生著《词学十讲》，北京：北京出版社2004年版，第65页。

步组成，构成两种节奏：二二一或者二一二，只有三个节奏。而七律的诗歌节奏由三个双音步和一个单音步组成，构成两种节奏：二二二一或二二一二，有四个节奏，根据上述原理，节奏越多越显得热烈奔放，越适合表达兴奋愉悦的感情，而节奏越少，就越缓慢，越适合表达低沉、压抑、哀伤的感情，所以四言、五言、六言、七言哀悼诗的悲伤程度呈递减之势，而五律因其比四言诗多了一个字而更富有表现力以及谨严的格律而成为最适合表达凄婉、低沉、压抑、哀伤之情的载体，这就是五律远远比其他哀悼诗体多得多的一个原因，同样也是有五排而没有七排的一个原因。

再者，五律两种节奏中的二一二句式如果以中间的那个单音步为中轴线的话，那么左右各一个双音步形成一个左右对称的结构，南朝至唐五代五律体哀悼诗中每首诗大多都具有不少这种结构的句式，这种对称结构与四个对联及对仗句一致，共同形成一首诗中大对称包含小对称的对称结构，从美学的角度看，对称的审美特性有二：一可以衬托中心，二是其具有表稳定、安静、庄重的特性，给人一种符合规律的愉悦均衡之美，五律的二一二句式所营造的对称之美主要是给人一种稳定、安静、庄重的感觉，虽然呆板，但是很适合表达对死者尤其是身份尊贵的死者的敬意和静默、悲切、绵延的哀悼之情。例如李峤的《武三思挽歌》：

玉匣／金／为缕，银钩／石／作铭。短歌／伤／薤曲，长暮／泣／松扃。
｜｜　—　—　｜，—　—　｜　｜—。｜　—　—　｜　｜，—　｜　｜　—　—。
事往／昏／朝雾，人亡／折／夜星。忠贤／良／可惜，图画／入／丹青。
｜｜　—　—　｜，—　—　｜　｜—。—　—　—　｜—，—　｜　｜　—　—。

此五律八句全是二一二句式，分别以金、石、伤、泣、昏、折、良、入为中心，构成八个左右对称的结构，表现非常整齐，而且除了尾联不对仗之外，其他首联、颔联、颈联都对仗，整首诗中大对称包含小对称的对称结构，显得非常整齐、严谨、庄重。武三思(649—707)，并州文水人，武周宰相，荆州都督武士彟之孙，女皇武则天之侄子，李峤(644—713)，字巨山，赵州赞皇，武后、中宗朝时，屡居相位，封赵国公，在文学上，前与王勃、杨炯相接，后又与杜审言、崔融、苏味道并称“文章

四友”，两人在政治地位上大体平等，所以李峤在对武三思作哀悼诗时既不能作过于亲密也不能作过于疏远的表示，而采用通篇是二一二句式的五律，其所呈现的对称、整齐、严谨的结构和不偏不倚的美学效果，就能很好地表达对他既庄重又略显平等的哀悼之情。而且，对称是大自然的法则之一，自然界中有许多生物是呈现对称之美的，如人，如果从鼻子和肚脐连成一条直线，左右两边是对称的，如蝴蝶的两翅、鸟的两翼、树叶叶脉的两边等，都是对称的。中华民族的传统心理就是以对称为美，这表现在生活的方方面面，如四合院、古代宫殿、对联、筷子等等。所以五律中的二一二句式所呈现的对称美吻合了中华民族的传统心理而极容易被人们接受和传播。而七律句式的两种基本节奏为二二二一或二二一二，不能形成这种对称的结构，此亦是七律体哀悼诗远比五律体哀悼诗少、七排体哀悼诗为 0 的一个原因，而五排虽也有此句式，但是其篇幅过长且不限，不够精巧严谨，故五排体哀悼诗数量也很少。

二、用生死对照式和死后渲哀式的章法表达哀情

五律和七律都由四联 8 句组成，在结构上都讲究起、承、转、合的章法，前人把律诗的章法的分为六种[①]，有的分为十三种[②]，有的分为二十格[③]，有的分为五十一格[④]，而在南朝至唐五代律体哀悼诗中最常用的章法有两种：

（一）生死对照式

这种章法往往是一方面介绍死者生前的情况，如出身、才学、官职、品德、功业、地位等，另一方面描写或叙述死者死后葬礼举行的情景、环境的凄凉、死后的惨状、死后的影响及存者的哀悼等，往往是首联、颔联写生前，颈联、尾联写死后，如岑参《故仆射裴公挽歌三首》：

---

① （唐）李淑：《诗苑》，今佚。此据旧题范德机撰《木天禁语》。见张健编著《元代诗法校考》，北京：北京大学出版社 2001 年版，第 142 页。

② 旧题范德机撰《木天禁语》。

③ 《七言律髓》，见冯振著《诗词作法举隅》，北京：中央文献出版社，2005 年版。

④ 《杜陵诗律五十一格》。见张健编著《元代诗法校考》，北京：北京大学出版社 2001 年版，第 116 页。

盛德资邦杰，嘉谟作世程。门瞻驷马贵，时仰八龙名。
罢市秦人送，还乡绛老迎。莫埋丞相印，留著付玄成。

此五律是诗人于天宝二年(743年)十月为唐朝宰相裴耀卿(681—743)所作，首联说裴耀卿有高尚的品德，是国家的杰出人才，他的美谋是世人应遵循的轨范。颔联中的“八龙”指东汉荀淑有子八人，皆有名望，时人誉为“八龙”。此二句写裴耀卿地位尊贵、有八个有名望的儿子，被时人所瞻仰。前两联写裴耀卿生前的位尊、德高、才俊、身荣。颈联中的“罢市”暗用羊祜之典，晋代著名战略家、政治家和文学家羊祜坐镇襄阳，都督荆州诸军事，屯田兴学、缮甲训卒，做好了伐吴的军事和物质准备，深得军民之心，及死，晋武帝司马炎素服哭之，甚哀，南州人征市日闻之，莫不号恸，罢市，巷哭者声相接。此指裴耀卿去世还乡，上下为之哀悼。尾联暗用韦贤之典，汉韦贤通礼、尚书，以诗教授，号称邹鲁大儒，本始三年，代蔡义为丞相，少子玄成，复以明经历位至丞相，因有相印付玄成之说。此言耀卿去世后，其子将来会继承耀卿的相位。后两联写死后之状，生死对照式的结构更突出了死亡之悲。

也有的是首联写生前，颔联、颈联、尾联写死后，如张说《李工部挽歌三首》其三：

常时好宾客，永日对弦歌。是日归泉下，伤心无奈何。
墓庭人已散，祭处鸟来过。碑石生苔藓，荣名岂复多。

此五律是诗人于景云二年(711年)为好友李迹去世而作，首联写李迹生前喜欢广聚宾客、整日歌舞的欢乐情景，颔联写他现在去世，留给人无限的哀伤，颈联描绘他的墓地碑生苔藓、人迹罕至、仅有鸟来的荒凉情景，末句议论人一旦死去、一切荣名成空的悲哀，首联写生前之乐，颔联、颈联、尾联写死后之悲，此章法用对比的手法强调了人死万事成空的悲剧意义。

还有的诗是首联、颔联、颈联写生前，尾联写死后，如吴兢的《永泰公主挽歌二首》其一：

秾华从妇道，釐降适诸侯。河汉天孙合，潇湘帝子游。

关雎方作训，鸣凤自相求。可叹凌波迹，东川遂不流。

此五律是诗人于神龙二年(706年)为永泰公主逝世而作，首联中的“秾”通“禯”，秾华，指公主。颔联中的“河汉”多指黄河，又专谓银河。“潇湘”此处借用南朝谢玄晖(朓)“洞庭张乐地，潇湘帝子游”古诗，指情深的湘水，颈联中的“关雎”为《诗经·周南》首篇之名，是一首描写男女恋爱的情歌，君子对淑女的疯狂相思和追求，此处意为男女交好的情景。首联、颔联、颈联写永泰公主生前躬行妇道，嫁与武延基诸侯之家，二人感情笃厚。尾联中的“凌波”源自《文选·曹植〈洛神赋〉》：“凌波微步，罗袜生尘。”[①]比喻美人步履轻盈，如乘碧波而行。此用借代手法指公主的美丽，东川不流喻指公主的去世，尾联指公主美好的身影不能够再次展现在人们面前，首联、颔联、颈联写公主生前之德、之美、之幸福生活，尾联抒写对公主去世的惋惜，形成鲜明的对比，体现了作者沉痛的心情。

总之，不管采用哪一种写法，这种章法形式都将生前和死后尤其是生荣死哀的情状作了鲜明对比，强调了死亡的悲剧意味，给读者留下了深刻的印象。

（二）死后渲哀式

这种章法往往是抒写存者的哀伤和对死者的悼念、为死者举行葬礼的情景以及死者对后世的影响等等，它有两种表现形式：

一是起、承、转、合式。

这种方式往往是首联第一句为起，写死者的死亡或送葬、返葬，第二句为承，即承第一句的意思表达，颔联、颈联通过具体的场景用描写或叙述给予渲染或勾勒哀情、哀景，尾联上句为转，转折题意，下句为合，是哀悼诗意小结，点明题旨。如刘长卿的《哭陈歙州》：

千秋万古葬平原，素业清风及子孙。旅榇归程伤道路，举家行哭向田园。

空山寂寂开新垄，乔木苍苍掩旧门。儒行公才竟何在，独怜棠树一枝存。

---

① 曹植著《曹植集校注》，北京：人民文学出版社1984年版，第282页。

此七律为诗人哀悼好友陈歙州之作，首联第一句总写，言陈歙州去世下葬，“素业”出自《颜氏家训·勉学》：“有志尚者，遂能磨砺，以就素业。”[①]“清风”出自阮籍的《咏怀》：“休哉上吐事，万载垂清风。”此均指陈歙州的美好品德，第二句承第一句题意，写陈歙州的美德可垂范子孙，是承。颔联写举家痛哭将陈歙州的旅榇运回老家，是具体描绘，颈联详细描写墓地的凄凉、寂静之景，继续渲染死亡的悲凉气氛。尾联中的“儒行”源自《礼记·儒行》：“名曰儒行者，以其记有道德者所行也。儒之言优也，和也，言能安人，能服人也。”此指陈歙州世所公认的美好品德，此句以问句转折上文语意，是为转，尾联中的“棠树”源自《国风·召南·甘棠》：“蔽芾甘棠，勿剪勿伐，召伯所茇。蔽芾甘棠，勿剪勿败，召伯所茇。”言后人思召伯之德，爱其树而不忍伤之，此指后人尊爱陈歙州的美德。此句是全诗诗意的小结，为合。此诗用起、承、转、合的章法层层渲染死亡留给存者的悲哀，给人一种严谨、凝重、肃穆的哀悼之感。

二是总分式。

此式是首联写存者对死者的哀悼之情或重访遗址，颔联、颈联、尾联则通过具体的事物、景物对这种哀情或遗址详细渲染或描绘，如刘禹锡的《哭工仆射相公(名播，时兼盐铁，暴薨)》：

子侯一日病，滕公千载归。门庭怆已变，风物澹无辉。
群吏谒新府，旧宾沾素衣。歌堂忽暮哭，贺雀尽惊飞。

五律是诗人于大和四年(830年)为好友李播的逝世所写的哀悼诗，首联为全诗总纲，运用汉代霍去病子奉车都尉霍嬗陪汉武帝登泰山一日暴亡和立马葬滕公之典含蓄表达李播的去世，颔联、颈联、尾联则分别描写和渲染其死亡之后人们对他的哀悼及悲凉的气氛，颔联描写门庭因悲伤而变，周围的景物也因此而失去往日的光彩，颈联写往日的同事和亲朋好友都穿着白色衣服来为之吊丧，尾联描绘往日欢歌的厅堂突然起了哭声，鸟雀为之惊飞。

---

① 颜之推著《诸子集成第8册颜氏家训》，北京：中华书局1954年版，第112页。

又如韦应物的《同德精舍旧居伤怀》：

洛京十载别，东林访旧扉。山河不可望，存没意多违。
时迁迹尚在，同去独来归。还见窗中鸽，日暮绕庭飞。

此五律是诗人于建中三年(782年)为亡妻所作。十年前韦应物任河南兵曹参军，与妻子同寄居同德精舍，之后又同去长安，大历十二年其妻去世，建中三年(782年)作者赴滁州刺史任，途经洛阳，孤独重访同德寺旧居。首联写诗人十年后重访旧居，感慨万千，为全诗总纲。颔联、颈联、尾联则分写在旧居的所见所感，颔联抒写自己因悲伤而无心登高临远秀丽的山河，感叹世间生死命中注定、无法把控。颈联悲叹物是人非、昔日与妻一同出行、今日独自归还。尾联描写日落山巅、暮色暗淡、鸽绕庭飞、寂寥无声之景，以烘托诗人留恋怅惘、孤独寂寞、百感交集的心情。

总之，总分式的章法结构符合人们的演绎思维方式，从不同角度渲染了死亡的悲哀之情，容易给读者留下深刻印象。

此外，南朝至唐五代律体哀悼诗还有其他的章法形式，如前两联写景，后两联议论，如张说的《赠工部尚书冯公挽歌三首》；四联并列写景，如岑参的《河西太守杜公挽歌四首》其二；按时间发展顺序，如元稹的《空屋题(十月十四日夜)》等。因数量不多，在此不赘述。而五排虽句数不限、长短不一，但大体也按生死对照的章法展开，只是没有那么严谨和有序，在此亦不赘述。

综上所述，譬如接见尊贵的上级或长者，人们一般都要衣着端庄整齐以示尊敬，哀悼诗亦同，越是哀悼尊贵的上级或长者，其诗体句式越简洁、朴素、整齐，章法越严谨、匀称。律诗大多用于哀悼非亲属类的交际应酬对象，尤其是五律多用于哀悼身份比较尊贵的死者，因为诗人与这些死者多处于等级(hierarchy)面子系统和尊敬(deference)面子系统，在交际中要对他们运用积极性方略——Levinson 所称作的积极礼貌(positive，politeness)，不方便有进一步的亲密表示，而律体哀悼诗用概括、凝练的语汇表明死者的个人简况，超常运用表哀伤、哀悼的心理语汇，多用表现哀情的同义词、反义词和古朴、严谨、概括、精炼的句式以及生死对照式和死后渲哀式的章法表达，形成了庄重、严肃、典雅的语言风格，这与存者与死者的距离性哀悼身份相吻合，所以这是律体哀悼诗在南朝至唐五代哀悼诗中数量较多的一个主要原因。而五律体哀悼诗因其句式节奏较少、较多用二一二句式对称结构而越发显得整齐匀称、严谨端庄，因此更适用于非亲属类的交际应酬哀悼诗，这也是五律体哀悼诗在南朝至唐五代哀悼诗中数量较多的一个主要原因，可以说五律是最适合表现哀悼之情的诗歌体裁。

第五章

南朝至唐五代绝句体哀悼诗

绝句又称截句、断句、绝诗，唐朝流行起来的一种近体诗，四句一首，按每句的句式可分为五言、六言、七言三种形式，其中以五、七言绝句居多，六言绝句很少。按平仄可分为律绝和古绝，律绝是律诗兴起之后才有的，与律诗一样，限押平声韵脚，依照律句的平仄，讲究粘对；古绝唐代以前就有，据胡应麟所说："五言绝起两京"[①]，即起于汉代。它不受律诗格律限制，一般认为只要用仄韵或不用律诗的平仄、有时不粘不对就是古绝。不论是哪一种形式，较八言句律诗而言，绝句较少拘束，可对仗也可不对仗，因每首只有四句，故短小精粹。南朝至唐五代绝句体哀悼诗共有 188 首，五绝有 41 首，七绝有 147 首，皆呈现出含蓄蕴藉之风格。

一、选取哀悼典型

绝句篇幅短小，所以对选材有严格的限制，往往要选择具有高度典型性、概括性的材料，以便做到以小见大、以少胜多。南朝至唐五代绝句体哀悼诗选取的哀悼典型材料主要有遗物、遗屋、遗诗、遗孤、遗孀、坟墓、送葬、典型往事、醉、梦以及即兴之景。

（一）遗×

死者遗留下来的人和物主要有遗物，如李煜《梅花》中与周后生前移植的梅花、《书灵筵手巾》中在周后葬礼上使用的手巾，《书琵琶背》中李璟曾送给周后的琵琶，宋之问《伤曹娘二首》中曹娘残留的脂粉气和舞衣，张说《伤妓人董氏四首》中董氏遗留的粉蕊、妆篦、金花、翠条、舞席、残粉，刘长卿《家园瓜熟，是故萧相公所遗瓜种，凄然感旧，因赋此诗》中萧相公所遗瓜种，顾况《哭绚法师》中绚法师生

① （明）胡应麟撰《诗薮》，上海：上海古籍出版社 1979 年版，第 105 页。

前手种的殿前树，元稹《六年春遣怀八首》中其妻所遗留的孤枕、残弦、书信、箜篌、馀服、玉梳钿朵、玳瑁筝，刘禹锡《伤桃源薛道士》中桃源薛道士生前手植的红桃，《伤愚溪三首》中柳宗元当年居住过的愚溪，韦庄《悼杨氏妓琴弦》中杨氏遗留的裙带；遗屋，如张说《伤妓人董氏四首》中的旧亭红粉阁、刘商《代人村中悼亡二首》中死者生前居住过的家宅、崔涯《悼妓》中妓生前住过的赤板桥西小竹篱、温庭筠《宿城南亡友别墅》中亡友生前居住过的别墅；遗诗，如李益《嘉禾寺见亡友王七题壁》中亡友王七的题壁诗、令狐楚《李相薨后题断金集》中李相生前所著的断金集、欧阳詹《睹亡友题诗处》中亡友的题壁诗、柳宗元《段九秀才处见亡友吕衡州书迹》中吕衡州生前的书迹、王建《哭孟东野二首》中孟东野生前所著的《杏殇》诗、李郢《小石上见亡友题处》中亡友的题诗；遗孤，如元稹《六年春遣怀八首》和《悼稚》中的稚女、《答友封见赠》中的小女、白居易《为薛台悼亡》中的稚子、刘商《吊从甥》中的儿童；遗孀，如顾况《哭李别驾》中的孀妻、刘商《吊从甥》中的孀妇。这些人和物是死者所珍爱的对象，是死者曾经存在的痕迹，对这些人和事的详细描绘更容易让存者睹物（人）思人，从而产生人去物存、人（死者）去人（遗孤、遗孀）活的悲伤之情，如元稹的《六年春遣怀八首》其四：

婢仆晒君馀服用，娇痴稚女绕床行。玉梳钿朵香胶解，尽日风吹玳瑁筝。

此七绝是诗人为哀悼曾经共同生活了七年的妻子韦丛而作，通篇用遗物、遗女抒发哀情，第一句写婢仆晒着妻子的遗服，第三句写妻子生前戴的首饰玉梳、钿朵因香胶失效而散开，第四句写风整天吹着妻子生前弹奏的饰有玳瑁的筝，其中"香胶"典自晋张华《博物志》卷二，言汉武帝时西海国有人献五两胶，存外库四两半，西使随带余半两，后武帝甘泉宫射箭，弓弦断，西使用余香胶续断弦两头，非常牢固，帝使力士各拉其一头，终不相离。诗用此典实是暗喻曾经患难与共的夫妻生离死别了，诗人目睹这些遗物自然而然地想起曾经恩爱的妻子，心中无比伤感，而小女儿年龄太小，不懂得思念母亲，也不懂得父亲思念母亲的哀伤，只是绕着床行走、一味游玩，所以成人的哀与童稚的乐形成一个鲜明的对比，让人倍感辛酸凄楚，作品的感染力由此得到强化。

又如温庭筠的《宿城南亡友别墅》：

水流花落叹浮生，又伴游人宿杜城。还似昔年残梦里，透帘斜月独闻莺。

此七绝为诗人夜宿亡友遗屋别墅时触景生情的哀悼之作，第一句以水流花落暗喻朋友的去世，还让诗人产生人生短促、世事无常的消极之感，第二句写诗人与友人来到亡友的城南别墅，旧地重游。第三、四句写诗人由眼前透帘斜月闻莺的美景想起曾经与友人一起在此欣赏同样美景的情景，但一个“独”却赫然表明此物、此景、此情仍在而昔人不在的悲哀，“残梦”更是描绘出了夜色似明似暗、人似醒非醒、情似喜实悲的情状，给人一种无限的感伤和意犹未尽之感，实谓含蓄。

（二）坟墓

南朝至唐五代绝句体哀悼诗中描写坟墓的诗有：宋之问《杨将军挽歌》，耿湋《哭苗垂》，裴夷直《唁人丧侍儿》，杜牧《哭李给事中敏》，李涉《重到襄阳哭亡友韦寿朋》，《送殷四葬》，包佶《朝拜元陵》，卢纶《哭司农苗主簿》，刘禹锡《元相公挽歌词三首》，杜牧《伤友人悼吹箫妓》，喻凫《经刘校书墓》，谭铢《真娘墓》，贾岛《过京索先生坟》[①]，杜荀鹤《哭陈陶》，徐夤《伤进士谢庭皓》。坟墓是人类死亡之后的葬身之处，是死者安息的场所，是生死阴阳分割之处，也是生者寄托哀思、祭奠死者的地方，对坟墓的描写更能触动存者对死者的哀思和对生死存亡之哲理的普遍感慨，具有较强的感染力。如贾岛《过京索先生坟》：

京索先生三尺坟，秋风漠漠吐寒云。从来有恨君多哭，今日何人更哭君。

此七绝是诗人为哀悼好友唐衢而作，唐衢为唐穆宗时人，应进士久而不第，能作歌诗，意多感发，常感伤善哭，五十寒且饥。诗第一句写唐衢去世，仅留坟三尺，此亦说明其生前地位不高，第二句描写坟墓周围的景色，秋风萧瑟，寒云流散，烘托出一片萧条冷落的景象。第三句转折，写其生前喜欢怀恨善哭，白居易

① 此篇《全唐诗》七八六卷为无名氏作《唐衢墓》。

《寄唐生》云其"所悲忠与义，悲甚则哭之。"其是为忠义即身外之事而哭，第四句为全诗重点，说他现在去世了，无人为他而哭泣，点出其死后的冷落、凄凉和世态的炎凉，疑问句更强调了这种死亡的普遍悲剧色彩和诗人对世情的深刻体认，给人带来更多的思索。

（三）送葬

南朝至唐五代绝句体哀悼诗描写送葬的诗有：白居易《元相公挽歌词三首》和《哭微之二首》、戎昱《哭黔中薛大夫》、赵嘏《哭李进士》和《哭李暹》、陈羽《观朱舍人归葬吴中》、刘禹锡《伤循州浑尚书》、杜牧《哭韩绰》。送葬是生者把死者送到埋葬或火化的地点，就是生者把死者从人间送往阴间的过程，这个过程是存者情感最为悲痛的时刻，对这个过程的描写和渲染也较能展示存者对死者的哀悼之情，如杜牧《哭韩绰》：

平明送葬上都门，绋翣交横逐去魂。归来冷笑悲身事，唤妇呼儿索酒盆。

此七绝是诗人为哀悼他的好友及同僚而作，第一、二句描写自己天正要亮的时候为友人送葬，送出了京城的城门，一副棺材就拉走了朋友的魂灵。第三、四句以"归来"转折，描写回家之后由为友送葬而想起自己的身后之事，不禁悲从中起，叫妻子儿子拿酒盆来狂饮一番，"冷笑"表示含有不满、讽刺、轻蔑、无可奈何等心情的笑，饮酒不用杯而用盆，表示狂饮，看似诗人已经悟透了生死之事，人生苦短，不如尽欢，是诗人达观生活态度的体现，实则是诗人对死者的情深思切，是其极度哀伤之后的超常表现。

（四）典型往事

南朝至唐五代绝句体哀悼诗描写典型往事的诗有：韦应物《话旧》、耿湋《哭麹象》[①]、李益《惜春伤同幕故人孟郎中兼呈去年看花友》、李商隐《悼伤后赴东蜀辟至散关遇雪》、段成式《哭李群玉》和《哭房处士》、柳宗元《韩漳州书报彻上人亡

① 一作司空曙诗。

因寄二绝》、张籍《哭孟寂》、白居易《感月悲逝者》、刘言史《伤清江上人》、长孙佐辅《伤故人歌妓》、李群玉《伤柘枝妓》和《伤温德彝》、裴澈《吊孟昌图》、韦庄《忆小女银娘》、李白《哭宣城善酿纪叟》、宋之问《伤曹娘二首》、徐凝《伤画松道芬上人》、张祜《孟才人叹》。这里的典型往事往往是死者生前最快乐或最得意或最有特征的事，也是留给存者印象最深刻的事，将它描绘出来，与现在死者死亡的悲伤或凄惨形成鲜明对比，一生一死，一欢一悲，一荣一惨，更增添了死亡的悲剧色彩及存者对死者的哀伤之情，如白居易《感月悲逝者》：

存亡感月一潸然，月色今宵似往年。何处曾经同望月，樱桃树下后堂前。

此七绝是诗人约于贞元十六年(800 年)哀悼已故亲人所作，第一、二句描写诗人由今晚美丽的夜色联想到多年前同样美丽的夜色，可惜物是人非，月色还在但伊人已去，一生一死让人感慨悲伤，因而泪流满面。第三句由“何处”转折，回忆起曾经与死者在后堂前面的樱桃树下共同赏月的美好情景，但是这种美好情景再也不会出现了，一生一死，一美一悲，形成鲜明的对比，死亡的悲剧意义和存者的哀悼之情得以强化，“何处”提起的疑问句发人深省，让人感觉余哀未尽。

（五）眼前即兴之景

描写眼前即兴之景的诗歌有：窦巩《悼妓东东》，元稹《哭小女降真》《和哭女樊》《哭子十首(翰林学士时作)》《六年春遣怀八首》和《旅眠》，李群玉《伤小女痴儿》，皮日休《伤小女》，刘夷道《伤死奴》，宋之问《伤曹娘二首》，韦应物《子规啼》。因为存者一直处在对死者的哀伤情绪中不能自拔，所以只要眼前之景与死者的某些方面相似或相关，立即会勾起诗人对死者的思念之情，这种爱屋及乌的情感很能激起读者的共鸣，如元稹的《哭女樊》：

秋天净绿月分明，何事巴猿不賸鸣。应是一声肠断去，不容啼到第三声。

此七绝是诗人于元和十四年(819 年)秋为安氏所生的女儿夭折所作，第一句写夜的美景，天空净绿、明月皎洁，第二句写诗人听到巴猿只叫了一声，不连续鸣叫，引起作者的疑问。第三、四句写诗人由自己丧女之哀推己及猿，大概是巴猿也和自己一样伤心，只叫一声就难过得像断肠，叫不到第三声吧。所以由猿叫之哀引起丧女之悲，中间的相似点正是让人感动的地方。

又如宋之问的《伤曹娘二首》其一：

可怜冥漠去何之，独立丰茸无见期。君看水上芙蓉色，恰似生前歌舞时。

此七绝是诗人悼念初唐时河阳著名歌妓曹娘之作，第一、二句婉言曹娘已经去世，在草木茂密的地方再也看不到她的身影。这里用反衬的手法，将茂盛的草木生长之旺盛反衬可爱无比的曹娘在黑暗的阴间找不到去处的悲哀。第三、四句用比喻的手法描写诗人由水上袅娜多姿的荷花联想起曹娘生前歌舞时同样袅娜多姿的身影，生前这样美丽的人物竟然落到如此可怜的光景，不禁让人心生怜惜和哀叹，从中也可以感受到诗人对她的哀思之切。

（六）梦、醉

南朝至唐五代绝句体哀悼诗描写梦的诗有.元稹《和乐天梦亡友刘太白同游二首》和《梦成之》、白居易《梦亡友刘太白同游彰敬寺》。描写醉的诗有：元稹《醉醒》《六年春遣怀八首》其五。梦和醉都有个相似点，就是意识都很朦胧，不甚清醒，我们常说日有所思、夜有所梦，白天思念之切梦里就会有所体现，清醒时思念之深，醉时亦会有所流露，然而，正是这种下意识的真情流露才让人更加感动，如元稹《六年春遣怀八首》其五：

伴客销愁长日饮，偶然乘兴便醺醺。怪来醒后傍人泣，醉里时时错问君。

此七绝是元稹于元和六年（811 年）为悼念亡妻而作，第一、二句描写自己因思念亡妻而哀愁难释，朋友置酒为自己消愁，自己乘兴之后便喝醉了。第三、四句写自己醒来时看到在场的人都涕零泣下，觉得很奇怪，原来是自己在沉醉中呼唤亡妻使大家为之感动。可见，沉醉后的哀情流露更让人感到人性中的善与美，更让人为之产生共鸣。

总之，哀悼典型的选择更有利于作者在最有限的文字中集中笔墨运句谋篇，表达最深挚的哀情，从而起到以小见大、以少胜多的审美效果。

二、含蓄的句法和修辞

胡应麟认为绝句："语半于近体，而意味深长过之；节促于歌行，而咏叹悠永倍之。遂为百代不易之体。"[①]清人刘熙载说："绝句于六义多取风、兴，故视他体尤以委曲、含蓄、自然为尚。"[②]体现在南朝至唐五代绝句体哀悼诗的句法和修辞上，就是多用含蓄委婉的辞格和第三、四句言已尽哀无穷的表达方式来表达死亡哀悼之情，给人一种含而不露、语绝而意不绝的感觉。如宋之问的《邓国太夫人挽歌》：

鸾死铅妆歇，人亡锦字空。悲端若能减，渭水亦应穷。

此五绝第一句中的"鸾死"典源《太平御览》卷九一六引南朝宋范泰的《鸾鸟诗》序，言昔罽宾王获一只鸾鸟，甚爱，然三年不鸣，夫人建议用镜映之，鸾睹形后悲鸣冲霄，一奋而绝。后用"镜中鸾"喻夫妻生死离别、孤独悲哀。《艺文类聚》卷九十亦有载。第二句的"锦字"典源自《晋书》卷九十六《列女列传·窦滔妻苏氏》，《太平御览》卷五百二十《宗亲部十·夫妻》亦有载，言窦滔妻苏若兰思念被徙流沙的丈夫窦滔，织锦为回文旋图诗以赠之，词甚凄婉，宛转循环以读之。后人以织锦回文喻妻子之书信或情书。此运用两个典故含蓄表达邓国太夫人的去世。第三、四句运用比喻的修辞手法婉说对死者的哀悼之情。其以渭水之形源源不断喻哀伤之情绵长不断，给人一种言已尽而哀无穷的美感。

南朝至唐五代绝句体哀悼诗的含蓄委婉的辞格主要有比喻、婉曲、衬托、借代、用典，均用于婉言死亡、哀悼，如：

(1) 凤飞楼伎绝，鸾死镜台空。——(宋之问《伤曹娘二首》其一)

---

① (明)胡应麟撰《诗薮》内编卷六，上海：上海古籍出版社 1979 年版，第 105 页。

② (清)刘熙载撰《艺概·诗概》，上海：上海古籍出版社 1978 年版，第 74 页。

(2) 月斜邻笛尽，车马出山阳。——(耿湋《哭苗垂》)

(3) 峄阳桐半死，延津剑一沉。——(唐暄《赠亡妻张氏》)

(4) 小于潘岳头先白，学取庄周泪莫多。——(元稹《六年春遣怀八首》)

(5) 失却烟花主，东君自不知。——(李煜《梅花》)

(6) 君看水上芙蓉色，恰似生前歌舞时。——(宋之问《伤曹娘二首》其一)

(7) 荷叶生时春恨生，荷叶枯时秋恨成。——(李商隐《暮秋独游曲江》)

(8) 哭尔春日短，支颐长叹嗟。——(李群玉《伤小女痴儿》)

(9) 曾话黄陵事，今为白日催。——(段成式《哭李群玉》)

(10) 河伯怜娇态，冯夷要姝妓。寄言游戏人，莫弄黄河水。——(宋之问《伤曹娘二首》其二)

(11) 不如半死树，犹吐一枝花。——(李群玉《伤小女痴儿》)

(12) 手植红桃千树发，满山无主任春风。——(刘禹锡《伤桃源薛道士》)

(13) 象物行周礼，衣冠集汉都。谁怜事虞舜，下里泣苍梧。——(宋之问《则天皇后挽歌》)

上述诗句(1)用秦穆公女儿弄玉跨凤成仙、鸾睹镜影悲鸣而绝之典婉喻曹娘去世。(2)句运用向秀听到邻居的笛声而悼念亡友吕安、嵇康的典故抒写自己哀悼亡友苗垂。(3)句运用半死桐和延津剑化之典婉喻妻张氏去世。(4)运用潘岳悼亡、庄周哭妻之典表达诗人对亡妻的哀悼之情。(5)"烟花主"喻指美丽的大周后，"东君"喻指自己，此句含蓄地表明自己丧妻。(6)句用水上芙蓉比喻生前唱歌跳舞美丽的曹娘。(7)(8)(9)(10)句均用婉曲的手法含蓄表达了哀悼对象的死亡和诗人对其的哀悼。(11)(12)句均用反衬的手法表达了植物可以死而再生、美丽茂盛，但人却是一去不复返，以此表现对死者的哀伤、悼念之情。(13)句中的"衣冠"代指文武百官，"虞舜"指五帝之一，葬于苍梧之野，此处借指武后，"苍梧"亦借指武后，"下里"是借指宋之问自己，均用借代的手法。

南朝至唐五代绝句体哀悼诗第三、四句言已尽哀无穷的表达方式主要有：

一是以在形、声、气、味上具有绵长特点的事物或具有持续性特征的情感来表达哀情。此类甚多，如：

天香留凤尾，馀暖在檀槽。——（李煜《书琵琶背》）

“馀暖”以死者遗留的感觉的慢慢消失来表达存者对死者的缠绵哀情，给人一种绵而不断之感。

独怜脂粉气，犹著舞衣中。——（宋之问《伤曹娘二首》其一）

死者“脂粉气”的残留和存者对死者的哀思都具有持久性特征，很适合抒发哀情，其味觉的慢慢消失给人一种言而不尽的意味。

燕子楼中霜月夜，秋来只为一人长。——（白居易《燕子楼三首并序》其一）

此句以霜的绵绵不尽来描写秋天的漫长，实际上也是暗喻存者对死者哀思的绵绵不尽，因而觉得时间特别漫长，在语言表达上则给人一种意犹不尽之感。

人随秋月落，韵入捣衣声。——（张说《伤妓人董氏四首》其一）
从此蜀江烟月夜，杜鹃应作两般声。——（裴澈《吊孟昌图》）
还似昔年残梦里，透帘斜月独闻莺。——（温庭筠《宿城南亡友别墅》）
觉来不语到明坐，一夜洞庭湖水声。——（元稹《梦成之》）
独在中庭倚闲树，乱蝉嘶噪欲黄昏。——（元稹《哭子十首》）
消遣又来缘尔母，夜深和泪有经声。——（元稹《哭子十首》）
鞭扑校多怜校少，又缘遗恨哭三声。——（元稹《哭子十首》）
惟有侧轮车上铎，耳边长似叫东东。——（窦巩《悼妓东东》）
不见露盘迎晓日，唯闻木斧扣寒松。——（包佶《朝拜元陵》）
莫言道者无悲事，曾听巴猿向月啼。——（顾况《悼稚》）
若是愁肠终不断，一年添得一声啼。——（元稹《哭子十首》）
深知身在情长在，怅望江头江水声。——（李商隐《暮秋独游曲江》）
重到笙歌分散地，隔江吹笛月明中。——（李涉《重到襄阳哭亡友韦寿朋》）

上述诗句均以声音的绵长不声抒写存者对死者的哀情，因为存者沉浸在对死者的哀伤之中，心里觉得异常孤独寂寞，非常细微的声音不仅烘托出周围凄凉、冷清的气氛，更是存者孤寂心理的反映，绵绵不断的声音正如存者绵绵不断的哀思，留给读者的也是延绵不断的情愫。

空馀暗尘字，读罢泪仍垂。——（李益《嘉禾寺见亡友王七题壁》）

牙弦千古绝，珠泪万行新。——（令狐楚《李相薨后题断金集》）

秋风满衫泪，泉下故人多。——（白居易《微之敦诗晦叔相次长逝，岿然自伤，因成二绝》）

不惜沾衣泪，并话一宵中。——（韦应物《话旧》）

几年才子泪，并写五言中。——（王鲁复《吊韩侍郎》）

桂江日夜流千里，挥泪何时到甬东。——（柳宗元《韩漳州书报彻上人亡因寄二绝》其二）

四府旧闻多故吏，几人垂泪拜碑前。——（刘禹锡《王思道碑堂下作》）

上述诗句均以泪的不断下流抒写存者对死者缠绵不断的哀伤、思念之情，给读者一种缠绵不断的哀伤之感。

从此不归成万古，空留贱妾怨黄昏。——（裴羽仙《哭夫二首》其二）

今日天涯夜深坐，断肠偏忆阿银犁。——（韦庄《忆小女银娘》）

霜情月思今何在，零落人间策子中。——（喻凫《经刘校书墓》）

一杯酒向青春晚，寂寞书窗恨独眠。——（韦检《附：检悼亡姬诗》）

狂风落尽莫惆怅，犹胜因花压折枝。——（元稹《妻满月日相唁》）

此身岂得多时住，更著尘心起外愁。——（刘言史《伤清江上人》）

苔侵雨打依稀在，惆怅凉风树树蝉。——（李郢《小石上见亡友题处》）

虽知不得公然泪，时泣阑干恨更多。——（赵嘏《悼亡二首》其一）

上述诗句中的怨、断肠偏忆、思、寂寞、惆怅、愁、恨均是表达哀伤、凄苦的、带有持续性特征的消极心理情绪，表达的是存者对死者绵绵不断的哀思之情，也给

读者带来一种意犹未尽的哀感。

悲端若能减，渭水亦应穷。——（宋之问《邓国太夫人挽歌》）

自言并食寻高事，唯念山深驿路长。——（元稹《六年春遣怀八首》）

埋骨白云长已矣，空馀流水向人间。——（王维《送殷四葬》）

李陵一战无归日，望断胡天哭塞云。——（裴羽仙《哭夫二首》其一）

相思一夜情多少，地角天涯不是长。——（张仲素《燕子楼三首》）

昨来闻道严陵死，画到青山第几重。——（徐凝《伤画松道芬上人》）

不知月夜魂归处，鹦鹉洲头第几家。——（白居易《和刘郎中伤鄂姬》）

上述诗句中的驿路、渭水、流水、胡天、地角天涯、青山、鹦鹉洲头这些景物都带有绵长性的特征，尤其是绵绵不断的流水更像绵绵不断的哀思，均是存者对死者哀伤情绪的载体，亦给读者一种从视觉上到心理上的一种言之不尽的哀感。

二是以再也找不到死者表达哀悼之情。此方式又分为两种：

第一种是直接表达再也见不到死者，如：

今年看花伴，已少去年人。——（李益《惜春伤同幕故人孟郎中兼呈去年看花友》）

春日双飞去，秋风独不还。——（张说《伤妓人董氏四首》其三）

独伤窗里月，不见帐中人。——（张说《伤妓人董氏四首》其四）

借问襄阳老，江山空蔡州。——（王维《哭孟浩然》）

手携稚子夜归院，月冷空房不见人。——（白居易《为薛台悼亡》）

萤聚帐中人已去，鹤离台上月空圆。——（郑立之《哭林杰》）

唯当掩泣云台上，空对余形无复人。——（李世民《魏征葬日登凌烟阁赋七言诗》）

以上各例均以否定的形式强调了物同、景同唯独人不同，景存人没，物是人非，给人一种空荡荡的、孤独寂寞的悲剧感，偏偏是这种悲剧感让人产生一种想探其原因的冲动，即它形成了一种具有空框效应的召唤结构，使作品产生了更大的容量，从而给人无限的韵味。

第二种是以疑问句的形式表达找不到死者，如：

夜台无戏伴，魂影向谁娇。——（张说《伤妓人董氏四首》其二）

今日山门树，何处有将军。——（宋之问《杨将军挽歌》）

夜台无晓日，沽酒与何人。——（李白《哭宣城善酿纪叟》）

新声何处唱，肠断李延年。——（张祜《宫词二首》其二）

日夕谁来哭，唯应猿鸟吟。——（姚合《哭费拾遗征君》）

可是当时少知己，不知知己是何人。——（张蠙《伤贾岛》）

自食自眠犹未得，九重泉路托何人。——（《哭子十首》其二）

谁能更向青门外，秋草茫茫觅故侯。——（刘长卿《家园瓜熟，是故萧相公所遗瓜种，凄然感旧，因赋此诗》）

夜郎城外谁人哭，昨日空馀旌节还。——（戎昱《哭黔中薛大夫》）

夫君殁去何人葬，合取夷齐隐处埋。——（徐夤《闻司空侍郎讣音》）

以上各例均以疑问句的形式强调动作的施事或受事或地点不明，借以表明人已死去、再也找不到的悲哀，疑问句引人思考、发人深省，给人一种言已尽而哀无穷的审美效果。

三是以植物生长茂盛反衬人已死亡之悲。如：

清香更何用，犹发去年枝。——（李煜《梅花》）

不及江陵树，千秋长作林。——（刘夷道《伤死奴》）

生公手种殿前树，唯有花开鶗鴂悲。——（顾况《哭绚法师》）

迩来庭柳无人折，长得垂枝一万条。——（刘商《代人村中悼亡二首》其一）

庭前唯有蔷薇在，花似残妆叶似衣。——（刘商《代人村中悼亡二首》其二）

隔帘惟见中庭草，一树山榴依旧开。——（刘禹锡《伤愚溪三首》其一）

以上各例均以梅花、江陵树、殿前树、庭柳、蔷薇、中庭草、山榴依然存在，继续发芽、抽枝、开花、结果的茂盛景象来反衬人一旦死亡便荡然无存、不可再生的

悲哀，人去物新、死生殊路，形成一种鲜明的对比，给人无限的遐想和哀情韵味。

四是用出乎意料的死亡表达哀情，往往用疑问句的形式体现，如：

何言芳草日，自作九泉人。——（耿湋《哭麹象》）

何言马蹄下，一旦是佳城。——（刘禹锡《伤段右丞》）

岂同叔夜终无分，空向人间著养生。——（段成式《哭房处士》）

以上三例疑问句均表达了诗人对死亡突如其来的意外之情，它让人们忍不住发挥联想和想象的空间：是什么原因造成了他们的死亡呢？是他们自己的原因呢还是别人的原因？这样，诗句就有了超越文体的诸多内涵，言尽而旨远，哀情无限。

总之，多用比喻、婉曲、衬托、借代、用典的修辞手法，用疑问句婉言死亡、哀悼，用第三、四句言已尽哀无穷的表达方式，使南朝至唐五代绝句体哀悼诗的语言更加含蓄、概括，给人一种以一当十、韵味无穷的哀伤之美。

三、强调哀情的词汇和章法

绝句的章法往往是一、二句铺垫、三四句转折，尤其第三句是诗人着重强调的地方。正如元杨载所说："绝句之法，要婉曲回环，删芜就简，句绝而意不绝，多以第三句为主，而第四句发之。"[①]清施补华亦说："故第三句是转舵处。"[②]南朝至唐五代绝句体哀悼诗章法以第三句为转折点，一、二句为一意，三、四句转折，往往是依靠第三、四句的副词、疑问代词、连词、时间名词等来构成语意转折，着重强调哀悼之情，大体有三种形式：死—哀式、写景—抒情式、生—死式。

（一）死—哀式

此章法形式在南朝至唐五代绝句体哀悼诗中是最多的，往往是诗的第一、二句含蓄表明死者的去世，第三、四句抒发存者对死者的思念、哀伤、痛苦，如李白

① 杨载：《诗法家教》，《历代诗话》下册，北京：中华书局 1981 年版，第 732 页。

② 中华书局上海编辑所编辑《清诗话》（上、下册），北京：中华书局 1963 年版，第 997 页。

的《哭宣城善酿纪叟》：

纪叟黄泉里，还应酿老春。夜台无晓日，沽酒与何人。

此五绝为诗人哀悼一位安徽宣城的酿酒老师傅纪叟而作，全诗用浪漫主义手法，第一、二句想象纪叟去世之后还在阴间重操旧业酿酒，含蓄表明他的去世，第三句用否定副词“无”转折，第四句用问句作结，重点在第四句，想象阴间一团漆黑，即使酿了酒又能卖给谁？以一种自相矛盾的不合理表达了对善酿酒的纪叟的那种强烈的思念、哀悼之情。

又如刘禹锡的《伤循州浑尚书》：

贵人沦落路人哀，碧海连天丹旐回。遥想长安此时节，朱门深巷百花开。

此五绝为诗人约于元和十三年（818 年）春在连州追念中唐时期重臣浑瑊之子、义武军节度副使浑镐而作，“丹旐”指祭祀或丧礼中用的铭旌，第一、二句写浑镐死于循州，由家人扶灵归葬中原，第三句用“遥想”转折，想象浑镐在长安大宁坊的住宅中，高门大户内满巷百花齐放，以美景、乐景反衬浑镐去世的悲哀，使存者对死者的哀伤之情达到极致。

（二）写景—抒情式

此章法形式在南朝至唐五代绝句体哀悼诗中是次多的，往往是第一、二句描写死者去世后墓地、遗屋、遗址等景色或送葬、返葬等的情境，第三、四句抒发存者对死者的思念、哀伤、痛苦之情，如宋之问的《杨将军挽歌》：

亭寒照苦月，陇暗积愁云。今日山门树，何处有将军。

此五绝第一、二句描写杨将军墓地的景色，天气寒冷，天色灰暗，孤苦的月光照着寒冷的墓亭，愁云堆积，使陇头显得那样黯淡，寒亭、苦月、愁云用移情手法衬托了人的寒冷、凄苦、烦闷。第三句用时间名词“今日”转折，第四句用问句作

结，在这墓门旁边的树中哪里还有杨将军的身影？写出了对杨将军的思念。

又如元稹的《六年春遣怀八首》其七：

童稚痴狂撩乱走，绣球花仗满堂前。病身一到穗帷下，还向临阶背日眠。

此七绝为诗人于元和六年(811)在江陵贬所悼念亡妻之作，第一、二句写自己的小孩很小，不懂得丧母之悲，满屋子玩绣球花仗，到处乱走，描写出一个很普通的日常生活情景。第三、四句以"一到""还向"转折，抒写自己的亡妻之痛，一、二句为反衬，三、四句为重点，其中第四句用副词"还"强调突出了自己对亡妻的哀伤、思念之情。

（三）生—死式

此章法形式在南朝至唐五代绝句体哀悼诗中往往是第一、二句描写死者生前的情景如美貌、歌舞、交谊、日常生活等，第三、四句抒写死者的死亡，如死后的惨状、死后存者对死者的思念、哀伤、痛苦等，如刘禹锡的《伤段右丞》：

江海多豪气，朝廷有直声。何言马蹄下，一旦是佳城。

此五绝为诗友哀悼好友段平仲之作，二人皆从事淮南，先后为屯田员外郎，有深厚的感情。第一、二句写段平仲生前的情景，"多豪气"指段平仲磊落尚气节，嗜酒傲言，"有直声"指段平仲敢于论奏朝廷得失，时人推其狷直。第三句以"何言"转折，三、四句以滕公立马葬佳城为典，写出了对段平仲突然去世的不可预料和哀伤惋惜之情。

又如柳宗元的《段九秀才处见亡友吕衡州书迹》：

交侣平生意最亲，衡阳往事似分身。袖中忽见三行字，拭泪相看是故人。

此七绝是诗人为表兄弟兼志同道合的挚友吕温而作，永贞元年(805年)他们共同参加了王叔文、王伾主持的政治革新。事败后吕温因出使吐蕃得以躲灾，元和三年(808年)因不满宰相李吉甫,一再被贬,元和六年(811年)死于衡州任所。诗第一、二句写吕温生前的情况,与诗人交情很深,在任衡州刺史期间治理政事又多又快又好,好像能分身一样神奇。第三句用"忽"字转折写吕温的去世,诗人忽然看到段秀才从袖中取出的书信为老友吕温的手迹,因而悲伤拭泪。诗人对吕温的怀念,不仅在于他们之间深挚的友情,更因为吕温作刺史时的卓越政绩,这种把国家大事置于个人利益之上的崇高感情让人更加感动。

南朝至唐五代绝句体哀悼诗语意的转折往往是靠第三、第四句中的转折词汇来表达的,大体有副词、疑问代词、连词、时间名词,均用以强调存者对死者的哀悼、哀伤之情。

副词:

(1) 魂归寥廓魄归烟,只住人间十八年。昨日施僧裙带上,断肠犹系琵琶弦。——(韦庄《悼杨氏妓琴弦》)

(2) 失却烟花主,东君自不知。清香更何用,犹发去年枝。——(李煜《梅花》)

(3) 水流花落叹浮生,又伴游人宿杜城。还似昔年残梦里,透帘斜月独闻莺。——(温庭筠《宿城南亡友别墅》)

(4) 凤飞楼伎绝,鸾死镜台空。独怜脂粉气,犹著舞衣中。——(宋之问《伤曹娘二首》)

(5) 哭尔春日短,支颐长叹嗟。不如半死树,犹吐一枝花。——(李群玉《伤小女痴儿》)

(6) 曲江院里题名处,十九人中最少年。今日春光君不见,杏花零落寺门前。——(张籍《哭孟寂》)

(7) 东越高僧还姓汤,几时琼佩触鸣珰。空花一散不知处,谁采金英与侍郎。——(柳宗元《闻彻上人亡寄侍郎杨丈》)

(8) 十月辛勤一月悲,今朝相见泪淋漓。狂风落尽莫惆怅,犹胜因花压折枝。——(元稹《妻满月日相唁》)

(9) 夜情河耿耿,春恨草绵绵。唯有嫦娥月,从今照墓田。——(裴夷直《唁人丧侍儿》)

(10) 失侣度山觅，投林舍北啼。今将独夜意，偏知对影栖。——(韦应物《夜闻独鸟啼》)

上述副词“犹”表还、仍然之意，表示行为、动作、心理与先前无异，相当于英语的 still、yet，(1)的“犹”表示韦庄虽然将杨氏的遗物施给了和尚，但他对杨氏去世的哀悼之情没有变，还是像系在琵琶弦上一样。(2)的“犹”表示后主与周后共种的梅花还与去年一样抽枝发芽，而周后却已香销玉殒，用此反衬物新人亡之悲。(3)的“还”表示行为动作或状况不变，跟“仍旧、依然”，相当于英语中的 still、yet，表示尽管亡友已逝，但是诗人依然想着他和生前一样生机盎然。(4)中的副词“独”指唯独、仅仅，相当于英语中的 only，曹娘已死，只在舞衣中留下一点脂粉气，强调了诗人对她的思念之情。“不”用在动词、形容词或个别副词前，表示否定，相当于英语的 not、no，此副词在南朝至唐五代绝句体哀悼诗中用得最多。(5)(6)(7)中的“不如”“不见”“不知”均反衬了人死物新、人不如物的悲哀。(8)中的“莫”表示劝诫，不要，不可，不能，相当于英语中的 don't，是诗人对妻子的劝慰，说她十月怀胎很辛苦，婴儿夭折更可悲，但是不要因此而过度悲伤损害了身体。(9)中的“唯”表只有、只是之意，相当于英语的 only、alone，强调了人死月空照坟墓之悲。(10)中的“偏”表示出乎意料或与意愿相反之意，相当于英语的 why，强调了丧妻独自夜宿时自己不堪面对同样失侣哀鸣的夜鸟之悲。

疑问代词：

(11) 送葬万人皆惨澹，反虞驷马亦悲鸣。琴书剑珮谁收拾，三岁遗孤新学行。——(白居易《元相公挽歌词三首》)

(12) 忆昨秋风起，君曾叹逐臣。何言芳草日，自作九泉人。——(耿湋《哭麹象》)

(13) 自倚能歌日，先皇掌上怜。新声何处唱，肠断李延年。——(张祜《宫词二首》)

(14) 独上黄坛几度盟，印开龙渥喜丹成。岂同叔夜终无分，空向人间著养生。——(段成式《哭房处士》)

(15) 今春有客洛阳回，曾到尚书墓上来。见说白杨堪作柱，争教红粉不成

灰。——(白居易《燕子楼三首并序》)

上述诗句(11)中的“谁”提起问句作为转折,强调了元相公去世以后琴书剑珮无人收拾、三岁遗孤失去父亲的悲哀。(12)中的“何”与“言”搭配,构成“何言”,意为谁知道之意,在第三句起转折语意的作用,强调了对麹象死亡之不可预料的悲哀。(13)中的“何”与“处”搭配,构成“何处”而形成转折语意,疑问句强调了孟才人去世以后,新声无人演唱、无人赏听的悲哀。(14)中的“岂”构成的疑问句形成了语意转折,强调了死神突如其来、所著养生亦无济于事的悲哀。(15)中的“争”为“怎”的意思,运用反问句作出议论,意为关盼盼既然那么钟情于亡夫,应该以身殉情才对。

连词:

(16) 鸾死铅妆歇,人亡锦字空。悲端若能减,渭水亦应穷。——(宋之问《邓国太夫人挽歌》)

(17) 柳门竹巷依依在,野草青苔日日多。纵有邻人解吹笛,山阳旧侣更谁过。——(刘禹锡《伤愚溪三首》)

(18) 偶因歌态咏娇嚬,传唱宫中十二春。却为一声河满子,下泉须吊旧才人。——(张祜《孟才人叹》)

(19) 明月萧萧海上风,君归泉路我飘蓬。门前虽有如花貌,争奈如花心不同。——(赵嘏《悼亡二首》)

上述诗句中的“若”为假如、如果之意,相当于英语中的 if,“纵”为即使之意,用于连接分句,表示假设的让步,即在偏句提出某种情况,“却”表示转折,相当于“但”“但是”“可是”,相当于英语中的 but,用在偏正复句的正句中,提出跟偏句相反或不一致的动作、行为或状况,“虽”意为把意思推开一层,表示“即使”或是“纵然”的意思,后面多有“可是”“但是”相应,这些转折连词用于第三句起到语意转折和强调的作用,(16)句强调渭水不能穷尽,所以悲哀不能减少。(17)句运用山阳笛的哀悼典故,突出了即使有邻人解吹笛,也不能减少诗人对亡友思念的悲哀。(18)句中的“却”是对前两句生的否定,突出了对孟才人殉情而死的悲哀。

(19)句中的“虽”强调了妻子和自己的知心知情之意。

时间名词：

(20) 积善坊中前度饮，谢家诸婢笑扶行。今宵还似当时醉，半夜觉来闻哭声。——(元稹《醉醒》)

(21) 三千里外卧江州，十五年前哭老刘。昨夜梦中彰敬寺，死生魂魄暂同游。——(白居易《梦亡友刘太白同游彰敬寺》)

(22) 饥乌翻树晚鸡啼，泣过秋原没马泥。二纪征南恩与旧，此时丹旐玉山西。——(李商隐《故驿迎吊故桂府常侍有感》)

(20) 句中的“今宵”、(21)句中的“昨夜”和(22)中的“此时”均为时间名词，在诗的第三句中起到语意转折的作用，使第三、四句与第一、二句形成现在与过去两个不同的时间层面，突出了过去的欢乐、风光和现在的死亡、痛苦或者过去现实中的死亡痛苦和现在梦中相遇的欢乐、幸福，鲜明对比之下更突显了死亡留给存者的悲哀、痛苦及思念。

总之，无论是哪一种章法，第三、四句中的表示转折的副词、疑问代词、连词、时间名词都起到强调第三、四句哀情的作用，从而给读者带来更深刻的印象。

综上所述，南朝至唐五代绝句体哀悼诗选取遗物、遗屋、遗诗、遗孤、遗孀、坟墓、送葬、典型往事、醉、梦以及即兴之景等哀悼典型，多用比喻、婉曲、衬托、借代、用典等表示含蓄委婉的辞格和第三、四句言已尽哀无穷的表达方式表达死亡哀悼之情，往往依靠第三、四句的“犹”“还”“独”“不”“莫”“唯”“偏”等副词，“谁”“何”“岂”“争”等疑问代词，“若”“纵”“却”“虽”等连词，“今宵”“昨夜”“此时”等时间名词构成语意转折，大体形成死—哀式、写景—抒情式、生—死式三种章法形式，构成南朝至唐五代绝句体哀悼诗语言概括、凝练含蓄、章法紧凑、言简意丰、意味无穷的特点，其目的是着力于强调哀悼情感的抒发。

第二编　艺术论

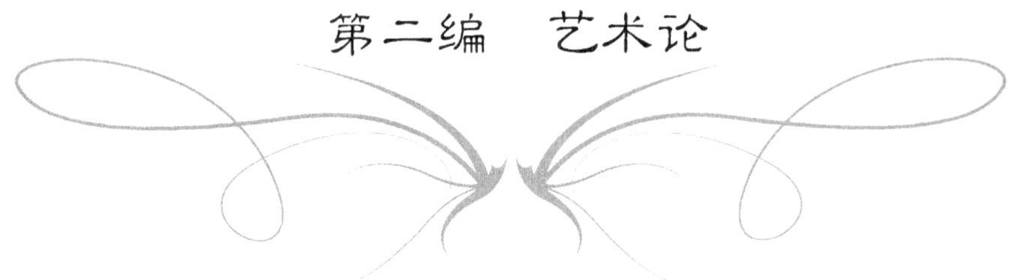

中国人对死者的态度是很微妙的，首先，人人必死但人人怕死（当然也有特例），人们对死亡是恐惧的；其次，远古流传下来的灵魂不死、死后化鬼魂、鬼魂能作祟的思想让人们觉得死亡是让人敬畏的；再次，死者往往是我们的亲人、爱人、朋友及其他有关系的人，心理情感上的依恋和不舍让人们觉得死亡又是让人感觉悲哀、痛苦和并不遥远的。所以在哀悼诗中，人们往往运用含蓄、优美、庄重、文雅风格的语言和以间接抒情方式为主的颂哀抒情模式以及表达死亡哀悼的意象体系去抒发对死者的敬畏、哀思、赞颂之情，从而营造出一个具有萧条、偏僻、寂静、寒冷、孤独、虚无、荒谬、悲剧、妙悟等多重内涵且以空框效应、充满张力的语言和含蓄的韵味吸引主体的审美意境——“空”。

第一章

先秦至唐五代哀悼诗的语言风格

上篇文体篇是从分体的角度对先秦至唐五代四言体，楚歌体，五、七言古体，律体，绝句体哀悼诗的审美风格及构成原理进行了探讨，本章是从总体的角度概述先秦至唐五代哀悼诗的语言风格，两者相辅相成、互为补充。如上篇所述，先秦至唐五代哀悼诗共有1210首[①]，四言体哀悼诗作品共有16首，有较强的民歌口语向书面语演变的色彩；楚辞体哀悼诗共有13首，呈现出哀怨的风格；五、七言古体哀悼诗共有249首，其主要审美风格为朴实平易；律体哀悼诗共有665首，其主要审美风格为庄重、严肃、典雅；绝句体哀悼诗共有188首，其主要审美风格为含蓄蕴藉。据各体所占的比例看，我们可以说，先秦至唐五代的哀悼诗常常运用含蓄、优美、庄重、文雅风格的语言去表达死者的去世、人们对他们的哀思和追念以及自己的身世之感。具体在语言手段的运用上，主要体现在语音柔和，多用书面语、特定用语、尊称、敬语、谦语、委婉语，句式严谨缜密，恰当运用文雅的典故以及描绘性的表纤细意味的赞美性比喻，委婉曲折，含而不露。

一、以押阳声韵为主，押i、u、ü收尾的阴声韵为辅

古人根据韵尾将韵分为三种：阴声韵、阳声韵、入声韵。阴声韵指以元音为韵尾的韵，包括果摄、假摄、蟹摄、遇摄、止摄、流摄、效摄各韵。阳声韵指以鼻音m、n、ng[η]为韵尾的韵，包括咸摄、深摄、山摄、宕摄、江摄、臻摄、梗摄、曾摄、通摄各韵，其中咸摄、深摄的韵尾是m，山摄、臻摄的韵尾是n，宕摄、江摄、梗摄、曾摄、通摄的韵尾是ng。入声韵是指以辅音p、t、k为韵尾的韵，包括屋、烛、沃、锡、职、德、觉、昔、陌、麦、药、铎、物、质、栉、屑、术、没、迄、月、薛、锆、缉、乏、帖、黠、末、曷、业、叶、洽、狎、盍、合共34韵。韵尾不同的韵在听觉上给人的感觉也不同，大体而言，阳声韵和阴声韵的发音听起来较为舒缓，古人称为舒声，而入声韵

① 含残诗和存名诗作。

由于以塞辅音收尾，听起来发音急促，故叫促声。在古代诗歌中，只要韵腹（主要元音）相同或相近，韵尾（如果有韵尾的话）相同，不管韵头有无及同否，均可押韵。先秦至唐五代哀悼诗共1210首，近体诗有856首，占总体先秦至唐五代哀悼诗的70.74%，由于古体诗有换韵的情况，而且数量较少，更何况先秦的诗歌音韵比较复杂，所以现对占先秦至唐五代哀悼诗主体的近体哀悼诗用韵情况作如下调查：

先秦至唐五代近体哀悼诗用韵情况统计表

上平韵	韵名	一东	二冬	三江	四支	五微	六鱼	七虞	八齐	九佳	十灰	十一真	十二文	十三元	十四寒	十五删
	数量	64韵	20韵	1韵	79韵	40韵	15韵	17韵	14韵	2韵	46韵	81韵	40韵	36韵	18韵	15韵
下平韵	韵名	一先	二萧	三肴	四豪	五歌	六麻	七阳	八庚	九青	十蒸	十一尤	十二侵	十三覃	十四盐	十五咸
	数量	76韵	22韵	0韵	1韵	15韵	20韵	62韵	84韵	4韵	11韵	42韵	28韵	0韵	0韵	0韵
先秦至唐五代近体哀悼诗共856首																

由上表可知，先秦至唐五代哀悼诗以ng结尾的后鼻音韵有：上平韵有一东64韵、二冬20韵、三江1韵，下平韵有七阳62韵、八庚84韵、九青4韵、十蒸11韵，共246韵。以n结尾的前鼻音韵有：上平韵有十一真81韵、十二文40韵、十三元36韵、十四寒18韵、五删15韵，下平韵有一先76韵、十二侵28韵，共294韵。以鼻音结尾的韵有540韵，这些韵都是阳声韵，即押阳声韵的哀悼格律诗占全先秦至唐五代哀悼格律诗总数的63.08%。以“i”结尾的韵有：上平韵有四支79韵、五微40韵、八齐14韵、十灰46韵，以“u”“ü”结尾的韵有：上平韵有六鱼15韵、七虞17韵、下平韵有十一尤42韵，以“i”“u”“ü”结尾的韵共有253韵，这些韵都是阴声韵，即押以“i”“u”“ü”结尾的阴声韵的哀悼格律诗占全先秦至唐五代哀悼格律诗总数的29.56%。押两种韵的哀悼格律诗占了全先秦至唐五代哀悼格律诗总数的92.64%，可见先秦至唐五代哀悼诗的押韵特点是：以押阳声韵为主

和押“i”“u”“ü”结尾的阴声韵为辅。另外，先秦至唐五代古体哀悼诗的押韵虽有换韵现象，但总体上也符合这个特征。

探其原因，因为哀悼诗主要是以抒发对死者的哀悼之情为特征，哀悼时不免要发出咿咿呜呜、唔唔哼哼、吁吁嘘嘘的哭声和哀叹声，而以 n、ng 收尾的阳声韵和以 i、u、ü 收尾的阴声韵的发音原理与唔唔哼哼、咿咿呜呜、吁吁嘘嘘的哭声和哀叹声的发声原理大致相同，能较好地抒发对死者的哀痛和感叹之情。古代的阳声韵大体上相当于现在普通话中的前鼻音尾韵母：an、en、in、ian、uan、üan、un、uen 和后鼻音尾韵母：ang、eng、ing、ong、iang、uang、iong、ueng。后鼻音韵尾 ng[ŋ]为舌面后、浊、鼻音，在普通话中不作声母只作韵尾，发音时，软腭下降，关闭口腔，打开鼻腔，舌面后部后缩同时抵住软腭，气流颤动声带，从鼻腔通过。从发音部位看，前鼻音韵尾—n 比声母 n—的位置稍微靠后，往往是舌面前部向硬腭接触，发音时音节稍有延长。鼻韵母发音的特点是发音时由发开头气流不受阻、从口腔流出的元音向气流在口腔受阻、从鼻腔流出的鼻辅音逐渐变动，前后连成一体，总之，气流从鼻腔流出是鼻韵母最显著的特点。韵母 i、u、ü 的发音有相似之处，都是鼻腔关闭、软腭上升、口腔微开、声带振动的元音，发出的声音都比较小，只不过是唇形的圆扁、舌头的位置有所不同而已。i[i]为扁唇，上下齿相对，舌头往前伸，舌面前端稍隆起，舌尖抵住下齿背，嘴角向两边微微展开，—i（前）为扁唇，嘴角朝两边展开，舌头平伸，舌尖贴近上齿背，—i（后）为扁唇，嘴角向两边展开，舌尖上翘，贴近硬腭前部。u[u]为扁唇，嘴角向两边展开，舌尖上翘并贴近硬腭前部。ü[y]为圆唇（近椭圆）稍向前突，舌头前伸，舌面前端稍隆起，舌尖抵住下齿背。而哀悼诗往往不是在死者刚去世的那一刻而是在死者去世后的一段时间写的，这时诗人的感情已经稍为收敛了，大多由失声痛哭或号啕大哭改为强忍悲痛时的低低饮泣或沉重地哀叹惋惜，当哽咽着发出“唔唔哼哼”的哭声时口腔是关闭的，气流从鼻腔出来，当发出“唔”的叹气声时，气流也是从鼻腔出来的，与发鼻韵母的方法相似，当发出“唉”的叹气声或发出“咿咿、呜呜、吁吁”的哭声时，鼻腔关闭，嘴唇时而向两边咧开时而向中间撮起，气流微微地从口腔出来，与发韵母 i、u、ü 的方法相似。运用这种发音规律不仅符合客观事实，而且也使人们在朗读或听读时能够更深刻地体会到作者的哀悼之情。

二、委婉的死亡表达

人们害怕死亡、厌恶死亡但又必须面对死亡、正视死亡，因而对死亡有许多讳言。体现在哀悼诗中，客观性表述死亡的用得较少，一般称“死亡”为死、亡、逝、没、殁，如：

死者不可忘。——（托名陶婴所作的《黄鹄歌》）

安所求之死。——（《长安为尹赏歌》）

堕河而死。——（（朝鲜）高丽玉的《箜篌引》）

予美亡此。——（《唐风·葛生》）

忽已逝兮不可追。——（嵇康《思亲诗》）

先生下世未中年。——（方干《哭喻凫先辈》）

丘公已殁故人稀。——（张籍《哭丘长史》）

直言死亡通常用于先秦、两汉的歌谣和《诗经》的《国风》以及后世哀悼身份较低的人的诗歌中，而委婉性死亡表达用得较多，主要有以下几种：

（1）以“休矣”“已矣”“古人”代称死亡，如：

休矣亦世。——（无名氏《郭辅碑歌》）

物在人已矣。——（宋之问《伤王七秘书监寄呈扬州陆长史通简府僚广陵以广好事》）

我思古人。——（《邶风·绿衣》）

（2）以“不见”“不归”“潜形”或“永暮”代称死亡，如：

独伤窗里月，不见帐中人。——（张说《伤妓人董氏四首》）

五侯寻作不归人。——（徐夤《潘丞相旧宅》）

不悟奄忽终，藏形而匿影。——（石勋《费凤别碑诗》）

嗟母兄兮永潜藏。——（嵇康《思亲诗》）

佳人永暮矣。——(江淹《悼室人诗十首》)

(3) 以“坟墓”“松柏”“丧歌”“丧曲”“葬旗”代称死亡,如:

青松罗前隧,翠碑表高坟。——(曹毗《郗公墓诗》)
墓前一株柏。——(梁诗王氏《连理诗》)
何言吹楼下,翻成薤露歌。——(北魏温子升《相国清河王挽歌》)
何言蒿里别,非复竹林期。——(江总《在陈旦解酲共哭顾舍人诗》)
寒山寂已暮,虞殡有馀哀。——(李百药《文德皇后挽歌》)
楚挽绕庐山,胡笳临武库。——(上官仪《谢都督挽歌》)
旌旗转衰木,箫鼓上寒原。——(王维《故西河郡杜太守挽歌三首》)

(4) 以“魂归”“魂飞”“招魂”代死亡,如:

魂归京兆阡。——(张九龄《眉州康司马挽歌词》)
如何万化尽,空叹几飞魂。——(卢照邻《同崔录事哭郑员外》)

(5) 以“归重泉”“九泉”“冥路”“黄垆”代称死亡,如:

美人归重泉。——(江淹《潘黄门岳述哀》)
谁教冥路作诗仙。——(李忱《吊白居易》)
何意中见弃,弃我就黄垆。——(吴质《思慕诗》)

(6) 以“遗×”代称死亡,如:

遗挂空留壁,回文日覆尘。——(王维《达奚侍郎夫人寇氏挽词二首》)
归作儒翁出致君,故山谁复有遗文。——(许浑《经李给事旧居》)

(7) 用典故婉称死亡,此类甚多,如:

何言陵谷徙，翻惊邻笛悲。（孔绍安《伤顾学士》）——山阳笛

剑飞龙匣在，人去鹊巢空。（李峤《天官崔侍郎夫人吴氏挽歌》）——剑化

一朝宾客散，留剑在青松。（张说《崔尚书挽词》）——季札为徐君留剑

可叹凌波迹，东川遂不流。（吴兢《永泰公主挽歌二首》）——洛川神

昔为昼锦游，今成逝川路。（储光羲《陆著作挽歌》）——逝川

荀令香销潘簟空，悼亡诗满旧屏风。（元稹《答友封见赠》）——潘岳悼亡

粉署见飞鹏，玉山猜卧龙。（温庭筠《秘书刘尚书挽歌词二首》）——占鹏[1]

永叹常山宝，沉埋京兆阡。（张九龄《故刑部李尚书挽词三首》）——京兆[2]

范晔顾其儿，李斯忆黄犬。（杜甫《八哀诗·故秘书少监武功苏公源明》）——范晔顾儿、忆黄犬[3]

百年见存殁，牢落吾安放。（杜甫《八哀诗·故著作郎贬台州司户荥阳郑公虔》）——故吾安放[4]

还瞻三国太子，宾客减应刘。（杜甫《重题》）——应刘

一代风流尽，修文地下深。（杜甫《哭李常侍峄二首》）——修文地下[5]

笳箫最悲处，风入九原松。（顾况《鄘公合祔挽歌》）——九原

---

① 《史记》卷八十四《贾生列传》：贾生为长沙王太傅三年，有鸮飞入贾生舍，止于坐隅。楚人命鸮曰“鹏”。贾生既以适居长沙，长沙卑湿，自以为寿不得长，伤悼之，乃为赋以自广。

② 《汉书》卷九十二《游侠列传·原涉》：涉自以为前让南阳赙送，身得其名，而令先人坟墓俭约，非孝也。乃大治起冢舍，周阁重门。初，武帝时，京兆尹曹氏葬茂陵，民谓其道为京兆仟。涉慕之，乃买地开道，立表署曰“南阳仟”，人不肯从，谓之“原氏仟”。

③ 《太平御览》卷九百二十六《羽族部十三·鹰》《史记》曰：“李斯临刑，思牵黄犬、臂苍鹰，出上蔡东门，不可得矣。”《宋书》卷六十九《范晔孔熙先列传》：晔转醉，子蔼亦醉，取地土及果皮以掷晔，呼晔为别驾数十声。晔问曰：“汝恚我邪？”蔼曰：“今日何缘复恚，但父子同死，不能不悲耳。”

④ 《礼记·檀弓上》：孔子早作，负手曳杖，逍遥于门，歌曰：“泰山其颓乎！梁木其坏乎！哲人其萎乎。”既歌而入，当户而坐。子贡闻之，曰：“泰山其颓，则吾将安仰；梁木其坏，哲人其萎，则吾将安放？夫子殆将病也！”遂趋而入。夫子曰：“赐，尔来何迟也，夏后氏殡于东阶之上，则犹在阼也。殷人殡于两楹之间，则与宾主夹之也，周人殡于西阶之上，则犹宾之也。而丘也，殷人也，予畴昔之夜，梦坐奠于两楹之间，夫明王不兴，而天下其孰能宗予。予殆将死也。”盖寝疾七日而没。

⑤ 《太平御览》卷八百八十三《神鬼部三·鬼上》：（苏）韶言：“天上及地下事，亦不能悉知也。颜渊、卜商，今见在为脩文郎。凡有八人，鬼之圣者。”

空留封禅草，已作僧宗行。（顾况《伤大理谢少卿》）——岱宗行

金兰徒有契，玉树已埋尘。（陈子昂《同旻上人伤寿安傅少府》）——土花封玉树[①]

鸟来伤贾傅，马立葬滕公。（李端《张左丞挽歌二首》）——马立葬滕公[②]

今来大明祖，辇驾桥山曲。（武元衡《德宗皇帝挽歌词三首》）——桥山[③]

鼎湖仙已去，金掌露宁乾。（武元衡《顺宗至德大圣皇帝挽歌词三首》）——鼎湖[④]

一朝纩息定，枯朽无妍媸。……猫虎获迎祭，犬马有盖帷。（柳宗元《掩役夫张进骸》）——纩息定、犬马有盖帷[⑤]

（8）宗教婉称死亡，属道教的：驾鹤仙游、仙游，如：

何事神超入杳冥，不骑孤鹤上三清。——（陆龟蒙《和袭美伤开元观顾道士》）

一随仙骥远，霜雪愁阴生。——（刘祎之《孝敬皇帝挽歌》）

属佛教色彩的：坐化、圆寂、西去、神迁，如：

---

① 《世说新语》下卷上《伤逝》：庾文康亡，何扬州临葬云："埋玉树著土中，使人情何能已已！"

② 《西京杂记》卷四：滕公驾至东都门，马鸣，局不肯前，以足跑地久之，滕公使士卒掘马所跑地，入三尺所，得石椁。滕公以烛照之，有铭焉。乃以水洗写其文，文字皆古异，左右莫能知。以问叔孙通，通曰："科斗书也。以今文写之，曰'佳城郁郁，三千年见白日。'吁嗟滕公居此室。"滕公曰："嗟乎，天也！吾死其即安此乎？"死遂葬焉。

③ 《史记》卷一《五帝本纪·黄帝》：黄帝崩，葬桥山。南朝宋·裴骃《史记集解》注引《皇览》曰："黄帝冢在上郡桥山。"

④ 《史记》卷二十八《封禅书》：黄帝采首山铜，铸鼎于荆山下。鼎既成，有龙垂胡髯下迎黄帝。黄帝上骑，群臣后宫从上者七十余人，龙乃上去。余小臣不得上，乃悉持龙髯，龙髯拔，堕，堕黄帝之弓。百姓仰望黄帝既上天，乃抱其弓与胡髯号，故后世因名其处曰鼎湖，其弓曰乌号。

⑤ 《礼记·丧大记》："疾病，……属纩以俟绝气。"东汉·郑玄注："纩，今之新绵，易动摇，置口鼻之上，以为候。"《礼记注疏》卷十《檀弓》：仲尼之畜狗死，使子贡埋之。曰："吾闻之也，敝帷不弃，为埋马也；敝盖不弃，为埋狗也。"丘也贫，无盖，于其封也，亦予之席，毋使其首陷焉。路马死，埋之以帷。

五峰习圣罢，乾竺化身归。——（陈陶《哭宝月三藏大禅师》）

至人随化往，遗路自堪伤。——（张乔《吊造微上人》）

惠休归寂贾生亡。——（李郢《伤贾岛无可》）

神迁不火葬，新塔露疏柽。——（林宽《哭造微禅师》）

(9) 比喻婉称死亡，以花、树的凋谢或宝、珠的丧失或梦断/休喻人的去世，此类甚多，在此只略举一二。如：

凤鸟不识，珍宝枭鸱。——（无名氏《陬操》）

漼如叶落树，邈若雨绝天。——（潘岳《杨氏七哀诗》）

鸾销珠镜前，佳人不再得。——（杨炯《和崔司空伤姬人》）

魄散珠胎没，芳销玉树沉。——（王勃《伤裴录事丧子》）

楚宫梦断云空在，洛浦神归月自明。——（李中《悼怀王丧妃》）

(10) 表示伦理、年龄等级的词汇婉称死亡，表伦理的如称母亲死叫失恃，“奄失恃兮孤茕茕。”（嵇康《思亲诗》）“靡瞻靡恃，泣涕连连。”（魏文帝曹丕《短歌行》）表年龄级别的如称小孩死叫“陨幼龄”“夭札”，如“怀奇陨幼龄。”（潘岳《思子诗》）“况念夭札时，呕哑初学语。”（白居易《念金銮子二首》）

三、运用雅典

诗歌中的用典可以彰显诗人的学识渊博和作品的内涵，还可以让读者产生丰富的联想，增强语言的张力，而且运用雅典还可以使语言显得优美典雅。先秦至唐五代哀悼诗中的用典包括语典和事典，大多使用雅典，体现为两个方面：一是引用或化用《诗经》《论语》《易》中的语典；二是多用雅化的事典。

先秦处于语言的发端期和诗歌的始创期，其哀悼诗极少用典故。东汉以前的哀悼诗也极少用典故，东汉以后的一些碑歌开始从上古经典中化用一些语言性典故，例如石勋的《费凤别碑诗》，“载驰载驱”来自《诗经·鄘风·载驰》：“载驰载驱，归唁卫侯。”“仰之以弥高，钻之而弥坚”化用《论语·子罕》的“颜渊喟然叹曰：‘仰之弥高，钻之弥坚’”[①]。“乾乾日稷”化用《周易·乾》的“君子终日乾乾，夕惕若厉，无咎”[②]。“色斯高举”化用《论语·乡党》的“色斯举矣，翔而后集”[③]。“又畏此之罪罟”化用《诗经·小雅·小明》的“岂不怀归，畏此罪罟”。“鸫与女萝性，乐松之茂好”化用《诗经·小雅·頍弁》的“茑与女萝，施于松柏”。“悠悠歌黍离”化用《诗经·王风·黍离》的“彼黍离离，彼稷之苗。行迈靡靡，中心摇摇……悠悠苍天！此何人哉？”“黄鸟集于楚”化用《诗经·小雅·黄鸟》的“黄鸟黄鸟，无集于谷，无啄我粟”。“惴惴之临穴”化用《诗经·秦风·黄鸟》的“临其穴，惴惴其慄”。“文平感渭阳”化用《诗经·秦风·渭阳》的“我送舅氏，日至渭阳”。几乎通篇化用上古经典中的语典，显得文风典雅，适合碑诗赞颂他人所需的雅言。

三国两晋的哀悼诗大量化用经典或上古文献中的语典。如三国嵇康的《思亲诗》就用了许多经典中的语典，“恒恻恻兮心若抽”中的“心若”源自《汉书·礼乐志》之“吾知所乐，独乐六龙，六龙之调，使我心若”[④]。“奄失恃兮孤茕茕”中的“失恃”语本《诗经·小雅·蓼莪》：“无父何怙，无母何恃。”“望南山兮发哀叹”化用《诗经·小雅·节南山》的“节彼南山，维石岩岩”。“念畴昔兮母兄在”中的“畴昔”源自《礼记·檀弓上》之“予畴昔之夜，梦坐奠于两楹之间”[⑤]。“心逸豫兮寿四海”中的“逸豫”源自《诗经·小雅·白驹》的“尔公尔侯，逸豫无期”。“独收泪兮抱哀戚”中的“哀戚”来自《孝经·丧亲》的“孝子之丧亲也，哭不偯……食旨不甘，此哀戚之情也”。“顾自怜兮心忉忉”中的“忉忉”本自《诗经·齐风·甫田》的“无思远人，劳心忉忉”。“诉苍天兮天不闻”中的“苍天”源自《诗经·王风·黍离》的“悠悠苍天，此何人哉”。“泪如雨兮叹成云”化用《诗经·齐风·敝笱》的“齐子归止，其从如雨”。经典语典的引用和化用使哀悼诗的语言显得庄重典雅。

南北朝的哀悼诗趋向少用语典，开始使用一些事典。例如，江淹的《悼室人诗十首》则开始用巫山神女、潇湘二妃之类的事典。江淹《潘黄门岳述哀》的“我

---

① (清)阮元校刻《十三经注疏·论语注疏》，北京：中华书局1980年版，第2490页。

② (清)阮元校刻《十三经注疏·周义正义·上经》，北京：中华书局1980年版，第15页。

③ (清)阮元校刻《十三经注疏·论语注疏》，北京：中华书局1980年版，第2496页。

④ (汉)班固著《汉书》卷二十二《礼乐志第二》，北京：中华书局1962年版，第1059页。

⑤ (清)阮元校刻《十三经注疏·礼记正义》，北京：中华书局1980年版，第1283页。

惭北海术，尔无帝女灵"用了《列异传》中与死人相见的法术、炎帝女化为精卫填东海的事典。柳恽《伤徐主簿诗》的"客箫虽有乐，邻笛遂还伤。提琴就阮籍，载酒觅杨雄"用了文箫彩鸾仙侣、悼念故友的山阳笛、阮籍、杨雄的事典。

唐代的哀悼诗尤其是格律诗大量使用故事或传说性典故，也用语言性典故。其事典大多是与死亡哀悼有关的雅典，其"雅"体现在两个方面：一是多用赞美性事典，其中的人物大多是具有儒家所宣扬的忠、孝、仁、义、礼、智、信的美好品德或者杰出的才华或者姣好的仪容、美好的爱情，用以赞美死者。二是事典中的事大多是与人类的真诚情感——哀悼有关，多数事典表达的不是俗情、色情、艳情及尔虞我诈、虚情假意、暴力争执等负面情感，而是人类共同面对的、庄重严肃的生死真情。其大体包括以下几类：

"忠"典有："杨伯起哀荣"（宋之问《范阳王挽词二首》）出自《后汉书》卷五十四《杨震传》，写杨震蒙冤饮鸩而卒，顺帝即位后，因朝廷都说他忠，遂诏除其二子，赠钱百万，为共改葬。"晁氏忠作祸"（许浑《闻开江宋相公申锡下世二首》）源自《汉书》卷四十九《袁盎晁错列传·晁错》，晁错为国家前途着想，请削诸侯，以尊京师，却最终遭到大戮。"叫帝关"（张乔《哭陈陶》）出自战国屈原的《楚辞·离骚》，说自己忠而被谤，将上诉天帝，使阍人开关。"秦庭哭"（韦应物《睐阳感怀》）出自《春秋左传正义》卷五十四《定公·传四年》，写申包胥为楚国解难而向秦国乞师，秦伯初辞，申包胥就立依于庭墙而哭，七天不喝不饮也不绝声，秦哀公为之赋无衣，九顿首而坐，秦师乃出。

"孝"典有：负米[①]（杜甫《八哀诗·故秘书少监武功苏公源明》）、"苏耽井"[②]

---

① 《孔子家语》卷二《致思》：子路见于孔子曰："负重涉远，不择地而休，家贫亲老，不择禄而仕。昔者由也，事二亲之时，常食藜藿之实，为亲负米百里之外。亲殁之后，南游于楚，从车百乘，积粟万钟，累茵而坐，列鼎而食，愿欲食藜藿，为亲负米，不可复得也。枯鱼衔索，几何不蠹，二亲之寿，忽若过隙。"孔子曰："由也事亲，可谓生事尽力，死事尽思者也。"

② 北魏·郦道元《水经注》卷三十九《耒水》引《桂阳列仙传》：耽，郴县人，少孤，养母至孝。言语虚无，时人谓之痴。常与众儿共牧牛，更直为帅，录牛无散。每至耽为帅，牛辄徘徊左右，不逐自还。众儿曰："汝直，牛何道不走耶?"耽曰："非汝曹所知。"即面辞母云："受性应仙，当违供养。"涕泗又说："年将大疫，死者略半，穿一井饮水，可得无恙。"如是有哭声甚哀。后见耽乘白马还此山中，百姓为立坛祠。

(杜甫《八哀诗·故右仆射相国张公九龄》)、"三时孝养"或"问膳"[①](韩愈《大行皇太后挽歌词三首》、王维《恭懿太子挽歌五首》)、"妆奁暂开"[②](韩愈《大行皇太后挽歌词三首》)、"药船"[③](王维《哭祖六自虚(时年十八)》)等,其中的子路、苏耽、周文王、汉明帝、夏统都是孝敬父母的典范。

"仁"典有:"亲临贺循"(苏颋《赠司徒豆卢府君挽词》)写元帝及太子爱惜贤才,多次探望病重的功臣贺循并为之素服举哀,哭之甚痛,"严子"(崔曙《登水门楼,见亡友张贞期题望黄河诗,因以感兴》)写汉光武帝曾与严光同游学,即位后,思其贤,曾多次亲自拜访他欲委以重任,但严光不为所动,乃耕于富春山。"三徙"(岑参《西河郡太原守张夫人挽歌》)写孟母为孟子的前途着想,曾三次搬家。"桓山四凤"(骆宾王《丹阳刺史挽词三首》)出自《孔子家语》卷五《颜回》,写孔子在卫听到甚哀的哭声,颜回以桓山之鸟悲鸣送羽翼既成的四子去四海作答,说父死家贫,母卖子以葬,与之长决而哭。

"礼"典有:"置醴"(宋之问《梁宣王挽词三首》)写楚元王交尝与鲁穆生、白生、申公为同游,元王敬礼申公等,因穆生不嗜酒,元王每置酒时常为穆生设醴。"置榻"(萧浣《哭遂州萧侍郎二十四韵》)汉陈蕃礼贤下士,招命高洁之士周璆,特为之置一榻,去则悬之。"西园"(张说《惠文太子挽歌二首》)写魏文帝曹丕敬爱客,每以月夜集文人才子共游于西园。"柏殿"(张说《李工部挽歌三首》)源自《三辅黄图》卷五《台榭》,武帝元鼎二年春在长安城起柏梁台,《三辅旧事》记其以香柏为梁,帝尝在上面置酒,诏群臣和诗,能七言诗者才得上。"绝驰道"(王维《恭懿太子挽歌五首》)写汉成帝为太子时守礼节,上尝急召,太子出龙楼门,因驰道

---

① 《礼记注疏》卷二十《文王世子》:文王之为世子,朝于王季日三。鸡初鸣而衣服,至于寝门外,问内竖之御者曰:"今日安否何如?"内竖曰:"安。"文王乃喜。及日中又至,亦如之。及莫又至,亦如之。

② 《后汉书》卷十上《皇后纪·光烈阴皇后纪》:明帝性孝爱。追慕无已。十七年正月,当谒原陵,夜梦先帝、太后如平生欢。既寤,悲不能寐,即案历,明旦日吉,遂率百官及故客上陵。其日,降甘露于陵树,帝令百官采取以荐。会毕,帝从席前伏御床,视太后镜奁中物,感动悲涕,令易脂泽装具。左右皆泣,莫能仰视焉。

③ 《晋书》卷九十四《隐逸列传·夏统》:夏统字仲御,会稽永兴人也。幼孤贫,养亲以孝闻,睦于兄弟,每采梠求食,星行夜归,……后其母病笃,乃诣洛市药。会三月上巳,洛中王公已下并至浮桥,士女骈填,车服烛路。统时在船中曝所市药,诸贵人车乘来者如云,统并不之顾。

为天子所行道而不敢绝驰道，上大悦。“石窌妻”（王维《故西河郡杜太守挽歌三首》）出自《春秋左传·成公二年》，齐侯见保者，与司徒之妻谈话，见其识礼、守礼，予之石窌。“夫人法”（王维《故南阳夫人樊氏挽歌》）出自《世说新语笺疏》下卷上《贤媛》，王司徒妇、钟氏女、太傅曾孙均有俊才女德。钟、郝为娣姒，雅相亲重。不分贵贱，东海家内，遵守郝夫人之法，京陵家内，遵守范钟夫人之礼。“羔雁”（王维《哭祖六自虚（时年十八）》）见《礼记·曲礼下》，古代用为卿、大夫的贽礼，后用作征召、婚聘、晋谒的礼物。

“智典”很多，表勤奋好学的有“爇薪照字”（汉侯瑾）（杜甫《八哀诗·故秘书少监武功苏公源明》），“春秋癖”（晋杜预）（元稹《哭吕衡州六首》），“萤聚”（晋车胤）（郑立之《哭林杰》）等。表才华横溢的有“纸贵”（左思）（宋之问《范阳王挽词二首》）、“班氏业前书”（汉班固）、“子虚”（司马相如）（李乂《故赵王属赠黄门侍郎上官公挽词》），“荀爽”（张九龄《故徐州刺史赠吏部侍郎苏公挽歌词三首》），“满籯金”（汉韦贤）（王勃《伤裴录事丧子》），“罢亥市”（晋羊祜擅兵）、“曲池合，高台灭”（子周擅长弹琴）、济南剑（汉章帝赐尚书剑，棱渊深有谋，故得龙泉，寿明达有文章，故得文剑）（崔融《户部尚书崔公挽歌》），“藏书壁”“陈平”“汲黯匡君”（汲黯）、“文举少”（孔文举）、“子云”（扬雄）（崔融《哭蒋詹事俨》），“公才山吏部”（山涛）（张九龄《故徐州刺史赠吏部侍郎苏公挽歌词三首》），“依人弹铗”（冯谖）（乔知之《哭故人》）“陆机雾”（陆机）（张祜《哭汴州陆大夫》），“羊叔子”（羊祜）、“仲宣文章”（王粲）（沈佺期《哭苏眉州崔司业二公》），“藏环”[①]（羊祜）、“对日”[②]（晋明帝司马绍）（王维《恭懿太子挽歌五首》），“秤象”（曹冲）（王维《恭懿太子挽歌五首》），“褚生才”（褚少孙）（王维《哭褚司马》），“康成”（郑玄）（郑愔《哭郎著作》）等。表怀才不遇的有“管辂无年”（管辂）、“刘桢有气”（刘桢）（张九龄《眉州康司马挽歌词》），“终军少”（终军）、“贾谊”（王维《哭祖六自虚》），“叹李广”（李嘉祐

① 《晋书》卷三十四《羊祜传》：祜年五岁，时令乳母取所弄金环。乳母曰：“汝先无此物。”祜即诣邻人李氏东垣桑树中探得之。主人惊曰：“此吾亡儿所失物也，云何持去！”乳母具言之，李氏悲惋。时人异之，谓李氏子则祜之前身也。

② 《世说新语》中卷下《夙惠》：晋明帝数岁，坐元帝膝上。有人从长安来，元帝问洛下消息，潸然流涕。明帝问何以致泣？具以东渡意告之。因问明帝：“汝意谓长安何如日远？”答曰：“日远。不闻人从日边来，居然可知。”元帝异之。明日集群臣宴会，告以此意，更重问之。乃答曰：“日近。”元帝失色，曰：“尔何故异昨日之言邪？”答曰：“举目见日，不见长安。”

《故吏部郎中赠给事中韦公挽歌二首》)等。

“德”典甚多，其中常用的表安贫乐道的典有，“颜回”“原宪贫”(原宪)(沈佺期《伤王学士》)，“求羊”(蒋诩)(皇甫冉《送魏六侍御葬》)，“黔娄”“善卷”(王维《过沈居士山居哭之》)，“觅故侯”(召平)(刘长卿《家园瓜熟，是故萧相公所遗瓜种，凄然感旧，因赋此诗》)，“戴逵”(王徽之)(刘长卿《哭张员外继》)，“箕颍”(拒绝尧让天下的许由)(杜甫《八哀诗·故右仆射相国张公九龄》)、“紫芝歌”(商山四皓)(杜甫《八哀诗·故著作郎贬台州司户荥阳郑公虔》)等。

“义”“信”典有：“白马故人”或叫“范张”(骆宾王《乐大夫挽词五首》)，写范式与张劭互守信用，范式为张劭付二年之约，后梦见张劭死讯，又前往吊丧。“山阳笛”(杜甫《奉汉中王手札报韦侍御、萧尊师亡》)写向子期与嵇康、吕安为好友，后嵇吕二人去世，向子期甚哀悼，听见邻人吹笛，乃作《思旧赋》。“人情挂剑”(张说《右侍郎集贤院学士徐公挽词二首》)源自《史记》卷三十一《吴太伯世家》，季札初使拜访徐君，徐君喜欢上季札剑但不敢说，季札心里知道，但因公务需要而未赠，等他回来时，徐君已死，于是解剑挂徐君冢树而去。“琴声断”或“人琴俱亡”(戴叔伦《哭朱放》)，据《世说新语笺疏》下卷上《伤逝》云，王子猷、子敬俱病笃，子敬先亡，子猷得知，便索舆奔丧，因子敬素好琴，便径坐灵床，取其琴弹，弦不调，乃掷地说“人琴俱亡”，恸绝良久，月余亦卒。“伯牙弦”(孟郊《悼吴兴汤衡评事》)，据《吕氏春秋》卷十四《孝行览·本味》载，钟子期听伯牙弹琴，甚为知音，及钟子期死，伯牙破琴绝弦，终身不再弹琴。“把臂托”(陈子昂《同旻上人伤寿安傅少府》)源于《后汉书》卷四十三《朱晖传》，汉朱晖与同县张堪交友，堪以妻子相托，后堪卒，晖闻其妻子贫困，乃自往候视并厚赈赡之。“金兰”(同上)源于《周易注疏》，子曰：“君子之道，或出或处，或默或语。二人同心，其利断金。同心之言，其臭如兰。”[①]“援琴流涕”(同上)据《世说新语》下卷上《伤逝》载，顾彦先平时喜欢弹琴，去世后，家人常把琴放在其灵床上。张季鹰前往哭丧，径自上床，取琴弹数曲后问亡友能否再次欣赏，大恸而出。“吾无为善”(王维《哭祖六自虚(时年十八)》)源于《春秋左传·昭公十三年》，子产归，未至，听说子皮去世，哭着说他再

① (魏)王弼，(晋)韩康伯注；(唐)孔颖达疏，(唐)陆德明音义《周易注疏》卷七《系辞上》，上海：上海古籍出版社1989年版，第251页。

也没有无为为善的人了，只有这个人知他。“吏部访孤儿”（刘长卿《哭张员外继（公及夫人相次没于洪州）》源自《世说新语》上卷下《政事》，嵇康山涛交善，嵇康被诛后，山涛推荐嵇康之子为秘书丞。

“美”典有：“比玉”“宁家宅”（司空曙《哭苗员外呈张参军》）出自《世说新语笺疏》下卷上《容止》，写骠骑将军王济的外甥王玠俊爽有风姿，王济每次见他都叹珠玉在侧，自觉形秽，又尝对人说，与玠同游，如明珠在侧，朗然照人。

“爱”典有：“巫山神女”（杜甫《哭王彭州抡》）、“潇妃”（皇甫冉《赠恭顺皇后挽歌》）、“半死心”（桐）（韩愈《梁国惠康公主挽歌二首》）、“安仁悼亡”（温庭筠《和友人悼亡》），“陈凤”（沈佺期《天官崔侍郎夫人卢氏挽歌》）出自《春秋左传・庄公二十二年》，写敬仲夫妻夫妻相随适齐。“回文”（王维《达奚侍郎夫人寇氏挽词二首》）出自《晋书》卷九十六《列女列传・窦滔妻苏氏》，窦滔妻苏蕙思念丈夫，以织锦为回文旋图诗以赠。“画眉”（岑参《韩员外夫人清河县君崔氏挽歌二首》）即汉张敞为妻画眉。“杞妇哀”（皮日休《卒妻悲》）出自《列女传》卷四《贞顺传・齐杞梁妻》，齐杞梁殖战死，其妻悲哭十日，城为之崩。“隔星河”（韩愈《梁国惠康公主挽歌二首》）写牛郎织女星遥而不可近。

这些哀悼性、赞美性典故大量使用目的就是为了更好地表达对其死亡的惋惜和哀悼，赞其实是为了更好地反衬哀，从而增加作品的感染力。例如王维的《恭懿太子挽歌五首》其一：

何悟藏环早，才知拜璧年。翀天王子去，对日圣君怜。
树转宫犹出，笳悲马不前。虽蒙绝驰道，京兆别开阡。

此诗用了六个典故：

“拜璧”之典源自《春秋左传・昭公十三年》：

初，共王无冢，适有宠子五人，无适立焉。乃大有事于群望而祈曰：“请神择于五人者，使主社稷。”乃遍以璧见于群望曰：“当璧而拜者，神所立也，谁敢违之？”既乃与巴姬密埋璧于大室之庭，使五人齐而长入拜。康王跨之。灵王肘加焉。子干子晰皆远之。平王弱，抱而入，再拜，皆厌纽。[①]

写的是昭公用“拜璧”的方法从五子中挑选一人做太子的情况，因平王年龄小而弱，所以被抱着进去，终被定为太子。此诗用这个典故一是说明恭懿太子的身份，二是说明他年龄还小。

“藏环”之典源自《晋书》：

祜年五岁，时令乳母取所弄金环。乳母曰：“汝先无此物。”祜即诣邻人李氏东垣桑树中探得之。主人惊曰：“此吾亡儿所失物也，云何持去！”乳母具言之，李氏悲惋。时人异之，谓李氏子则祜之前身也。[②]

写李氏子死后投胎转世为羊祜，所以羊祜五岁时就知道他生前邻居李氏子所遗失的东西，表达的是佛教中的一种因果轮回思想，此诗用这个典故不是表达此意，而是为了说明太子年龄虽小但非常聪明。

“冲天”之典源自汉·刘向《列仙传》卷上《王子乔》：

王子乔，周灵王太子晋也。好吹笙作凤鸣，游伊洛閒。道士浮丘公接上嵩高山，三十余年。后来于山上，见桓良曰：“告我家，七月七日待我缑氏山头。”果乘白鹄住山颠，望之不得到，举手谢时人，数日去。[③]

周灵王太子王子晋被道士浮丘公修渡成仙三十多年后，乘白鹄在缑氏山头与家人约见，此典在诗中婉言恭懿太子去世。

“对日”之典源自《世说新语》：

晋明帝数岁，坐元帝膝上。有人从长安来，元帝问洛下消息，潸然流涕。明

---

① 杨伯峻编著《春秋左传注》，北京：中华书局1981年版，第1350页。

② （唐）房玄龄等《晋书》卷三十四《羊祜传》，北京：中华书局1982年版，第1023、1024页。

③ （汉）刘向撰，王叔岷校笺《列仙传校笺》，北京：中华书局2007年版，第65页。

帝问何以致泣？具以东渡意告之。因问明帝："汝意谓长安何如日远?"答曰："日远。不闻人从日边来，居然可知。"元帝异之。明日集群臣宴会，告以此意，更重问之。乃答曰："日近。"元帝失色，曰："尔何故异昨日之言邪?"答曰："举目见日，不见长安。"①

此典是说晋明帝很聪明，小小年纪就懂得相对论的知识，能从不同角度看问题，此诗用这个典故是为说明恭懿太子和他一样年幼而聪明。

"绝驰道"之典源自《汉书》：

元帝即位，帝为太子。壮好经书，宽博谨慎。初居桂宫，上尝急召，太子出龙楼门，不敢绝驰道，西至直城门，得绝乃度，还入作室门。上迟之，问其故，以状对。上大说，乃著令，令太子得绝驰道云。②

驰道是汉代天子所行道，成帝很懂礼节，即使父皇有再紧急的事召见，也不敢走这条路，此诗用这个典故一是为了表明恭懿太子的身份，二是为了赞美恭懿太子和成帝一样懂礼节。

"京兆阡"之典源自《汉书》：

涉自以为前让南阳赙送，身得其名，而令先人坟墓俭约，非孝也。乃大治起冢舍，周阁重门。初，武帝时，京兆尹曹氏葬茂陵，民谓其道为京兆仟。涉慕之，乃买地开道，立表署曰"南阳仟"，人不肯从，谓之"原氏仟"。③

此典是说原涉想买"京兆阡"这块地用以开道而没有成功，后人用"京兆阡"泛指墓地或死亡，此诗用这个典故委婉表达恭懿太子去世。

此诗首联、颔联用"拜璧""藏环""冲天""对日"四个典故赞美恭懿太子年幼

---

① （南朝宋）刘义庆著《世说新语》中卷下《夙惠》，北京：中华书局 2007 年版，第 112 页。

② （东汉）班固著《汉书》卷十《成帝纪》，北京：中华书局 2007 年版，第 76 页。

③ （东汉）班固著《汉书》卷九十二《游侠列传 · 原涉》，北京：中华书局 2007 年版，第 910 页。

聪明绝顶，而颈联描写送葬的悲惨情景，尾联则用“绝驰道”“京兆阡”二个典故抒发对如此识礼的太子过早去世的惋惜和哀悼之情，前面的赞美是为了后面更好地哀悼，以赞衬哀，因而更哀。

四、赞美性比喻

使用雅典往往使诗歌语言显得庄重文雅，而使用比喻则往往使诗歌语言显得更富有形象性和委婉含蓄。先秦至唐五代哀悼诗的比喻有两个特点：一是比喻句数量较多，例如五代诗人李煜的 8 首哀悼诗就用了 11 句比喻句，其中《挽辞二首》其二（艳质同芳树）几乎每句都用比喻句。二是形式上有整体性比喻和局部比喻，以局部比喻为多，前者如《诗经・邶风・二子乘舟》据《毛传》之解是国人伤二子争相为死、涉危遂往，像乘舟而无所薄，泛泛然迅疾而不碍。托名陶婴所作的《黄鹄歌》通篇用黄鹄比喻早寡的陶婴。南朝梁王氏的《连理诗》以连理松喻夫妻恩爱、生死不渝，《孤燕诗》以孤燕喻为亡夫守节不移的自己。后者占多数，如汉诗无名氏的《陬操》中的“凤鸟不识，珍宝枭鸱”喻赵国的贤臣窦鸣犊和舜华被赵简子杀害，汉诗无名氏的《伤三贞诗》中的“窈窕淑女，是绣是黼”将马妙祈妻义、王元愫妻姬、赵蔓君妻华比喻成美丽的绣黼，等等。三是往往用比喻句描绘死者生前的才学、品德及美好情状或含蓄表明死者的去世，总之是为美化死者服务的。例如宋之问的《伤曹娘二首》其一：

君看水上芙蓉色，恰似生前歌舞时。无复绮罗娇白日，直将珠玉闭黄泉。

此诗四句用了三个比喻，第一、二句用“水上芙蓉色”比喻曹娘生前唱歌跳舞时的美妙情景，第三句用“绮罗”比喻曹娘姿态娇柔、肤色洁白，第四句则用“珠玉闭黄泉”比喻美丽的曹娘已经去世，三个比喻形象地描绘了美丽遭到毁灭的情状，其中对类似曹娘的不幸妓女的同情和对造成曹娘悲剧的社会的控诉也含蓄地表现出来。

综上所述，哀悼诗主要是以抒发对死者的哀悼之情为特征，哀悼时不免要发出咿咿呜呜、唔唔哼哼、吁吁嘘嘘的哭声和哀叹声，而以押阳声韵为主和押“i”“u”“ü”结尾的阴声韵为辅是先秦至唐五代哀悼诗的押韵特点，其发音原理与唔唔哼

哼、咿咿呜呜、吁吁嘘嘘的哭声和哀叹声的发声原理大致相同，能较好地抒发对死者的哀痛和感叹之情。以“休矣”“已矣”“古人”“不见”“不归”“潜形”“永暮”“坟墓”“松柏”“丧歌”“丧曲”“葬旗”代称死亡和以典故、宗教语汇、比喻、表示伦理、年龄等级的词汇代称死亡构成了先秦至唐五代哀悼诗委婉的死亡表达。先秦处于语言的发端期和诗歌的始创期，其哀悼诗极少运用典故。东汉以前的哀悼诗也极少运用典故，东汉以后的一些碑歌开始从上古经典中化用一些语言性典故，三国两晋的哀悼诗大量化用经典或上古文献中的语典。南北朝的哀悼诗趋向少用语典，开始使用一些事典。唐代的哀悼诗尤其是格律诗大量运用故事或传说性典故，也用语言性典故，其事典大多是与死亡哀悼有关的雅典。多用比喻句描绘死者生前的才学、品德及美好情状或含蓄表明死者的去世，用以美化死者。总之，语音、语汇、句法、修辞的独特表达构成了先秦至唐五代哀悼诗委婉、含蓄、庄重、典雅的语言风格。

第二章

先秦至唐五代哀悼诗的抒情模式和抒情方式

《毛诗序·大序》曰:“诗者,志之所之,在心为志,发言为诗。情动于中而形于言。”又曰:“故歌之为言也,长言之也。说之,故言之:言之不足,故长言之;长言之不足,故嗟叹之;嗟叹之不足,故不知手之舞之,足之蹈之。”[①]即说诗歌是思想感情驰骋的载体,萌动于心为志,抒发出来为诗,言、长言、嗟叹、手舞、足蹈都是不同的表达方式。哀悼诗抒发的是人类最真挚、最普遍的生死之情,它的表达方式自然与其他诸如咏史诗、怀古诗、行旅诗等题材诗有明显的不同,而且已经形成了固定模式,从情感内涵看,哀悼诗的主要情感倾向是哀,哀中又含有对死者的赞扬,因而它的总体抒情模式是哀颂式,在此模式下,按其表现方法的不同又可以分为借景抒情式、借物抒情式、借梦抒情式、比兴式、直接抒情式、综合式等抒情方式。

一、抒情模式

颂哀是哀悼诗的情感主调,“颂”就是对死者生前的杰出才华、高尚品德、出身高贵、位高名尊、丰功伟绩、美貌技艺等进行赞颂,“哀”就是对死者的去世表示哀悼,颂哀式是先秦至唐五代哀悼诗的基本抒情模式,其原因有四:首先,这些死者大多是亲人、朋友或关系亲密的人或品德高尚、出身高贵、有杰出才华、位高名尊、立有丰功伟绩的人或身世凄惨的人,无论从情感上还是伦理上都值得我们留恋不舍或者尊敬爱戴或者同情怜悯。其次是受两千多年来儒家尚哀的祭祀和丧葬观的影响,《论语》说:“祭如在,祭神如神在。子曰:‘吾不与祭,如不祭。’”[②]孔子认为祭祀祖先和神灵都要心诚,都要亲自参加,特别是举行丧事时一定要发自

① (清)阮元校刻《十三经注疏·毛诗正义》,北京:中华书局1980年版,第269～270页。

② (清)阮元校刻《十三经注疏·论语注疏·八佾第三》,北京:中华书局1980年版,第2467页。

内心地悲哀，"居上不宽，为礼不敬，临丧不哀，吾何以观之哉？"[1]临丧而哀是孔子认定的三大原则之一。再次是即使这些死者生前并没有那么完美，但是人都去世了，再也不会有什么竞争及利害关系，犯不着再去说死人的坏话，更何况哀悼诗主要是写给活人看的，死者已矣，但他们的后代还活着，还要继续跟他们打交道，不看僧面看佛面，正是中国人特有的所谓"给面子"，理所当然也要为死者美言。最后，是从审美体验来看，正如鲁迅先生说"悲剧是将有价值的东西毁灭给人看"[2]，一个如此有才华、品德高尚、出身高贵、位高名尊、丰功伟绩或美丽可爱的人去世了，就是美的毁灭，就是悲剧，更能让人产生惋惜和悲痛的感觉，也更能增强作品的感染力。

哀颂式在先秦至唐五代哀悼诗中大体有六种表现套式：

（一）套式一：先颂后哀

此套式是指在哀悼诗中先表达赞颂之情再表达哀悼之情的抒情模式，如岑参的《故仆射裴公挽歌三首》其二：

> 五府瞻高位，三台丧大贤。礼容还故绛，宠赠冠新田。
> 气歇汾阴鼎，魂飞京兆阡。先时剑已没，陇树久苍然。

此五律首联称赞裴公官高位尊、人称贤能，颔联写他的丧事依礼而行返还故绛，他所获得的宠赠为新田之首，还是称赞他的位尊。汾阴鼎指的是汉武帝元鼎四年在汾阴所得的周鼎，藏在甘泉宫，后用以指象征国祚的宝鼎，此用以比喻裴公。"京兆阡"出自《汉书》，汉武帝时游侠原涉欲买京兆尹曹氏于茂陵名为"京兆阡"的墓道，其后人不肯，谓之为"原氏阡"，后用以指墓地，此婉言裴公的去世。颈联用"汾阴鼎"作喻、"京兆阡"作典说如国祚的宝鼎一样尊贵的裴公突然去世，尾联用"剑冲天"的典故表示对出类拔萃的他埋在已先亡的妻子的坟墓旁边，尾

---

[1] （清）阮元校刻《十三经注疏·论语注疏·八佾第三》，北京：中华书局1980年版，第2469页。

[2] 鲁迅著《再论雷峰塔的倒掉》，《鲁迅全集》第1卷，北京：人民文学出版社1972年版，第295页。

句用坟上的树木已经苍老、翠绿暗示其妻已去世多时，表明了对裴公妻子早死、自己亦身亡的惋惜和哀悼，前两联是赞，后两联是哀。

（二）套式二：先哀后颂

此套式是指在哀悼诗中先表达哀悼之情再表达赞颂之情的抒情模式，如王建的《哭孟东野二首》其二：

老松临死不生枝，东野先生早哭儿。但是洛阳城里客，家传一本杏殇诗。

此七绝前两句抒发对好友孟郊老年失子、自己亦临死的同情和悲叹，后两句写孟郊去世后他的《杏殇》九首在洛阳城里广泛流传，是对其诗才的赞颂。

（三）套式三：哀颂交集

此套式是指在哀悼诗中哀悼之情和赞颂之情交集表达的抒情模式，如张九龄的《和姚令公哭李尚书乂》：

贵贱虽殊等，平生窃下风。云泥势已绝，山海纳还通。
忽叹登龙者，翻将吊鹤同。琴诗犹可托，剑履独成空。
畴昔尝论礼，兴言每匪躬。人思崔琰议，朝掩祭遵公。
作善神何酷，依仁命不融。天文虚北斗，人事罢南宫。
上宰既伤旧，下流弥感衷。无恩报国士，徒欲问玄穹。

此五排前四句写自己与李尚书虽地位悬隔、自己处于下位，但李尚书不嫌弃自己微贱而给予接纳，二人还是有交情的；次四句用“登龙”“吊鹤”“剑履”三个典故既表明了自己对李尚书官高位尊、才能突出的赞赏，又对他的去世表示惋惜和哀悼；第三个四句用“崔琰”“祭遵”两个典故称赞李尚书生前为官的公正、廉洁、尽忠于君而奋不受贿；第四个四句用疑问句感叹神之残忍，让他这样众所景仰、作善仁厚的人去世，并用天失北斗喻尚书省失去了好人才，赞美与惋惜并用；最后四句写宰相姚崇和自己都对他的去世表示哀悼之情。除前四句外，通篇都将

对李尚书的赞颂与哀悼融为一体。

（四）套式四：只颂不哀

此套式是指在哀悼诗中只表达赞颂之情而不表达哀悼之情的抒情模式，如汉无名氏的《郭辅碑歌》：

寔惟先生，虢仲之裔。盛德遗祀，休矣亦世。孝友贞信，仁恕好惠。
直己自求，不欲荣势。绰绰令人，获道之至。笃生七子，钟天之祉。
堂堂四俊，硕大婉敏。娥娥三妃，行追大姒。叶叶昆嗣，福禄茂止。
克昌厥后，身去烈在。镌石作歌，昭示万祀。

此碑诗先赞扬郭辅的出身高贵、继赞扬他仁义忠孝、再赞扬他的子女杰出、福禄茂止，通篇是颂。

（五）套式五：只哀不颂

此套式是指在哀悼诗中只表达哀悼之情而不表达赞颂之情的抒情模式，又可分为两种：(1) 纯粹哀式，如托名陶婴所作的先秦歌谣《黄鹄歌》，诗通篇描写陶婴早寡七年不愿改嫁，每天思念亡夫，夜夜哀泣的情况。(2) 哀中含讽式，如汉《民为淮南厉王歌》写淮南王刘长不守法度，被其兄文帝逼迫迁蜀，后不食而死，人们既对他的遭遇表示同情和哀悼，又对帝王家兄弟争权夺利、互不相容表示讽刺。《长安为尹赏歌》既含有人们对游侠被酷吏镇压、死不得其所的哀痛，也有对其不遵纪守法、不安守本分以及对官吏残酷镇压老百姓的讽刺。北魏《咸阳宫人为咸阳王禧歌》以宫人的口吻表达了对北魏时咸阳王元禧因谋反失败、被擒赐死的同情和哀悼，也对他贪得无厌、不安守本分表达了警示和讽刺。

（六）套式六：哀颂讽交集

此套式是指在哀悼诗中集中表达哀悼、赞颂、讽喻之情的抒情模式，如《秦风·黄鸟》，此诗一方面表达了国人对“三良”崇高品德的赞扬，另一方面也表达了其被迫从葬的哀痛、同情，还讽刺了秦穆公逼人殉葬的恶行和控诉了残酷的人殉习俗。

六种套式的多少与生者和死者在社会交际中的社会角色有很大关系。

在先秦至唐五代哀悼诗中，哀悼对象往往都是与自己有感情或有某种关系的人，所以哀中含有颂，哀与颂本来就是融合在一起，只不过有些诗明显地将颂写出来，有些诗没有明显表露而已。大体上看，只表现哀不表现颂的诗大多是生者与死者关系非常亲密的哀悼诗——悼亡诗，此类作品主要是自我抒怀，往往是写给自己看的，而以颂为主的诗一般是社交应酬类哀悼诗；其次是除悼亡诗以外的悼亲属诗，往往用于社会应酬，主要是写给死者的亲属、朋友和其他人看的，二者的阅读对象不同。我们知道，创作—欣赏是一个完整的文学活动过程，是一种信息传递的过程，这个过程与言语交际过程一样：在特定的语境中，语用主体把自己储存的某种信息，按照某套"规则"进行编码，再发出某种具有意义的音波（或文字形体）信号，语用客体在接到音波（或文字）信号以后，就会按照一定的规则进行译码，并获取信息，有时在获取信息以后，还要作出反馈。[①]（如下图）所以，一个完整的文学活动过程一个完整的言语交际过程。

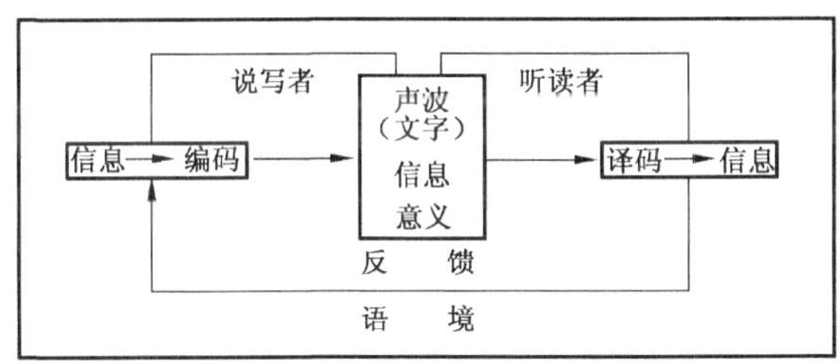

既然是交际活动就必须遵守交际会话原则，英国语言学家 G. Leech 在美国哲学家 H. PaulGrice 会话合作原则——量的准则（Quantity Maxim）、质的准则（Quality Maxim）、关联准则（Relation Maxim）、方式准则（Manner Maxim）的基础上增加了礼貌等原则。礼貌原则（Politeness Principle）包括：

1. 得体准则（Tact Maxim）：尽量缩小对别人的损失，尽量增加对别人的利益。

2. 慷慨准则（Generosity Maxim）：尽量缩小对别人的贬低，加强对别人的

① 康家珑著《交际语用学》，厦门：厦门大学出版社 2000 年版，第 261 页。

赞扬。

3. 赞扬准则(Approbation Maxim):尽量缩小对别人的贬低,尽量表扬别人。

4. 谦虚准则(Modesty Maxim):尽量缩小对自己的表扬,尽量贬低自己。

5. 赞同难则(Agreement Maxim):尽量缩小自己与别人的分歧,增加自己与别人的共识。

6. 同情准则(Sympathy Maxim):尽量减少自己对别人的厌恶,增加对别人的同情。[①]

由上观之,要想取得成功会话交际最好的方法就是尽量赞扬别人,同样,作品要想获得读者认可就应该尽量夸赞读者喜爱的东西,所以社交类哀悼诗和除悼亡诗以外的悼亲属诗要想获得死者亲人、朋友及有关系的人的认可,就必须尽可能地赞美死者,而悼亡诗主要是写给自己看的,无所谓与别人的交际,故可以不遵守这个原则,所以大多只要叙哀就可以了,此其一。

其二,在面子[②]/礼貌系统中,生者与死者的社会角色关系是决定哀悼诗使用何种言语策略的重要原因。

据西方一些社会语言学者的看法(Ron Scollon, SuzanneWong Scollon, 1995),影响面子/礼貌系统的因素有三个:权势(power,包括正权势〈+P〉和负权势〈—P〉)、距离(distance,包括正距离〈+D〉和负距离〈—D〉)、强加程度(weight of imposition,包括正强加〈+W〉和负强加〈—W〉),由此而构成三个礼貌或面子系统:①等级(hierarchy)礼貌或面子系统,其特点是交际双方社会地位不平等;②尊敬(deference)礼貌或面子系统,其特点是交际双方有同等的社会地位并有一定的独立性;③一致(solidarity)礼貌或面子系统,其特点是交际双方是平等或距离很小。这三个系统采用的言语策略是不同的。社交类哀悼诗和除悼亡诗以外的悼亲属诗哀悼的对象主要是上级、长辈和有官职的朋友或社会名流,作者和他们大多处于等级(hierarchy)面子系统和尊敬(deference)面子系统,所以对他

---

① 贾玉新著《跨文化交际学》,上海:上海外语教育出版社1997年版,第293页。

② 面子的概念是首先由中国的人类学家胡先晋(HuHsien—Chin)介绍到西方的。其定义为:面子是交际事件中的参加者所相互给予的、相互协同的公共意象。见Ron Scollon-Suzannc Wong Scollon, Intercultural Communication, Blackwell, 1995,第34页。

们要运用积极性方略——Levinson 所称作的积极礼貌(positive,politeness),即对别人表示赞许(approval of the other person),用敬语和赞语,而悼亡诗的夫妻(包括妾)双方地位是大体平等的,他们属于一致(solidarity)面子系统,所以对他们要运用消极性方略——Levinson 称作的消极礼貌(negative politeness),即对强加(行为)的回避(avoidance of imposition),运用平等性话语,一般不用赞语。而且在所有的先秦至唐五代哀悼诗中,社交类哀悼诗和除悼亡诗以外的悼亲属诗远远比悼亡诗多得多,这就是含颂式抒情套式多、纯哀式抒情套式少的原因。

再者,从心理学的角度看,人总喜欢先接受积极的、正面的信息,再接受消极的、负面的信息,所以这正是先颂后哀套式在先秦至唐五代哀悼诗中占主流的原因。

含讽套式的作品有先秦《秦风·黄鸟》,汉《民为淮南厉王歌》《长安为尹赏歌》,北魏《咸阳宫人为咸阳王禧歌》,主要是民间歌谣和《诗经》的国风,大多为民间劳动人民集体创作,作者不明,它们讽的对象大多是统治阶级,因与言语会话交际的礼貌原则相背,也与上述的面子礼貌系统不合,故此作品套式数量极少。

二、抒情方式

抒情方式从创作主体方面看,是诗人的感情审美化传达的具体途径,从创作成果——诗的形象方面看,是诗歌反映客观社会生活的形象构成方式。方式有异,审美效果亦不同。

(一)借景抒情式

"人禀七情,应物斯感。感物吟志,莫非自然。"[①]人活于自然,依赖自然,顺应自然,自然界的一切变化都会引起人们心灵上的感应,所以感物兴发、情景交融是主客体交互感性的思维活动在诗歌中的一种反映。诗人将主观情志寓托在客观物象之中,即借景抒情,是物我为一的哲学认识论在诗歌创作中的表现,是诗人以审美的方式把握客观世界的主要手段。先秦至唐五代哀悼诗的借景抒情式在哀悼诗中也占有较为重大的比例,其方式大体有四种:

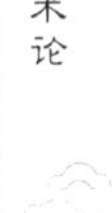

① 周振甫译著《文心雕龙今译》,北京:中华书局 2013 年版,第 54 页。

一是借送葬之景抒情。这种方式一般在悼君诗、悼臣诗、悼王诗、悼后妃诗、悼夫人诗、悼太子诗、悼公主诗中用得较多，究其原因，一是因为这些死者身份尊贵、葬礼的格局不同并且十分讲究，再是作者与这些人往往没有过多的接触，更谈不上共同生活，对他们的具体生活细节并不了解，故不好妄加揣测，即使是对他们的具体生活有所了解，但是由于身份问题，也不能书写他们的私人生活，否则就是不敬，所以往往是通过描写送葬（也包括返葬）过程中灵车的缓行、哀乐和挽歌的演奏、旌旗的翻飞、太阳和云彩的惨淡、风声的凄厉、山树的萧瑟、送葬之人的哀痛等来抒发对死者的生离死别之痛。例如唐上官仪的《谢都督挽歌》：

漠漠佳城幽，苍苍松槚暮。鲁幕飘欲卷，宛驷悲还顾。
楚挽绕庐山，胡笳临武库。怅然郊原静，烟生归鸟度。

此首为哀悼谢都督的五古，一、二句描写傍晚时分墓地晦暗不明、松树苍苍的景象，三、四句描写送葬队伍的挽幕翻飞、挽灵车的大宛马悲鸣不安的景象，五、六句描写哀歌楚挽演唱、哀乐胡笳演奏的情景，第五、六句描写送葬人怅然若失的模样及周围原野寂静、烟雾乍起、鸟鹊还巢的萧瑟之景。全篇通过对送葬情景的描绘烘托出作者对死者的悲伤、落寞、孤独之情。

二是借坟墓之景抒情。往往通过描写墓地的荒凉凄清、松柏等树木的苍老、天气的晦暗、风声的凄厉、墓旁守孝房屋的冷清、人物心情的悲痛低沉来抒发对死者的哀悼之情。例如耿湋的《题孝子陵》：

荒坟秋陌上，霜露正霏霏。松柏自成拱，苫庐长不归。
浮埃积蓬鬓，流血在麻衣。何必曾参传，千年至行稀。

此五律首联写秋天的霜露正打在路边的坟墓上，显得很荒凉、凄清，颔联写坟墓上的松柏萎古老了，孝子长时间守孝在草舍，颈联描写孝子悲伤难过不修边幅的惨状，尾联用孔门贤人孝子曾参作典，歌颂孝子的高洁行为。

三是季节变迁中物候的变化抒情。西晋陆机云："若乃春风春鸟，秋月秋蝉，夏云暑雨，冬月祁寒，斯四候之感诸诗者也。”[①]动植物之荣枯盛衰与人心之悲喜哀乐本来就有着异质同构的关系，季节变迁、物候变化最容易让人产生悲喜之情。在哀悼诗中通过描绘季节变迁中物候的变化来抒情，一方面可以表现出生者对死者哀悼、怀念之情的绵长真挚、久而弥笃，另一方面也可以营造出一种人去物新、人不如物、以乐景衬哀情的审美效果。例如江淹的《悼室人诗十首》前八首就是通过春夏秋冬四季的变迁、动植物的变化写出作者对亡者的怀念之情。第一首写妻子去世后一年中景物的变化，如“桐叶生绿水，雾天流碧滋。蕙弱芳未空，兰深鸟思时。”第二首写春景，“适见叶萧条，已复花庵郁”展示了从秋到春的时间变化，“帐里春风荡，檐前还燕拂”中一个“还”字表明爱妻和自己在帐里、檐下同观燕子的情景以前也曾发生过，而今伊人已去，同景不同人，此情此景只会勾起自己痛苦的回忆，“今悲”与“昔欢”形成鲜明对比，故才垂涕、摧心、悲叹。第三四首写夏景，“红光铄蕤鲜，苒弱屏风草。潭掩曲池莲，黛叶鉴深水。丹华香碧烟。”“清阴带山浓。”“出风舞森桂，落日暖圆松。”夏天景物繁茂，生机勃勃，但自己却形单影只，所以悲伤不绝。第五、六首写秋景，“沥思视青苔”“蜻引知寂寥，蛾飞测幽阴。”秋天景物萧条，引起作者相同的心理感应，以致产生要死掉的欲念。第七八首写冬景，“庭鹤哀以立，云鸡肃且寒。方东有苦泪，承夜非膏兰。从此永黯削，萱叶焉能宽。”冬天景物哀寒更衬托出作者内心的落寞与凄凉。

总之，自然界的事物循环往复，春去秋来，花开花落，北雁南飞，而人生只有一次，一去不复返，通过自然与人生的对比，更显示出人类生命的脆弱，更容易将自然永恒、人生苦短的哲理得以艺术地表达。

四是借即兴之景抒情。就是通过描写在某个时间到达某个地点所看到的景物，然后触景生情，想起死者。此类作品甚多，如唐刘长卿的《杪秋洞庭中，怀亡道士谢太虚》、李白的《自溧水道哭王炎三首》、刘商的《杂言同豆卢郎中郭南七里桥哀悼姚仓曹》和《哭萧抡》、韦应物的《闲斋对雨》等。此类作品的即兴之景往往在某些方面与作者孤独、寂寞的心境相似，才能触动作者的哀思，进而表达哀悼之情。例如韦应物的《夜闻独鸟啼》：

① （梁）钟嵘著，曹旭集注《诗品集注》，上海：上海古籍出版社2011年版，第56页。

失侣度山觅，投林舍北啼。今将独夜意，偏知对影栖。

此五绝写一只失去伴侣的鸟晚上在屋子北面的山林中啼叫，与作者失妻之后独自夜宿的情怀非常相似，所以勾起作者对亡妻的回忆和哀悼，因此无法入眠。

（二）借遗物抒情式

遗物式的抒情方式就是作者看到死者留下的物品而勾起对他或她的思念，即所谓睹物思人。这种抒情方式往往用于悼念共同生活过的、关系亲近的人，如妻妾、子女、父母、祖父母、关系亲密的朋友等。诗人所睹的遗物有死者生前用过的日用品，如《诗经·邶风·绿衣》中的绿衣，潘岳的《悼亡诗三首》中的帏屏、翰默、遗挂、长簟、茵帱、枕席、床，李煜的《书灵筵手巾》中周后用过的手巾等，有乐器，如唐李煜的《书琵琶背》中李璟赠给周后的琵琶，有死者生前住过的屋子，如南朝陈何胥的《哭陈昭诗》中的陈昭旧宅，韦应物的《至开化里寿春公故宅》中的寿春公故宅，包佶的《客自江南话过亡友朱司议故宅》中的朱司议故宅，有死者生前建设的建筑，如魏明帝曹睿的《苦寒行》中的故垒，有死者生前留下的诗和书，如崔曙《登水门楼，见亡友张贞期题望黄河诗，因以感兴》中张贞期遗留的望黄河诗，有死者生前种下的植物，如唐刘长卿《家园瓜熟，是故萧相公所遗瓜种，凄然感旧，因赋此诗》中萧相公所遗瓜种栽种的瓜、李煜《梅花》中后主尝与周后移植于瑶光殿之西的梅花等等。

睹物思人是人们的共同心理，它源于人们的怀旧心理。从社会原因看，由于社会阶层和社会结构的变化导致了社会利益与社会资源的重新分配组合，利益受到损害的那一方极易受到伤害而产生失落感，但又无可奈何，只能通过怀旧来表达对现实的遗憾。从主观方面看，怀旧实际上是一种对现实痛苦和失落的逃遁和躲避，是一种特殊的心理调节机制。它使我们忘却并隐藏了现在所不想回忆的东西，而强化、美化了过去美好的东西，以至于人们在多次类似的怀旧回忆后把自己营造的幻想当成了真实。怀旧源于个人的失落，失落导致回首，回首昔日的美好可以找回内心的安宁与平和。因此，先秦至唐五代哀悼诗中的睹物思人是诗人回忆、美化死者的体现，从另一个角度看，也是诗人掩盖现实的痛苦和失落、寻求内心安宁的反映，即伤他亦自伤的心理平衡调节。陶渊明、潘岳、沈约、杜甫、韦应物、白居易、元稹、李商隐、李煜等诗人的睹物思人式哀悼诗均属此类。例如权德舆的《从事淮南府过亡友杨校书旧厅感念愀然》：

故人随化往，倏忽今六霜。及我就拘限，清风留此堂。
松竹逾映蔚，芝兰自销亡。绝弦罢流水，闻笛同山阳。
炯如冰玉姿，粲若鸾凤章。欲翥摧劲翮，先秋落贞芳。
正平赋鹦鹉，文考颂灵光。二子古不吊，夫君今何伤。
黄墟既杳杳，玄化亦茫茫。岂必限宿草，含凄洒衣裳。

此五排为中唐台阁体诗人权德舆（759—818）作于贞元七年（791 年），其时三十三岁，春罢江西从事回江南，复入淮南节度使杜佑幕，朝衔仍为监察御史。杨校书为公连襟杨幼枢，娶权德舆妻姐为妻，即是权德舆的姐夫，卒于贞元二年。贞元七年（791 年）权德舆路过故杨校书旧居旧厅，看到物是人非，深有感慨，诗中用绝弦、闻笛、颂灵光、鹦鹉赋等典故高度赞扬了幼枢的杰出文才和高尚德行以及两人的深厚友情，为他的英年早逝感到惋惜，同时，因为权德舆八岁丧父，代宗大历十四年寓居三吴读书游学、德宗建中元年（780 年）至贞元七年（791 年）才入幕淮南，从事江西，期间经历了结婚、长期患病、长时间罢职、生活贫困、任宰相的岳父崔造突然去世等沧桑之事，所以在悼友的同时也渗透着对自己身世的感慨，如“及我就拘限”就是指就因生活所迫任淮南府从事，拘限即不自由、受限制之意，是自己多年来艰难坎坷生活感慨的浓缩。

怀旧心理是人皆有之的普遍心理，在哀悼诗中运用睹物思人的方法更容易勾起人们的怀旧心理，从而使作品更容易被人们接受和传播。

（三）借梦抒情式

中国古代中医认为梦是由躯体受到外界刺激或机体如各脏腑的活动、阴阳失调等内部刺激及精神情志的起伏而产生的，古代术士、学人据此将梦分为不同的类别。《周礼·春官》将梦分为六类：没有内外因素刺激、心无杂念的正梦，噩梦，因思念、追忆而引起的思梦，因觉醒时所说、所见、所为而引起或白天做的寝

梦，因喜好或欢愉而产生的喜梦，因受惊而产生的惧梦。此外，明理学家陈士元还有反象以征的反梦，梦什么见什么即直应或直叶的直梦，东汉王符还有因人的性格、性情不同导致不同梦象的性梦，取某事物象征义的象梦，因社会地位、性别、年龄等不同象征意义也不同的人梦，凝念注神的精梦，与时令季节相应的时梦，由身体某个部位不同而产生的病梦，导致鬼祟怪异的厉妖梦，机体做某种外界物质凝滞而引起的体滞梦等。而先秦至唐五代哀悼诗中的梦主要是三种：

1. 思梦。关尹子曰："人人之梦各异，夜夜之梦各异。有天有地有人有物，皆思成之，盖不可以尘计。"①说明思梦是人人都有，由思念、追忆而引起的梦。先秦至唐五代哀悼诗中的梦主要是思梦，根据思念对象的不同又可分为多种：思妻之梦，如江淹的《悼室人诗其七、八》，韦应物的《伤逝》《感梦》《登蒲塘驿沿路见泉谷村墅忽想京师旧居追怀昔年》，杜甫的《哭王彭州抡》，孟郊的《悼亡》，元稹的《遣悲怀三首》《感梦》《梦井》《江陵三梦》《张旧蚊帱》《梦成之》，李商隐的《悼伤后赴东蜀辟至散关遇雪》，李中的《悼亡》，唐暄的《还渭南感旧二首》。思妾之梦，如韦庄的《独吟》，刘损的《愤惋诗三首》。代他人思妻妾之梦，如江淹的《潘黄门岳述哀》，白居易的《和元九悼往》，杜牧的《伤友人悼吹箫妓》，刘沧的《代友人悼姬》，李中的《悼怀王丧妃》，鱼玄机的《代人悼亡》。此类作品大多是描述诗人(或所代之人)与亡妻或妾在梦中相见或梦见妻或妾以前活着时候的情景，或者是化用战国时楚国宋玉《高唐赋》中先王(楚怀王)游高唐时在白天梦见女神愿荐枕席、临去时称自己朝云暮雨、阳台之下的典故，以述说自己与亡妻或亡妾难以相见的痛苦。思友之梦，如苏颋的《蜀城哭台州乐安少府》，卢藏用的《宋主簿鸣皋梦赵六予未及报而陈子云亡今追为此诗答宋兼贻平昔游旧》，戴叔伦的《哭朱放》，刘禹锡的《窦夔州见寄寒食日忆故姬小红吹笙，因和之》，元稹的《和乐天梦亡友刘太白同游二首》《酬乐天见忆，兼伤仲远》，白居易的《梦裴相公》《梦亡友刘太白同游彰敬寺》《梦微之》，温庭筠的《哭王元裕》《宿城南亡友别墅》，罗隐的《三衢哭孙员外》，王元的《哭李韶》等。此类诗大多写诗人在梦中与亡友相见或同游。思妓之梦有沈亚之的《虎丘山真娘墓》。思太子之梦有温庭筠的《唐庄恪太子挽歌词二首》。思乡之梦有北周王褒的《送刘中书葬诗》。

---

① (周)尹喜撰《关尹子》，丛书集成初编本，北京：中华书局1985年版，第14页。

2. 直梦。直梦是一种梦占方法，即直接以梦说梦，即把梦象直接视为梦兆和一种神灵供给梦者的预测信息并到实际生活中去找感觉和体验。明人陈士元称之为“直叶”，叶，即符合，“何谓直叶？梦君则见君，梦甲则见甲，梦鹿则得鹿，梦粟则得粟，梦刺客则见刺客，梦受秋驾则受秋驾，此乃直叶之梦（占）。”[①]先秦至唐五代哀悼诗中的直梦有两种表述方式：一是在诗中直接描绘直梦，如北魏高允的《咏贞妇彭城刘氏诗》中的渤海封卓妻刘氏，成婚仅一夕，其夫在京师任职，触法，刘氏在家梦见丈夫已死，哀泣不止，后果凶询应验，遂愤叹而终，诗中曰：“千里虽遐，应如影响。良嫔洞感，发於梦想。”此梦即是直梦。二是多运用“元伯”这个直梦之典以抒发哀悼之情。其典大致内容是：范式与张劭（字元伯）有交情，临别时式与元伯约二年之后见，范式果守信前至。后张劭疾笃，临终前叹不能与范式相见。范式忽梦见张劭说自己死及何日埋葬，约见。范式梦醒后悲泣前往奔丧，时张劭丧已发引而柩不肯进，范式丧言执绋后，劭柩乃前。张说《李工部挽歌三首》的“会葬知元伯”、王维《哭褚司马》的“宁知白马来”、皇甫冉《送魏六侍御葬》的“张范唯通梦”、权德舆《工部友引日属伤足卧庆不遂执绵》的“元伯归全去，无由白马来”均用了这个直梦之典以抒发对朋友的真挚友谊和哀悼之情。此外也用佩兰应梦之典，即郑文公的一位叫燕姞的妾，梦见天使赠给她兰花并预其生子，后果生穆公，元稹在《感逝（浙东）》（头白夫妻分无子，谁令兰梦感衰翁）中运用此典表达自己想生儿子的愿望。

3. 梦为死亡的委婉表达。此类诗歌大多用与梦相关的典故来表达死亡，如贾曾的《孝和皇帝挽歌》、元稹的《宪宗章武孝皇帝挽歌词三首（膳部员外时作）》用“华胥国”的典故，以梦游华胥国不返表达死亡，张祜的《题真娘墓（在虎丘西寺内）》和李远的《闻明上人逝寄友人》化用庄生梦蝶的典故，用蝴蝶梦、庄叟梦喻死亡，郑愔的《哭郎著作》用“人得梦”即郑玄梦孔子告诉他死期将到喻死亡，王维的《恭懿太子挽歌五首》用“射熊”（典故）今梦帝喻死亡，另外也有不用典故的以梦喻死法，如“房栊梦不归”（徐安贞《程将军夫人挽诗》）、“大梦依禅定”（李嘉祐《故燕国相公挽歌二首》）、“音徽寂寂空成梦”（钱起《哭辛霁》）“短期存大梦”（李群玉《伤友》）、“一场春梦越王城”（卢延让《哭李郢端公》）、“贺雪已成金殿梦”（李洞

① （明）陈士元撰《梦占逸旨》，北京：中华书局1985年版，第14页。

《哭栖白供奉》)、"寒梦闭佳城"(陈陶《哭王赞府》),"梦休寻灞浐"(齐己《闻尚颜下世》)等。

借梦尤其是借梦典抒情是一种浪漫主义手法,可以激发读者的想象力,扩大作品的审美空间,丰富作品的内涵,增强语言的张力,使语言显得委婉、含蓄和文雅。

(四)比兴式

"比""兴"是《诗》六义中的二种,南朝梁刘勰释:"故比者,附也;兴者,起也。附理者切类以指事;起情者依微以拟议。"[①]宋朱熹释:"比者,以彼物比此物也"[②],"兴者,先言他物以引起所咏之词也。"[③]比兴作为古代诗歌的常用技巧,既是创作修辞方法,也是思维形式。比兴式抒情就是运用比喻或兴或者运用比兴手法进行抒情的方式。

单用兴式抒情的作品有《邶风・绿衣》第一、二章以绿衣起兴,诗人睹物思人,物是人非,反复描写诗人内心的忧伤没有尽头。《秦风・黄鸟》前三章首两句"交交黄鸟,止于棘(桑,楚)"是起兴,以在枣树枝上黄鸟的悲鸣兴起子车奄息、仲行、针虎被殉葬之事,"棘""桑""楚"是双关语,"棘"既为酸枣树也为"急","桑"既为桑树也为"丧","楚"既为丛术、荆树也为楚之言"痛楚",渲染出一种渲染了紧急、悲痛、凄凉的沉郁氛围,表现出一种同情与悲痛、愤怒和憎恨交加的复杂感情。又如汉诗无名氏的《伤三贞诗》以爰集於树的黄鸟发出"叽叽喳喳"的叫声起兴,再引出对为避免乱兵污辱而投水自杀的马妙祈妻义、王元愦妻姬、赵蔓君妻华的赞颂。

单用比式抒情的作品有:先秦托名陶婴所作的《黄鹄歌》将早寡的寡妇比作黄鹄,将黄鹄夜半悲鸣想念故雄比作寡妇思念故夫,誓不再嫁,不再恋别的贤雄。《邶风・二子乘舟》是纯乎比体的诗,《毛诗序》曰:"《二子乘舟》,思伋、寿也。卫

---

① (南朝梁)刘勰著,范文澜注《文心雕龙注》,北京:人民文学出版社1958年版,第601页。

② (宋)朱熹著《诗集传》,北京:中华书局1958年版,第5页。

③ (宋)朱熹著《诗集传》,北京:中华书局1958年版,第1页。

宣公之二子，争相而死，国人伤而思之，作是诗也。”[1]后人以二子并未真正乘舟反驳其非哀悼诗，《毛传》释之：“国人伤其涉危遂往，如乘舟而无所薄，泛泛然迅疾而不碍也。”[2]即通篇用乘舟作喻，此文学上的艺术手法也，言之亦有理。南朝梁吴均的《伤友诗》就属此类，但通篇作比的哀悼诗很少，唐代几乎没有。而用得最多的是局部比喻，如屈原的《招魂》在描绘南方、西方、北方、天上和地下怪兽出没、环境恶劣的恐怖景象和描绘故乡美女如云、仙乐飘飘、美味奇异的诱人景象时均运用了大量的比喻。《大招》在描绘西方怪兽吃人的恐怖景象、故乡美女的美妙风姿和故乡居室的美丽适意也用了大量比喻。晋潘岳的《杨氏七哀诗》、北魏杂歌谣辞《咸阳宫人为咸阳王禧歌》、北周庾信的《伤王司徒褒诗》等以及唐以后许多哀悼诗作品均属此类。

比兴式抒情的作品有：《唐风·葛生》共五章，前两章首两句“葛生蒙楚（棘），蔹蔓于野（域）”用了比兴，是对眼前景物的兴，也是以藤草之生各有托附夫妻相亲相爱的比，描绘了一幅亡夫葬地的荒凉萧条图。为后面两句和第三章抒发哀悼怀念之情、辗转难眠作了铺垫。《小雅·蓼莪》全诗六章，首两章“蓼蓼者莪，匪我伊蒿”“蓼蓼者莪，匪我伊蔚”均以见蒿与蔚却错当莪作比，以其喻自己不成才且不能在父母身边尽孝。第三章前两句“瓶之罄矣，维罍之耻”以汲水瓶儿喻父母，以装水坛子喻儿子，前两句写汲水瓶儿空了底，装水坛子真羞耻来喻儿子不能终养父母、守在父母身边尽孝心而感到羞耻。第五、六章首两句“南山烈烈，飘风发发”“南山律律，飘风弗弗”均以南山高峻难以逾越，飙风凄厉令人胆怯起兴，兴中带比，营造了一个很悲凉的氛围，象征了诗人遭遇父母双亡的巨大打击。此类作品有汉武帝刘彻的《思奉车子侯歌》，无名氏《张公神碑歌》，三国魏文帝的《寡妇诗》，陈思王曹植的《野田黄雀行》，晋顾恺之的《拜宣武墓诗》，南朝梁王氏的《连理诗》，《孤燕诗》等。

总的来说比式抒情在先秦至唐五代哀悼诗中用得较多，但兴式和含兴的比兴式抒情在唐代以后用得极少，其原因在于“比”与“兴”在情感表达意象中的心理作用不同，按叶嘉莹的说法，“比”和“兴”的区分在于心（情感，用胡塞尔现象学

[1] （清）阮元校刻《十三经注疏·毛诗正义》，北京：中华书局1980年版，第311页。
[2] （清）阮元校刻《十三经注疏·毛诗正义》，北京：中华书局1980年版，第311页。

的术语说为 Noesis)和物(象)的先后关系不同,"兴"的作用大多是先有"物"(真正的物理客体)的触引,而后有"心"的情意之感,而"比"的作用则相反,先有"心"的情意后有"物"(纯粹形式意义上的、与实在或质料无关的表象,用胡塞尔现象学的术语说为 Noema)的表达,"就其相互间感发作用之性质而言,则'兴'的感发大多由于感性的直觉的触引,而不必有理性的思索安排,而'比'的感发则大多含有理性的思索安排。前者的感发多是自然的、无意的,后者的感发则是人为的、有意的。"[①]承上所述,哀悼诗的写作不管是为了自己抒发情感的需要还是为了社交应酬的需要,由于灵魂不灭、鬼神作祟、对死者不舍的感情及对生者面子的考虑等诸多因素,作者在哀悼诗中对死者的感情表达是尊敬、赞美和哀伤的,所使用的比喻也是精心挑选、美化和歌颂死者的,不太可能依赖直觉、不假思索地触物即兴抒情,因此"比"用得多,"兴"用得少。而"兴"大多用在先秦两汉的《国风》和歌谣中,而且多用动植物的意象兴发,这是因为《国风》和歌谣的作者大多是原始劳动人民,他们思维不发达,社会接触面窄,受教育程度不高,他们对事物的理解大多停留在感觉、经验及简单逻辑的层面,所以常选用自己整天打交道的动植物意象来抒发感情,而汉代以后尤其是唐代以后,哀悼诗的作者大多为不用耕作的知识分子,很多还是科举出身的士大夫、统治阶级成员,他们的思维已经发展到较为成熟的程度,故常能理性地、深思熟虑地处理事物,因此很少用"兴"这种思维方式来写作哀悼诗。这就是唐代以后兴式抒情用得极少的另一原因。

(五)直接抒情式

还有一些诗人的情意到达饱和点、似乎不直截痛快地诉说就不足以"骋其情""展其意"的作品,这种不借他势、无所依傍地抒发感情的方式就是直接抒情式。此类作品比上述作品少,其中有一种直抒其事的赋法抒情方式较为突出,一般出现在长篇的古体诗和长律中。例如杜甫的长篇五古《八哀诗·赠左仆射郑国公严公武》,哀悼的是诗人的世交严武,全诗共 68 句,340 字,全用赋法将他一生的经历一一叙述:幼时少年老成、天资聪颖、胸怀大志、落笔惊座,成年时忠心

---

① 叶嘉莹著《迦陵论诗丛稿》,河北教育出版社 1997 年版,第 12 页。此说与朱光潜的直觉说相契合。

护主、屡建军功、忧国忧民、志在灭蕃，最后却英年早逝、棺回荆衡、让人痛惜，不愧是一部长篇史诗。

此外，有的诗歌的抒情方式并不是单一的，可能以上几种情况均有使用，我们称之为综合式，此类作品现存数量不多，而且明白如话，在此不赘述。

综上所述，从情感内涵看，哀悼诗的主要情感倾向是哀，哀中又含有对死者的赞颂，因而它的总体抒情模式是哀颂式，其包含先颂后哀、先哀后颂、哀颂交集、只颂不哀、只哀不颂、哀颂讽交集六种套式，据英国语言学家 G. Leech 的"礼貌原则"(Politeness Principle)和中国的人类学家胡先晋的"面子/礼貌系统"解释，社交类哀悼诗和除悼亡诗以外的悼亲属哀悼诗的对象主要是上级、长辈和有官职的朋友或社会名流，作者和他们大多处于等级(hierarchy)面子系统和尊敬(deference)面子系统，所以对他们要运用积极性方略，即对别人表示赞许(approval of the other person)，用敬语和赞语，而悼亡诗的夫妻(包括妾)双方地位是大体平等的，他们属于一致(solidarity)面子系统，所以对他们要运用消极性方略，即对强加(行为)的回避(avoidance of imposition)，运用平等性话语，一般不用赞语。而且在所有的先秦至唐五代哀悼诗中，社交类哀悼诗和除悼亡诗以外的悼亲属诗远远比悼亡诗多得多，这就是含颂式抒情套式多、纯哀式抒情套式少的原因，而且人总喜欢先接受积极的、正面的信息，再接受消极的、负面的信息的心理学原理是先颂后哀套式在先秦至唐五代哀悼诗中占主流的原因。哀颂式抒情模式按其表现方法的不同又可以分为借景抒情式、借物抒情式、借梦抒情式、比兴式、直接抒情式、综合式等抒情方式。总之，先秦至唐五代哀悼诗是在颂哀抒情模式统率下以间接抒情方式为主要特征的哀悼诗。

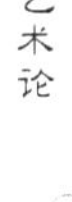

第三章

先秦至唐五代哀悼诗的意象

当前学界对哀悼诗意象的研究存在以下问题：(1)侧重于物象，轻视人物形象；(2)从纵向看，鲜能描绘出意象的历时性变化；(3)从横向看，大多只注意诸如松、柏、剑、琴等之类象征性意象而忽视了其他典型意象，而且对意象类型的归纳过于零散，系统性不强；(4)鲜能总结出意象的组合规律。现试从这四个方面对先秦至唐五代哀悼诗的意象作深入探讨。

一、先秦哀悼诗的意象特征

不同时代生产力不同，生产关系也不同，与之相适应的人们的人生观、世界观、价值观、生活方式等亦不同，体现在哀悼诗中的意象体系及意象表现方式也随之变化。

先秦时期生产力比较低下，科学也不发达，人们对自然界的风、雨、雷、电、梦等许多现象无能为力，亦不能作出科学的解释，所以在人与自然的关系上更多地顺应自然，对事物的看法往往过多地依赖感觉和经验，对不能解释的事物往往借助神话和想象。反映在哀悼诗中，其意象有以下特点：

首先，除了屈原的《招魂》《大招》外，意象大多比较单一，意象表现也比较疏松。《邶风·绿衣》(3个，絺、丝、绤均是绿衣上的一部分，作为一个整体)、《邶风·二子乘舟》(2个)、《唐风·葛生》(8个)、《秦风·黄鸟》(9个)、《桧风·素冠》(2个，素冠、素衣、素韠实指的都是孝子)、《小雅·蓼莪》(8个)、托名陶婴所作的《黄鹄歌》(3个)、《楚人谣》(2个)，大多以2～3个意象为主。而《招魂》《大招》例外，它们创作于先秦的晚期而且都是想象之象，故意象较为密集。

其次，除了人物形象外，以动植物意象较多，还有想象之象。如，《唐风·葛生》的葛生，《秦风·黄鸟》的黄鸟、棘、桑、楚，《小雅·蓼莪》的蓼莪、蒿、蔚，《黄鹄歌》的黄鹄，屈原的《招魂》和《大招》的意象多是想象之象，前者如帝、巫阳、魂、长人、十日、流金铄石、雕题黑齿、蝮蛇、封狐、雄虺、千里流沙、赤蚁、玄蜂、丛菅、层冰峨峨、飞雪千里、虎豹、一夫九首、豺狼、土伯、参目虎首等等，后者如千里炎火、螭龙、蝮蛇、山林、虎豹、鰅鳙短狐、豕、流沙、豕首、寒山、逴龙、代水、寒凝等等。《桧风·素冠》只有人物意象，《楚人谣》只有国家意象。

再次，意象大多采用赋、比、兴的表现方法连接。《邶风·绿衣》以"绿衣"起兴、《唐风·葛生》以"葛生"起兴、《秦风·黄鸟》以"黄鸟"起兴、《小雅·蓼莪》以"黄鸟"起兴。《邶风·二子乘舟》以二子乘舟比喻临涉死地，托名陶婴所作的《黄鹄歌》以黄鹄比喻早寡的陶婴。屈原的《招魂》和《大招》的招魂词上半部铺写东南西北上下六方(《大招》是东南西北四方)野兽、鬼怪、气象的险恶和恐怖，下半部分别从居处的讲究、宴游的逸乐、饮食的丰盛、娱乐的狂欢四个方面铺写楚国的华美，意象比较密集，用的均是赋法铺陈意象的艺术。

先秦哀悼诗中一些独特的动植物意象具有典型意义，成为后代哀悼文学的典型意象原型，直接影响了后代文学。

(一) 蓼莪

《诗·小雅·蓼莪》是一首远服苦役、悼念父母的诗作，表达了子女追慕双亲抚养之德的情思。因诗作以"蓼蓼者莪，匪莪伊蒿"起兴，后世诗文因以"蓼莪"指对亡亲的悼念。在表达上形成了四种方式：

一是直接以"蓼莪"抒情。此类甚多，如三国王粲为潘文则代作的《为潘文则作思亲诗》，"在昔蓼莪，哀有馀音。我之此譬，忧其独深"以《蓼莪》诗意抒发母亲去世后自己孤独、悲伤、内疚的心情，与自己此时远在他乡、企盼回归而不得的境遇结合起来，更加感人肺腑、催人泪下，同时也反映了汉末动乱给人们精神上带来的巨大阴影以及人们对安定生活的渴望。宋苏轼的《谢生日诗启》有"《蓼莪》之感，迨衰老而不忘"表达了无论世事如何变迁，自己对父母的哀悼之情永远都不会忘记、对父母的养育之恩也永远无法报答的深挚、内疚之情。

二是以"咏蓼莪"抒情。正因为"蓼莪"有此特定含意，所以"咏蓼莪"就成了悼念亡亲、感激双亲抚养之恩的代名词，在中国历代诗文均有体现。如《文选》卷十六潘岳《寡妇赋》有："览寒泉之遗叹兮，咏蓼莪之余音。"唐牟融有"伤心独有黄堂客，几度临风咏蓼莪"(《邵公母》)。宋诗有大量"咏蓼莪"的诗，如，"凄怆怀桑梓，劬劳咏蓼莪"(《司马光送昌言舍人得告还蜀三首其二》)，"有子泣枯草，无人

诵蓼莪”（徐积《寄林虡》），“长翣忍听蒿里句，短檠休唱蓼莪诗”（黄干《代良夫人二首其二》），“老遇悬弧旦，天涯把一麾。误蒙崧岳句，忍诵蓼莪诗”（王十朋《生日》），“颇怀常杕意，忍诵蓼莪诗”（文天祥《端午初度其一》）等等。这些诗句均以“咏蓼莪”为典抒发了对已逝的父母厚恩情深、自责失报的哀伤之情。

三是以“废蓼莪”抒情。史书上有“蓼莪咏废”的典故，《晋书·王裒传》：“（王）裒少立操尚……痛父非命，未尝西向而坐，示不臣朝廷也。于是隐居教授，三征七辟皆不就。庐于墓侧，旦夕常至墓所拜跪，攀柏悲号，涕泪著树，树为之枯。母性畏雷，母没，每雷，辄到墓曰：‘裒在此。’及读《诗》至‘哀哀父母，生我劬劳’，未尝不三复流涕，门人受业者并废《蓼莪》之篇。”[①]即是说《蓼莪》的内容是写孝子追念父母的，为了不致引起王裒的哀痛，故门人受业者废读《蓼莪》之篇。后因以“蓼莪咏废”或“废蓼莪”为追念父母尽心守孝的典故，这一典故也广泛运用在诗文当中，宋诗尤其是哀悼诗中就有许多废蓼莪的典故，如陆游的《乡中每以寒食立夏之间省坟客夔适逢此时凄然感怀二首其一》是在寒食节期间拜墓时有感而发所作，诗中的“富贵贱贫俱有恨，此生长废蓼莪诗”写出了世间人人皆有所憾，而自己的遗憾就是追念父母、永远无法再报答父母的养育之恩，此诗以“长废蓼莪诗”之典写出了人类共同的普遍心情，因而具有较强的感染力。又如杨万里的《马郎中母蒋夫人挽章》中有“此母今谁似，清名死不亡。一生令吏部，废却蓼莪章”写马郎中母蒋夫人品行高洁，人死名在，并以“废蓼莪”的典故描写马郎中对其一生的追念和哀思。

四是把“蓼莪”和诗经中的《凯风》或《南陔》连起来抒情。三国陈思王曹植的《灵芝篇》是一首悼父之作，其中有“岁月不安居，呜呼我皇考。生我既已晚，弃我何其早。蓼莪谁所兴，念之令人老。退咏南风诗，洒泪满袆抱”，诗人通过列举众多古代孝子如何尽孝道、品德如灵芝般高尚来传达儿子与父母间的亲情，并用《蓼莪》《凯风》之典抒发痛失父亲的悼念、哀伤和感慨，从而赞颂魏武帝的德教广被四海、父母的慈恩普惠万灵。《后汉书·清河孝王刘庆传》亦有：“（诸王）常有《蓼莪》《凯风》之哀。”[②]宋马廷鸾的“风有黍离伤咽，雅有蓼莪憔悴，使我不能餐。

---

① （唐）房玄龄等：《晋书》，北京：中华书局 1974 年版，第 2278 页。

② （宋）范晔撰《后汉书》卷五十五《章帝八王列传第四十五》，北京：中华书局 1973 年版，第 1802 页。

更把南陔读，泪落广陵澜”[①]（《水调歌头·和洁堂韵》）均将《蓼莪》与《凯风》或《南陔》连接起来表达对父母的哀悼之情。

（二）黄鹄

先秦托名陶婴所作的《黄鹄歌》有“悲黄鹄之早寡兮七年不双”之句，是说鲁陶婴少寡不再改嫁之事，其本事见西汉刘向的《列女传·鲁寡陶婴》，此后，历代文人多用“黄鹄”“寡鹄”这一意象指妇女的守节不嫁和空闺寂寞。“黄鹄志”比喻妇女恪守贞操，有时亦借指人在政治态度上不事二主。

历代诗文多用“黄鹄”“寡鹄”表现夫妇生离死别，孤独凄清的悲哀。如，晋诗卷十九《黄鹄曲四首》之“黄鹄参天飞，半道郁徘徊”即是按《列女传》鲁陶婴的故事有所感叹，表达其失侣孤寂之心。齐沈约《登台望秋月》的“闲阶悲寡鹄，沙洲怨别鸿”写出了孤寡、离别之人望月思乡的悲苦情绪。唐杜甫《王阆州筵奉酬十一舅惜别之作》的“沙头暮黄鹄，失侣自哀号”写出了杜甫漂泊于阆州时，王使君开筵饯别杜甫的母舅，杜甫与他们惜别，以沙头失侣的黄鹄即孤寡离别之人的凄苦来比喻自己的依依不舍之情。唐白居易《和梦游春诗一百韵》的“暗镜对孤鸾，哀弦留寡鹄”是诗人于元和五年唱和元稹时所作，通过把豪门贵戚的败落比作对着昏暗的镜子的孤独的鸾鸟和想要留住孤独的鹄鸟的哀鸣之弦声，希望元稹明白“色即是空”的道理。李商隐《圣女祠》的“寡鹄迷苍壑，羁凰怨翠梧”，吴乔云笺评：“‘星娥’‘月姊’，比圣女之不可得见也。‘寡鹤’言想念之切也。”[②]明汪廷讷《种玉记·互醋》有“况且我流落边关，若不回时，只恐你终衔黄鹄哀。泪空垂，冷落鸳帏日易西。”[③]此处“黄鹄哀”指卫姬最终要为丈夫一去不归而衔悲，到时遗恨终生！

历代诗文多用“黄鹄”“寡鹄”表现烈女不侍二夫的忠贞。如：

鸤鸠七子母恩重，寡鹄孤巢妇德贤。——（宋林亦《陈仲罕母挽词》）

---

① 唐圭璋编《全宋词》，北京：中华书局1965年版，第3140页。

② 吴乔撰《围炉诗话》卷二，郭绍虞编撰，富寿荪校点《清诗话续编》，上海：上海古籍出版社1983年版，第533页

③ （明）汪廷讷《种玉记》，北京：中华书局1958年版，第66页。

哀哀一寡鹄，孤鸣将何依。……卓哉贞母节，誓志能不移。

——（明孙永祚《寡鹄歌赠袁重其节母》）

冰雪高风怀寡鹄，桮棬余泽恸啼鹃。——（元吕彦貞《哭祖母次伯兄韵》）

寡鹄中宵泣，寒棲祇旧枝。——（元汪泽民《题赵景阳所撰朱节妇传》）

既许驱金犊，便合歌《黄鹄》。——（清陈维崧《麦秀两岐·为周贞女题词》）

早歲吟《黄鹄》，颠连四十春，怀贞心比铁，完节鬓如银。

——（清纪昀《阅微草堂笔记·姑妄听之二》）

这些诗句分别表达了诗人对陈仲罕母、袁重其节母、吕彦貞祖母、朱节妇、马节妇守寡不嫁、不侍二夫的贞洁品德表示真切的同情与崇高的赞扬。

有的诗文也用“黄鹄”来借指忠君，即在政治态度上不事二主。如，宋胡次焱《嫠答媒》的“女不践二庭，妇不再移天。陶婴寡鹄吟，卫妻孤燕篇”。胡次焱怀念宋朝，在此诗中以“寡鹄”即中年丧夫的寡妇自况，鄙弃“物欲”诱惑，宁贫、宁贱、宁冻、宁饿，拒绝媒婆劝诱改嫁，拒绝为元朝出仕。宋文天祥《自叹》诗有“沙边黄鹄长回首，江上杜鹃空断魂。”[①]就是借以“黄鹄”表明不事元朝的志向。宋文天祥《山中感兴》诗其三：“去年白鸟集，今年黄鹊飞。”[②]作者借“白鸟之讦”的典故比喻自己被奸臣贾似道、张志立等人攻击，借用“黄鹄飞”即托名陶婴所作的《黄鹄歌》自我明志不改嫁的典故以申“黄鹤志”，表明对宋室忠贞不贰的志向。

（三）黄鸟

黄鸟，《尔雅·释鸟》：“皇，黄鸟。”郭璞注：“俗呼黄离留，亦名搏黍。”黄离留，即黄莺。[③] 郝懿行义疏：“按此即今之黄雀，其形如雀而黄，故名黄鸟，又名搏黍，非黄离留也。”[④]所以黄鸟有两种：黄莺、黄雀。黄鸟是《诗经》的一个常用意象，如

① 北京大学古文献研究所编《全宋诗》第68册，北京：北京大学出版社1991年版，第43074页。

② 北京大学古文献研究所编《全宋诗》第68册，北京：北京大学出版社1991年版，第43060页。

③ （清）阮元校刻《十三经注疏·尔雅注疏》，北京：中华书局1980年版，第2649页。

④ （清）郝懿行撰《尔雅义疏》，上海：上海古籍出版社1983年版，第1245页。

"黄鸟于飞，集于灌木，其鸣喈喈"（《周南·葛覃》），"睍睆黄鸟，载好其音"（《邶风·凯风》），"黄鸟黄鸟，无集于榖，无啄我粟。"（《鸿雁之什·黄鸟》），"绵蛮黄鸟，止于丘阿"（《鱼藻之什·绵蛮》），《诗经·秦风·黄鸟》秦伯任好卒，以秦之良子车氏三子奄息、仲行、鍼虎作殉，国人哀之，为之赋《黄鸟》，而且诗中三章开头均以"交交黄鸟"起兴，所以"黄鸟"从此成为后代诗歌众多"黄鸟"意象中表达死亡哀悼的一个特定意象，在后代诗歌中有一定的影响，其表达方式有两种：

一是"黄鸟"往往与殉"三良"事相关，尤其是在"三良"咏史诗中出现较多。例如：

黄鸟作悲诗，至今声不亏。——（王粲《咏史诗》）

黄鸟为悲鸣，哀哉伤肺肝。——（曹植《三良诗》）

路人为流涕，黄鸟鸣高桑。——（阮籍《咏史诗二首》）

荆棘笼高坟，黄鸟声正悲。——（陶渊明《咏三良诗》）

国人悲且歌，黄鸟存古风。——（刘敞《哀三良诗》）

这些诗共同的特点是：都含有"黄鸟"意象，而且"黄鸟"意象均与悲相连，表达对"三良"悲惨遭遇的同情和哀悼。有的诗歌是对"三良"事发表议论，如宋韩琦《仁宗皇帝挽辞三首其三》的"孤臣期得殉，黄鸟愿重删"是借"三良"事抒发自己对仁宗皇帝的哀悼之情及愿意象"三良"一样为主相殉、以表忠心。王安石《哀贤亭》的"黄鸟哀子车，强埋非天为"是对秦穆公的做法表示抗议，借此表达对生死的看法。梅尧臣的咏物诗《鹦鹉》中的"哀良是黄鸟，死为穆公羞"是借"三良"事说鹦鹉的不自由，实暗喻自己的不自由。

二是直接用"黄鸟"表达死亡或哀悼之情。如，汉无名氏的《伤三贞诗》的"间关黄鸟，爰集於树"是三贞守节自杀的起兴，与死亡有关。汉石勋的《费凤别碑诗》的"思黄鸟集亏楚，惴惴之临穴"是化用《秦风·黄鸟》殡葬"三良"之事表达为费凤送葬的情景。宋梅尧臣《太师杜公挽词五首》的"春风寄黄鸟，为向墓间啼"[①]

① 北京大学古文献研究所编《全宋诗》第5册，北京：北京大学出版社1991年版，第3224页。

和《寄题哀贤亭》的"苍苍墓门树，亦有黄鸟哀"[①]中的"黄鸟"均表达的是哀悼之情。

二、汉代哀悼诗的意象特征

汉代的14首哀悼诗有10首为乐府诗，另不入乐的有无名氏的《伤三贞诗》和石勋的《费凤别碑诗》，刘彻《思奉车子侯歌》为楚歌体杂言诗，除无名氏的《李翊夫人碑叹》《郭辅碑歌》《张公神碑歌》《陬操》《思奉车子侯歌》《伤三贞诗》外，其他诗歌大多比较短小，意象大多比较单一，有些纯粹是人物形象，意象表现也比较疏。如：刘彻《李夫人歌》2个人物形象，无物象、无名氏的《民为淮南厉王歌》3个意象，无名氏的《长安为尹赏歌》2个物意象，无名氏的《芑梁妻歌》1个意象，无名氏的《伯姬引》1个意象，（朝鲜）高丽玉的《箜篌引》2个意象。

在意象的组合上，有三种方法：一是并置法，即两个或两个以上的意象平行罗列，《李夫人歌》的汉武帝与李夫人两个意象是对句相组并置，《长安为尹赏歌》的"桓东少年场"和"枯骨"两个意象是对句相组并置，《郭辅碑歌》的郭辅、七子、四俊、三妃、大姒、石、歌7个意象并置，（朝鲜）高丽玉的《箜篌引》的公、河两个意象是本句自组并置。二是比兴法，刘彻的《思奉车子侯歌》、无名氏的《张公神碑歌》用以香草喻美人的比兴之法连接意象，无名氏的《伤三贞诗》用黄鸟起兴的方法连接意象，《民为淮南厉王歌》用尺布和斗粟起兴讽喻文帝不容淮南王的意象连接方法，无名氏的《陬操》（局部用）用"凤鸟不识、珍宝枭鸱"喻忠臣遭到杀戮、没有出路，均用比的方法连接意象。三是赋法，石勋的《费凤别碑诗》这篇碑文通篇用铺陈叙述的方法写孙子驾着马车前来吊唁去世的祖父，将祖父的出身、品德、官职、功业、去世、家人对他的哀悼一一道出，意象多而密集，全由赋法带出。无名氏的《李翊夫人碑叹》对李翊夫人的过早去世表示哀悼之情，其中多是想象意象，如神宓、凤、神灵、天庭、魂魄等，也用赋法组合。

汉代诗歌也形成了一些特有的哀悼意象，对后世诗文广有影响。

---

① 北京大学古文献研究所编《全宋诗》第5册，北京：北京大学出版社1991年版，第5册，第3327页。

（一）芑梁妻哭城

齐侯袭莒、杞梁死之事见《左襄二十三年传》，然仅写齐侯归遇杞梁之妻于郊外，使吊之，《礼记·檀弓》、《韩诗外传》只载杞梁妻哭夫事，均无哭城和城崩之说。《列女传》、《说苑》始谓杞梁妻哭城而城崩，今《琴操》与此同。汉乐府琴曲歌辞无名氏的《芑梁妻歌》依此而作，其事具有较强的感染力，因而芑梁妻哭城成为后代诗文的一个常见的死亡哀悼意象，在诗歌中有多种表现形式和内涵，有对芑梁妻忠贞之情的赞美，如李白的“梁山感杞妻，恸器为之倾”（《舞曲歌辞·东海有勇妇》）就是以芑梁妻为夫死哭城、感动上天的忠贞喻东海勇妇捐躯报夫仇而万死不顾生。贯休的《杂曲歌辞·杞梁妻》就是对原故事的扩写，赞美芑梁妻的忠贞之情。也有对战争造成男人死亡、女人哀悼的控诉及对女人忠贞之情的赞美，如汪遵的“一叫长城万仞摧，杞梁遗骨逐妻回。南邻北里皆孀妇，谁解坚心继此来”（《杞梁墓》），皮日休的“河湟戍卒去，一半多不回……处处鲁人髽，家家杞妇哀”（《正乐府十篇·卒妻怨》），还有作为“死亡”的代称，如郑刚中的“当年枣栗奉高堂，颠额俄惊哭杞梁。”（《悼八婶孺人其一》）还有以芑梁妻之事喻天人感应，如沈佺期的“虚道崩城泪，明心不应天”（《度安海入龙编》）就是作者被贬交趾，地处偏僻，疾病缠身，渴望回乡，但上天不能像芑梁妻哭城而城崩那样感应自己的心思。

（二）公无渡河

（朝鲜）高丽玉的《箜篌引》据崔豹《古今注》言，朝鲜津卒霍里子高某日晨起撑船，见一位白发狂夫提着酒壶，穿渡急流，其妻子喊着“公无渡河”追来拦阻，不及，便弹着箜篌唱出《公无渡河》的哀歌，随即也投河自杀殉情，其妻高丽玉为之感动而作了此曲。“公无渡河”遂成为诗歌中一个表示死亡哀悼的意象，在后代诗歌中大体有两种表现方式：

一是以乐府相和歌辞《公无渡河》为题，对原诗《箜篌引》内容的扩写，作品有南朝梁刘孝威、南朝陈张正见、唐李白、王建、温庭筠、王睿、李贺、陈标、温庭筠、李咸用、宋唐庚、李廌（《无渡河》）、周紫芝、黄简、李龏、白玉蟾、徐集孙、孙嵩、宋无等人的《公无渡河》，只是他们的创作角度和表现手法略有不同而已，如王建是

延续原诗的写实风格，用其妻的口吻说："你纵然不听我的话也要爱惜自己的身体，我扯断衣服也拦不住你，你死了我好后悔、好无奈啊。"李白则发挥他的想象天才，公果然被淹死在海边，尸体被白齿若雪山的长鲸吃掉了，只剩下一副骨架留在那里。而一向以诡异风格著称的李贺反倒生活化起来了，屈平、徐衍自杀实属愚蠢，你家有好酒好菜好兄好姑，吃穿不愁，干吗要去寻死呀，害得你小姑哭。

二是化用在诗歌中，是"不要自寻死路"或"死亡"的代称。如杜甫的"人怜汉公主，生得渡河归"（《即事》）就是化用"公无渡河"归的意象，言汉公主得以死里逃生。元稹悼亡诗《六年春遣怀八首》的"公无渡河音响绝（已隔前春复去秋）"就是"死亡"的代称。又如杨冠卿的《秋怀十首微雲淡河汉疏雨滴梧桐为韵其四》："饥来讵堪忍，振履商颂歌。时人不料理，政可著岩阿。喻龟且曳尾，劝公无渡河。一朝失脚去，宁得此婆娑。"此诗是劝告好友从政要小心谨慎，不要自我找死，因为一旦失足就会陷入很麻烦的境地，其中的"公无渡河"就是不要自寻死路之意。

三、三国两晋南北朝哀悼诗的意象特征

三国两晋南北朝哀悼诗的意象类型发生了较大变化，首先是坟墓（包括坟上的松、柏、杨、月等）意象的增多。三国两晋哀悼诗开始大量出现坟墓意象，如三国吴质《思慕诗》的文帝墓、晋潘岳《悼亡诗三首》的亡妻墓、晋曹毗《郗公墓诗》的郗公墓、孙绰《表哀诗（并序）》的亡母墓、顾恺之《拜宣武墓诗》的宣武墓，南北朝哀悼诗的坟墓意象更多，如竟陵王萧子良的《登山望雷居士精舍同沈右卫过刘先生墓下作诗并序》[①]、随郡王萧子隆的《经刘瓛墓下诗》、虞炎的《奉和竟陵王经刘瓛墓下诗》、沈约的《奉和竟陵王经刘瓛墓诗》、柳恽的《奉和竟陵王经刘瓛墓下诗》诗中的刘瓛墓意象，宋孝武帝刘骏的《拜衡阳文王义季墓诗》的王义季墓、江智渊《宣贵妃挽歌》的宣贵妃墓地意象、王褒《送刘中书葬诗》的刘中书坟墓意象、庾信《送灵法师葬诗》的灵法师坟墓意象。

其次是遗物意象的增多，如三国魏文帝曹丕《短歌行》中其父亲遗留的帷幕、几筵，魏明帝曹睿《苦寒行》中皇祖遗留的龙陂城故垒，嵇康《思亲诗》空堂中的遗

① 一作《同随王经刘先生墓下作》。

物，晋潘岳《悼亡诗三首》中的其与亡妻曾住过的旧庐，包括里面的帏屏、翰默、遗挂、枕席、长簟、空床、茵帱、故房、衾裳等，晋孙绰《表哀诗》中其亡母生前住过的旧居，包括空堂、响户、几筵、栋宇等，晋陶渊明《悲从弟仲德》中其唐弟生前住过的旧宅，包括空馆、虚坐、前庭、阶、园林等，南朝梁沈约《悼亡诗》中的帘屏、帷席、虚座、孤帐、空床，梁何逊《行经范仆射故宅诗》的故宅，陈何胥《哭陈昭诗》中的旧馆等。

其三是四时季节变换中的物候意象、天气意象的增加，可以说，三国前的哀悼诗意象大多是静止的，而从三国两晋南北朝开始出现了许多流动型、发展型意象，即节气、物候、天气意象，这些流动型、跳跃型意象一方面可以表现随着时间的推移、气候的变化、生命的流逝，存者的思念日益浓厚，另一方面，以变反衬死亡的止，更加突出了死者的不幸和存者的悲哀，如江淹的《悼室人诗十首》前八首通过描写春夏秋冬四季变化中物候意象、天气意象来表达对亡妻的思念和哀悼之情，《伤内弟刘常侍诗》通过春光、秋露的意象来抒发对生命的感伤之情，沈约的《悼亡诗》通过对去秋与今秋三五月、今春与来春的兰蕙草意象抒发对亡妻去世的生命感伤，潘岳的《悼亡诗三首》通过对朝露、风、落叶等气象与物候意象来表达自己对亡妻的思念和对前途的渺茫以及对生命的感伤与无奈，北周阴铿的《和樊晋陵伤妾诗》以画梁朝日尽、芳树落花辞喻樊晋陵妾逝，以春燕双飞入喻孤单，南朝陈江总的《在陈旦解醒共哭顾舍人诗》以阶荒郑公草、人随暮槿落、客共晚莺悲抒发顾舍人去世后家园的荒凉和诗人的悲痛等等。

其四是从南朝的哀悼诗开始出现历史人文意象，如梁何逊的《伤徐主簿诗》中的向秀、嵇康、吕安、阮籍、杨雄，陈江总《在陈旦解醒共哭顾舍人诗》的郑公、董生，庾信《伤王司徒褒诗》的王子晋、张平子、王仲宣、向秀、嵇康、吕安。江淹的《悼室人诗十首》中的巫山神女、潇湘二妃。

其五是从北齐的哀悼诗开始出现送葬类意象，如北周王褒的《送观宁侯葬诗》中的素帐、虚樽、挽铎，《送刘中书葬诗》的陵谷（迁变）、题铭，庾信的《送炅法师葬诗》中的龙泉（掩）、石洞（封）、送客，北周陈张正见《和阳侯送袁金紫葬诗》中的挽声，隋卢思道《彭城王挽歌》中的灵舆、容卫等。

在意象的组合上，三国两晋南北朝哀悼诗大多是通过设置1～3个主要意象，再辅以其他次要意象组合来抒情的。例如三国王粲的《为潘文则作思亲诗》

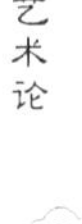

安排了父亲、母亲、我三个中心意象，这三者是并列关系，其他的岩、归云、魂、蓼莪等为辅助意象。又如三国文帝曹丕的《寡妇诗》中设置了寡妇1个中心意象，其他的霜露、木叶、候雁、云、归燕、白日、长夜、魂、星月、天、房等均是为烘托这个中心意象服务的。再如晋乐府诗《陇上为陈安歌》设置了陈安1个中心意象，其他的躯干、腹、骚骢、父马、铁锻鞍、七尺大刀、丈八蛇矛等意象都是陈安形象中的组成部分。其具体又分为四种方式：

其一是叠加复指式，此类最多，主要出现在遗物类意象和坟墓类意象的哀悼诗中。例如晋陶渊明的《悲从弟仲德》中的双位、空馆、流尘、虚坐、宿草、前庭、阶除、园林均是旧宅意象的叠指。又如宋孝武帝刘骏的《拜衡阳文王义季墓诗》中的濡露、山庭、重扃、深松、雾、幽隧、长杨、晚素、宿草等均是坟墓意象的叠指。

其二是对偶列举式，因南朝齐到梁历时约110年的时间中出现的一种叫"齐梁体"的诗风，它题材狭窄，大多吟咏风云、月露，专在辞藻、音韵、对仗上下功夫，多追求音律精细、对偶工整、辞藻巧艳的形式，所以此时期的哀悼诗亦受其影响，在意象的组合上，大多采用对偶句的形式将密集的意象对举，是唐代格律诗对偶对仗句并举意象的先声，如"阶前水光裂，树上雪花团。庭鹤哀以立，云鸡肃且寒"（江淹《悼室人诗十首》）就是两组比较工整的对偶句，将"阶前"与"树上"、"水光"与"雪花"、"裂"与"团"、"庭鹤"与"云鸡"、"哀"与"肃"、"以"与"且"、"立"与"寒"对举，此诗通篇多数是此类对偶意象。

其三是比兴式，如，魏文帝曹丕《寡妇诗》中以霜露、木叶、候雁、归燕比兴寡妇思亡夫，潘岳的《杨氏七哀诗》中用叶落树、雨绝天比兴妻子的去世，晋顾恺之的《拜宣武墓诗》用山崩海竭、鱼鸟何依比兴宣武帝去世后自己失去依靠，《野田黄雀行》通篇用比喻连接意象，以"利剑"比喻权力，诗人以黄雀自投罗网比喻自己的亲信被害，罗家这里比喻迫害者，少年比喻诗人假设的有权力的援救者。梁沈约的《悼亡诗》以月落还照、蕙草复芬起兴，反衬人一谢永销亡。梁王氏的《连理诗》《孤燕诗》以连理松喻恩爱夫妻，以孤燕喻寡妇。北魏乐府诗《咸阳宫人为咸阳王禧歌》以金床玉几不能眠喻贪心，以夜踏霜与露喻篡位，以洛水湛长不得渡喻篡位失败。北周庾信《代人伤往诗二首》以两鸳鸯喻恩爱夫妻、以一黄鹤喻鳏夫。

其四是跳跃式，即将不同时空的意象连接在一起，如齐竟陵王萧子良的《登山望雷居士精舍同沈右卫过刘先生墓下作诗》运用联想将刘瓛生前的才学兼备、受人敬重和死后的凄凉哀悼融为要体，从而将汉陵淹馆、晋殇洙风、五都声论、三河文义、礼、前英、玄、往哲、日夜、徽音、垣井、烟云、牛山悲、惊川逝等意象连接起来，又如北周王褒的《送观宁侯葬诗》亦是运用联想将观宁侯生前二人的交往、死后的悲哀、送葬的过程等诸多意象连接起来。

当然，有些诗也是将上述几种方式同时运用来组合意象的，如梁柳恽的《奉和竟陵王经刘献墓下诗》就同时运用了跳跃式、对偶并举式、叠加复指式三种方式来组合意象，在此不赘述。

坟墓意象是三国两晋南北朝哀悼诗歌的典型意象，它的表现有以下特征：

首先，上古时代的坟与墓是有区别的，把土堆积起来称坟，即封土，在坟旁种树叫封树，不堆土为坟也不种树叫墓，孔子说“古也墓而不坟”[①]（《礼记·檀弓上》），《周易》云：“古之葬者，厚衣之以薪，葬之中野，不封不树，丧期无数。后世圣人易之以棺椁。”[②]可见，上古时代是筑墓不筑坟、不封不树的，据考察，西安半坡原始公社葬俗一律是有墓无坟，即不封不树的。《左传》载“封王子比干之墓”[③]，“尔墓之木拱矣”[④]，“树吾墓槚”[⑤]，这是最早的关于坟旁种树的记录，可以推知“封树”大概始于殷周时代。封树是当时堆土为坟、植树为饰的古代士以上的葬礼，是一种身份地位的象征，《周礼·春官宗伯第三》曰：“凡有功者居前，以爵等为丘封之度，与其树数。”疏：“‘以爵等为丘封之度’者，《月令孟春令》云：‘审棺椁之薄厚，茔垄之小大高卑厚薄之度，贵贱之等级。’《礼器》说礼有以大为贵者，亦云‘丘封之大。’此丘封之度，亦通小大高卑厚薄言之。注云‘别尊卑也’者，贾疏云：尊者丘高而树多，卑者封下而树少，故云别尊卑也。”[⑥]晋代哀悼诗中显示，时人已经把坟等同于墓了，而且不分身份高低、男女性别均可在墓旁植树，封树的种类也不遵从上述规定，如“望坟思纡轸，徘徊墟墓间”（潘岳《悼亡诗三首》），

① （清）孙希旦著《礼记集解》上，北京：中华书局1989年版，第169页。

② （清）李道平撰《周易集解纂疏》，北京：中华书局1994年版，第631页。

③ （清）阮元校刻《十三经注疏·礼记正义》，北京：中华书局1980年版，第1542页。

④ （清）阮元校刻《十三经注疏·春秋左传正义》，北京：中华书局1980年版，第1832页。

⑤ （清）阮元校刻《十三经注疏·春秋左传正义》，北京：中华书局1980年版，第2167页。

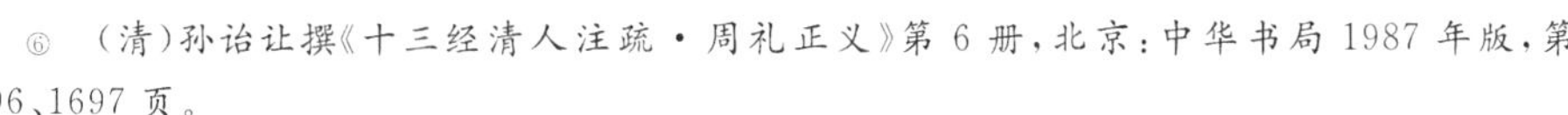

⑥ （清）孙诒让撰《十三经清人注疏·周礼正义》第6册，北京：中华书局1987年版，第1696、1697页。

晋潘岳称其亡妻的葬处叫坟也叫墓；又如"青松罗前隧，翠碑表高坟"(《郗公墓诗》)晋曹毗称名将郗鉴的坟同时也称墓，而且墓旁种有天子才能种的松树；"松柏转萧瑟""徘徊泣松铭"(江淹《潘黄门岳述哀》)南朝梁江淹诗中写潘岳亡妻的坟树是天子和诸侯才能种的松柏。而且，三国两晋南北朝哀悼诗中的坟一般封三种树：松树、柏树、杨树，前二者如上例，杨树如"深松朝已雾。幽隧晏未明，长杨敷晚素"(宋孝武帝刘骏《拜衡阳文王义季墓诗》)，"初松切暮鸟，新杨催晓风。榛关向芜密，泉途转销空"(萧子隆《经刘瓛墓下诗》)。

其次，三国两晋南北朝哀悼诗中的坟墓意象一般都是通过拜墓人的悲伤动作＋坟/墓/黄墟如抚坟、望坟、痛黄墟和描写周围凄冷的景物、气象来营造的。前者如：

望坟思纡轸，徘徊墟墓间。——(潘岳《悼亡诗三首》)
远念羡昔存，抚坟哀今亡。——(顾恺之《拜宣武墓诗》)
抚坟徒自伤，平生疑若人。——(谢灵运《庐陵王墓下作诗》)
痛贯黄墟，肃我以义。——(孙绰《表哀诗》)
驾言出远山，徘徊泣松铭。——(江淹《潘黄门岳述哀》)

以上的动词望、抚、痛、泣与坟墓搭配，可以塑造出悲伤、无助、无奈、不舍的拜墓人形象，从而构成坟墓意象中一个特有的图景。

后者如何逊的《哭吴兴柳恽诗》：

以兹旧馆想，况乃西日垂。蔓草生车辙，枯木卧崩坻。樽酒谁为满，灵衣空自披。眷言寻惠好，恸哭悲路岐。含毫徒有属，搦管竟无摛。

太阳西下、杂草丛生、枯木横陈、樽酒、灵衣、低沉的哀乐共同构成了坟墓意象，营出一种凄婉、萧条的气氛，表现了存者悲痛欲绝的心境。

四、唐五代哀悼诗的意象特征

唐五代现存哀悼诗数量庞大，种类繁多，因格律诗较多，而且其篇幅一般较古体诗短小，故意象安排得比较密集，其意象群结构也发生了较大变化：一是涌现了大量历史、神话、传说类典故意象(参看拙作《先秦至唐五代哀悼诗的语言风格》)，主要出现在格律诗和长篇古体诗中，因为律诗对格律要求非常严谨，在句数、字数、平仄、对仗、押韵都有严格的规定，尤其是讲究粘和对，对仗联可以多到三联但至少要有一联对仗，而且篇幅一般比古体诗缩小，而长篇古体诗虽然对格律要求不那么严格，但是由于篇幅太长，也会陷入无话可说的境地，因此运用一些历史、神话、传说类意象一方面可以丰富作品的内涵、显示作者的学识，另一方面也可以增加自由运用语言的空间。格律诗占总体先秦至唐五代哀悼诗的70.74%，因而唐五代现存哀悼诗的历史、文化类意象特别多，主要是历史人物、历史故事、神话传说等，如杜甫的长篇五古《八哀诗·赠左仆射郑国公严公武》就运用了白马、御史府中乌、马融笛、颜回、二竖、履声、何水曹、红粟、瑚琏器、贾谊、匡汲俄宠辱、龙骧茔、蜀人爱诸葛、卫霍、文翁、云台仗、子荆18个历史、神话、传说类意象。又如刘沧的七律《代友人悼姬》就用了蓬莱、梁尘、青鸟、萧郎、谢女5个历史、神话、传说类意象。二是送葬类意象大大增加，主要是送葬的仪仗队、哀乐、车马、天气、送葬人的衣着、神态举止等，一般出现在悼君诗、悼臣诗、悼王诗、悼后妃诗、悼大人诗、悼一些德高望重或官高位尊的朋友诗中，如李商隐《昭肃皇帝挽歌辞三首》的笳箫，徐铉的《光穆皇后挽歌三首》的素帘、凝笳、吉仗、金辂，元稹的《恭王故太妃挽歌词二首》的寒箫、哀挽、箫鼓，温庭筠的《唐庄恪太子挽歌词二首》的叠鼓、悲笳、容卫，李世民的《望送魏徵葬》的哀笳、悲旌，岑参的《成王挽歌》的铭旌、骑吹，张九龄的《故荥阳君苏氏挽歌词三首》的容车、缟服、柳车、玄扃，刘祎之《孝敬皇帝挽歌》中的蜃辂等。三是遗物、遗作类意象增加了新的品种，表现在四方面：首先，遗屋类意象增多，如杜甫《过郭代公故宅》、武元衡《经严秘校维故宅》、元稹《空屋题(十月十四日夜)》、李商隐《正月崇让宅》等诗中的故宅。其次，出现了较多遗作类意象，如杜甫的《追酬故高蜀州人日见寄》就是为追酬(答复)死去的高适赠诗而写的血泪作品。此类作品还有李益的《嘉禾寺见亡友王七题壁》、欧阳詹的《睹亡友题诗处》、孟郊的《览崔爽遗文，因纾幽怀》、元稹的《初寒夜寄卢子蒙》、白居易的《令狐相公与梦得交情素深眷予分亦不浅一闻薨逝相顾泫然旋有使来得前月未殁之前数日书及诗寄赠梦得衣吟悲叹寄情于诗诗成示予感而继和》等。再次是遗子女意象增多，如韦应物的《端居感怀》及元稹的

一系列悼亡诗等。四是出现了较多的梦意象，如韦应物的《伤逝》《感梦》《登蒲塘驿沿路见泉谷村墅忽想京师旧居追怀昔年》，杜甫的《哭王彭州抡》，孟郊的《悼亡》，元稹的《遣悲怀三首》《感梦》《梦井》《江陵三梦》《张旧蚊帱》《梦成之》，李商隐的《悼伤后赴东蜀辟至散关遇雪》，韦庄的《独吟》，刘损的《愤惋诗三首》，白居易的《和元九悼往》，杜牧的《伤友人悼吹箫妓》，刘沧的《代友人悼姬》，鱼玄机的《代人悼亡》等诗中的梦。最后是坟墓意象诗作有所增加，如张说的《李工部挽歌三首》、骆宾王的《过张平子墓》、常建的《吊王将军墓》、刘湾的《虹县严孝子墓》、杜甫的《别房太尉墓》等。

在意象的组合方式上，用得最多的是对仗[①]或对偶句意象并举法，承前所述，因为唐五代现存哀悼诗是以格律诗为主、古体诗为辅的，而格律诗都要讲究平仄和对仗的，故此法用得最多，例如元稹的五律《哭吕衡州六首》：

雕鹗生难敌，沉檀死更香。儿童喧巷市，羸老哭碑堂。
雁起沙汀暗，云连海气黄。祝融峰上月，几照北人丧。

此诗除了最后一联不对仗外，其余三联都是对仗的，首联的雕鹗与沉檀并举，颔联的儿童与羸老、巷市与碑堂并举，颈联的雁与云、沙汀与海气并举，显得密集而工整。

其次，用得较多的是跳跃式。唐五代诗中的跳跃式意象组合主要是通过历史、神话、传说典故的运用，移步换景、梦境、今昔对比或现在与未来对比的手法使时空发生变化来实现的。例如李百药的《文德皇后挽歌》：

裴回两仪殿，怅望九成台。玉辇终辞宴，瑶筐遂不开。
野旷阴风积，川长思鸟来。寒山寂已暮，虞殡有馀哀。

全诗通过给文德皇后送葬的事把含有历史文化底蕴的两仪殿、九成台、玉

---

① 对仗实是一种严格工整的对偶，此章所说的对仗因其重要而特别写出，与对偶相提并论。

辇、瑶筐、野、阴风、川、鸟、寒山、虞殡等不同地点、不同景物按送葬时间顺序连接起来，从而实现时空跳跃。又如柳宗元的《韩漳州书报彻上人亡因寄二绝其一》：

早岁京华听越吟，闻君江海分逾深。他时若写兰亭会，莫画高僧支道林。

此绝句把晋高僧支适比作亡友，首两句写诗人过去听过亡友写的诗，后来分开了，后两句想象未来的情景，用想象把不同时空的人和物京华、越吟、君、江海、兰亭会、高僧支道林连接起来，这就是时空的跳跃组合。

其三，用得多的是叠加复指式，此式多用于遗屋类意象和坟墓类意象的诗歌中，如韦应物《至开化里寿春公故宅》中的历阶、瞻位、废井、荒草、阴牖、绿苔、门均是叠加复指故宅。又如，韦庄的《刘得仁墓》："桂和秋露滴，松带夜风吟。冥寞知春否，坟蒿日已深。"其中的松、坟蒿均是叠加复指墓意象。

其四，长篇古体诗中的赋法列意象也较常见，例如张籍的七古《祭退之》，全诗共 166 句，共 996 字，前 22 句赞扬韩愈的贤能、诗才、功业、品德，23～26 句写其中年逝世、朝野悲痛，27～166 句张籍回忆与韩愈多年来的交谊及韩愈临终嘱托和去世后张籍的哀伤和悼念，诗中如吏部公、鬼神、古文章、亲朋、孤稚等一百多个意象均用铺叙的手法即赋法一一道出。

最后，也有以比喻组合意象，例如白居易的七律《重伤小女子》：

学人言语凭床行，嫩似花房脆似琼。才知恩爱迎三岁，未辨东西过一生。
汝异下殇应杀礼，吾非上圣讵忘情。伤心自叹鸠巢拙，长堕春雏养不成。

花房、琼、春雏均比喻过早夭折的小女儿，这几个主要意象是靠比喻组合的。

在唐五代诗大量的历史、神话、传说典故意象中，有些死亡哀悼类典故意象是经常被使用的：

1. 关于剑的典故意象。"人情挂剑"源自《史记》卷三十一《吴太伯世家》：春秋时吴王寿梦少子季札封于延陵，他出使路过徐国，徐国国君喜欢上他的剑但不敢说，季札心已许之，准备回来时再送给他。等他回来时，徐君已死，季札就把剑挂在徐君的墓树上，表示不能因其已死而违背自己许剑的心愿。《新序·节士第

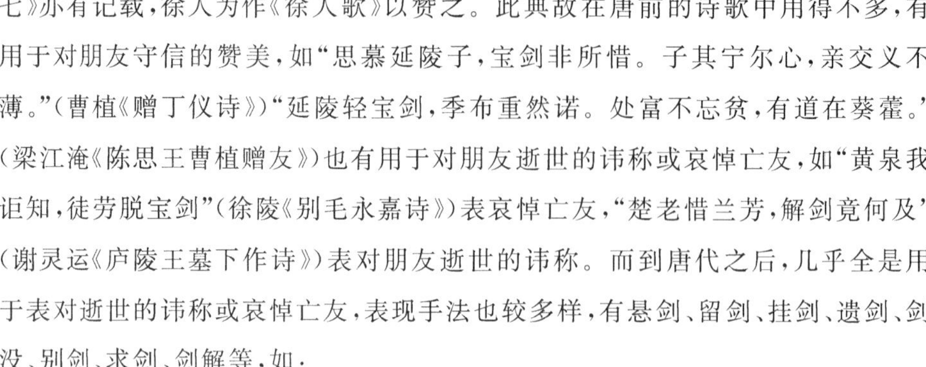
七》亦有记载，徐人为作《徐人歌》以赞之。此典故在唐前的诗歌中用得不多，有用于对朋友守信的赞美，如“思慕延陵子，宝剑非所惜。子其宁尔心，亲交义不薄。”（曹植《赠丁仪诗》）“延陵轻宝剑，季布重然诺。处富不忘贫，有道在葵藿。”（梁江淹《陈思王曹植赠友》）也有用于对朋友逝世的讳称或哀悼亡友，如“黄泉我讵知，徒劳脱宝剑”（徐陵《别毛永嘉诗》）表哀悼亡友，“楚老惜兰芳，解剑竟何及”（谢灵运《庐陵王墓下作诗》）表对朋友逝世的讳称。而到唐代之后，几乎全是用于表对逝世的讳称或哀悼亡友，表现手法也较多样，有悬剑、留剑、挂剑、遗剑、剑没、别剑、求剑、剑解等，如：

(1) 遽痛兰襟断，徒令宝剑悬。——（卢照邻《哭明堂裴主簿》）

(2) 碑传门客见，剑是故人留。——（崔湜《秦州薛都督挽词》）

(3) 徒悬一宝剑，何处访徐公。——（张说《右侍郎集贤院学士徐公挽词二首》）

(4) 还闻汉明主，遗剑泣东平。——（卢僎《让帝挽歌词二首》）

(5) 不期先挂剑，长恐后施鞭。——（王维《哭祖六自虚(时年十八)》）

(6) 先时剑已没，陇树久苍然。——（岑参《故仆射裴公挽歌三首》）

(7) 同人悲剑解，旧友觉衣轻。——（刘禹锡《文宗元圣昭献孝皇帝挽歌三首》）

其中，(5)(6)是表示对死亡的讳称，(1)(2)(3)(4)(7)是表示对好友死亡的哀悼。

“剑化”，源自《晋书》卷三十六《张华列传》，即张华望丰城有剑气，就以雷焕为丰城令，雷焕掘得双剑，一把给张华，一把自佩。张华、雷焕死后，雷焕的儿子持剑经过延平津，剑突然从腰间跃出堕入水中，只见化为两条龙而没。《艺文类聚》卷六十《军器部·剑》亦有记载，此典故在唐前的诗歌中有多种含义，有表示死亡哀悼的，如“剑飞犹共水，魂沈理俱逝”（梁刘孝威《公无渡河》），有用于表双剑的，如“雄剑顿无光，杂佩亦销烁”（江淹《铜爵妓》），或也有喻分别的，如“丰城双剑昔曾离，经年累月复相随”（薛道衡《豫章行》），而在唐后的诗歌中几乎全用于表示死亡，而且有多种表现方法，如“剑去双龙别”（张九龄《故荥阳君苏氏挽歌词三首》),“从兹匣中剑,埋没罢冲天”(张九龄《眉州康司马挽歌词》),“蛟龙缠倚剑”(杜甫《哭王彭州抡》),“沉剑君为泉下龙”(元稹《六年春遣怀八首》),“空馀双玉剑,无复一壶冰”(李商隐《闻著明凶问哭寄飞卿》)等等。

2. 关于琴的典故意象。“伯牙弦”,源自《吕氏春秋》卷十四《孝行览·本味》,俞伯牙擅长弹琴,钟子期善于倾听琴艺。伯牙弹琴的时候,钟子期都能准确地说出他的心意。钟子期死了,伯牙认为再无知音了,就把琴摔破,将弦挑断,从此不再弹琴。战国郑国列御寇《列子·汤问》亦有记载,此典在唐代哀悼诗中有多种表达方式:以不知流水曲表知音难觅或者对亡友的哀悼,前者如“莫知流水曲,谁辩游鱼心”(陈周弘正《陇头送征客诗》)“一闻流水曲,重忆餐霞人”(刘禹锡《和游房公旧竹亭闻琴绝句》),后者如“遗爱犹如在,残编尚可窥。即今流水曲,何处俗人知”(崔融《哭蒋詹事俨》)用“伯牙弦”“绝弦”“鸣琴”“弦琴肯重闻”等表达对亡友的哀悼之情,如“感游值商日,绝弦留此词”(沈佺期《伤王学士》),“自惜同声处,从今遂绝弦”(张说《右丞相苏公挽歌二首》),“蒲密遥千载,鸣琴始一追”(张说《徐高御挽歌》),“樽酒空如在,弦琴肯重闻”(刘长卿《哭魏兼遂》)等等。

“人琴俱亡”,源自《世说新语笺疏》下卷上《伤逝》,王子猷、子敬都病重,而子敬先亡,子猷知便索舆来奔丧,不哭,径入坐灵床上取了敬琴弹,不调,掷地说:“子敬!子敬!人琴俱亡。”恸绝良久而月余亦死,《晋书》卷八十《王羲之列传·王徽之》亦有记载,后人以此形容看到遗物、怀念死者的悲伤心情,常用以比喻对知己、亲友去世的悼念。如“碧窗月落琴声断”(戴叔伦《哭朱放》),“相如只谢病,子敬忽云亡”(张九龄《故徐州刺史赠吏部侍郎苏公挽歌词三首》)。

“援琴流涕”,源自《世说新语》下卷上《伤逝》,顾荣喜欢弹琴,及丧时,家人常把琴放灵床上,张季鹰前往哭之,上床取琴作数曲,弹完摸着琴说:“顾彦先你还能欣赏吗?”大恸而出。后人以此喻悼念知己,如“抚琴犹可绝,况此故无弦”(李益《闻亡友王七嘉禾寺得素琴》),“援琴一流涕,旧馆几沾巾”(陈子昂《同旻上人伤寿安傅少府》)。

3. 关于鹤的典故意象。“辽东鹤”,源自《艺文类聚》卷七十八《灵异部上·仙道》,传说辽东人丁令威修道升仙,化鹤归飞,《搜神后记》卷一亦有记载,丁令威的故事又演化成辽城鹤化、辽东归鹤、辽东白鹤、辽东化鹤、辽东老鹤、辽鹤重来、辽鹤归来、辽天归鹤、辽天孤鹤、辽阳鹤返等固定短语。后人以此喻久别重归而

叹世事变迁，或喻人去世，或指鹤。如“谁言辽东鹤，千年往复回”（张说《赠工部尚书冯公挽歌三首》），“碧窗月落琴声断，华表云深鹤梦长”（戴叔伦《哭朱放》），“数日奇香在，何年白鹤归”（李德裕《遥伤茅山县孙尊师三首》），“空留华表千年约，才毕丹炉九转功”（郑璧《和袭美伤顾道士》），“数日奇香在，何年白鹤归”（唐李德裕《遥伤茅山孙尊师三首之三》）其中的鹤典均是喻人死亡。

“吊鹤”，源自《晋书》卷六十六《陶侃列传》，刘弘与陶侃互相信任，共同御敌，后侃丁母忧，在墓下，曾有两位仪服鲜异客人前来吊唁，不哭而退，化为双鹤，冲天飞去。《世说新语》下卷上《贤媛》亦有记载，后人以此作哀悼死者的典故，如“忽叹登龙者，翻将吊鹤同”（张九龄《和姚令公哭李尚书乂》），“宁知荒垄外，吊鹤自裴徊”（骆宾王《乐大夫挽词五首》），“海内故人泣，天涯吊鹤来”（李白《自溧水道哭王炎三首》）等等。

4. “山阳笛”，源自《昭明文选》卷十六、三国向子期（秀）《思旧赋 · 序》，三国嵇康、吕安被司马昭杀害后，他们的好友向秀经过嵇康的旧居山阳，听到邻居的笛声，怀亡友感音而叹，遂作《思旧赋》。此典故在唐前的诗歌中有表示死亡哀悼的，如“客箫虽有乐。邻笛遂还伤”（何逊《伤徐主簿诗》），也有不表示死亡哀悼的，如“净写山阳笛，全作洛滨笙。注意欢留（文苑作留观）听，误令妆不成”（刘令娴《听百舌诗》）其中的“山阳笛”只表示一种乐音。而此典在唐后的诗歌中几乎全都是表示哀悼亡友的，而且往往与“悲”或“泪”连用，如“何言陵谷徙，翻惊邻笛悲”（孔绍安《伤顾学士》），“旧时闻笛泪，今夜重沾衣”（司空曙《冬夜耿拾遗王秀才就宿因伤故人》），“不堪旧里经行处，风木萧萧邻笛悲”（卢尚书《哭李远》）。

5. “镜中鸾”，源自《先秦汉魏晋南北朝诗 · 宋诗》卷一《范泰 · 鸾鸟诗》，昔罽宾王结罝峻祁之山，获得一鸾鸟。王甚爱之，但无法让它鸣，他夫人听说鸟见其同类而后鸣，建议悬镜照它。王依其言，谁知鸾睹形感契，悲鸣中霄，一奋而绝。《艺文类聚》卷九十南朝宋 · 范泰《鸾鸟诗序》亦有记载，后人以此喻夫妻生死离别、孤独悲哀。如，“鱼轩海上遥，鸾影月中销。”（顾况《晋公魏国夫人柳氏挽歌》），“今日东方至，鸾销珠镜前”（杨炯《和崔司空伤姬人》），“凤飞楼伎绝，鸾死镜台空”（宋之问《伤曹娘二首》），“形将鸾镜隐，魂伴凤笙游”（沈佺期《章怀太子靖妃挽词》）。

6. “占鹏”，源自《史记》卷八十四《贾生列传》，贾谊为长沙王傅，三年，有一只似鸮的不祥之鸟——鹏鸟飞入宿舍，贾谊自伤，以为寿命不得长，就作赋以自广。《昭明文选》卷十三《赋庚·鸟兽上·鹏鸟赋》亦有载，后人用以表死亡，如"可叹悬蛇疾，先贻问鹏灾"（苏颋《蜀城哭台州乐安少府》），"鹏鸟长沙讳"（杜甫《哭韦大夫之晋》），"鸟来伤贾傅"（李端《张左丞挽歌二首》），"鹏上承尘才一日，鹤归华表已千年"（许浑《经故丁补阙郊居》）。

7. "京兆"，源自《汉书》卷九十二《游侠列传·原涉》，武帝时京兆尹曹氏葬于茂陵，民称其道为京兆仟。原涉想买地开道而其后人不肯从。后人以此典喻死亡，如"永去长安道，徒闻京兆阡"（王维《哭祖六自虚（时年十八）》），"气歇汾阴鼎，魂飞京兆阡"（岑参《故仆射裴公挽歌三首》），"已向新京兆，谁云天路遥"（李端《代宗挽歌》）。

8. "湘妃"，源自《艺文类聚》卷八十九《木部下·竹》，《太平御览》卷九百六十二《竹部一·竹上》、《列女传》卷一《母仪传·有虞二妃》亦有载，舜南巡不返殁葬于苍梧，尧之二女娥皇、女英，相思恸哭，泪下沾竹，全有斑状。唐诗中以此典喻妃子哀悼皇帝，如"空山竟不从，宁肯学湘妃"（皇甫冉《赠恭顺皇后挽歌》），"荆山鼎成日，湘浦竹斑时"（姚合《敬宗皇帝挽词三首》）。

9. "半死心（桐）"，源自《昭明文选》卷三十四汉·枚叔（乘）《七发》，有一梧桐，其根半死半生，使琴挚斫斩以为琴。后人以此典喻丧妻，如"何言峄山树，还似半心生"（张九龄《故荥阳君苏氏挽歌词三首》），"河汉重泉夜，梧桐半树春"（韩愈《梁国惠康公主挽歌二首》）。

10. "安仁悼亡"，源自《昭明文选》卷二十三晋·潘安仁（岳）《悼亡诗三首》其一，言潘岳悼念亡妻。后人以此典喻悼念亡妻（妾），如"潘安寄新咏，仍是夜深来"（元稹《城外回，谢子蒙见谕》），"玉貌潘郎泪满衣，画罗轻鬓雨霏微"（温庭筠《和友人悼亡》）。

11. "封禅文"，源自《史记》卷一百一十七《司马相如列传》，司马相如病重，皇帝命人去取其书，其妻说无书，仅有一篇上奏给汉武帝言封禅事的遗作。唐人以此典喻遗作或表示哀悼，如"安得相如草，空馀封禅文"（李白《宣城哭蒋征君华》），"不遂苍生望，空留封禅文"（钱起《哭常征君》），"旧书曾谏猎，遗草议登封"（皇甫冉《送魏六侍御葬》）。

12. "玉树凋"，源自《世说新语》下卷上《伤逝》，庾文康亡，何扬州临前葬说：

"埋玉树箸土中,使人情何能已已!"《世说新语笺疏》下卷上《伤逝》《晋书》卷七十三《庾亮列传》亦有载,此典又叫土花埋玉树、封玉树、泉下琪树、玉有谁埋、玉人埋处、玉树凋、白璧埋黄土、玉树埋尘、玉树埋、随玉树等,喻人的死亡,如"银钩见晚书无报,玉树埋深哭不闻"(白居易《令狐相公与梦得……予感而继和》),"还家路远儿童小,埋玉泉深昼夜长"(窦巩《哭吕衡州八郎中》),"笔下调金石,花开领搢绅"(窦常《故秘监丹阳郡公延陵包公挽歌词》)。

13. "马立葬滕公",源自《西京杂记》卷四,是说滕公驾至东都门,马叫而局不肯前,以足跑地良久,滕公命人掘地,得一石椁,上刻有铭,文字古异,言滕公死居此室。滕公大呼天意,定死后葬斯。此典又叫佳城、白日铭、白日开,在唐诗中代指死亡,如"鸟为伤贾傅,马立葬滕公"(曹松《吊贾岛二首》),"白日铭安在,清风颂独留"(李乂《哭仆射鄂公杨再思》),"鸟来伤贾傅,马立葬滕公"(李端《张左丞挽歌二首》)。

14. "鼎成",也叫"乘龙",《史记》卷二十八《封禅书》言黄帝在荆山下铸成鼎后,有龙垂胡髯下迎黄帝,黄帝骑上后,群臣后宫七十多人从上,龙上飞,剩下的小臣上不去,都抓住龙髯,龙髯被拔掉下来,并掉下黄帝之弓。百姓抱其弓和胡髯痛哭,后世叫其处为鼎湖、其弓为乌号。此典又叫乘龙、余剑舄、堕地号弓、攀龙髯、太息乌号、弓堕龙髯、抱遗弓、桥山弓箭、泣龙髯、乌号、铸鼎、黄帝鼎、鼎气成龙、鼎湖、鼎湖龙、遗剑鼎、遗弓泪、龙驭、龙驾上丹霄、龙髯等,后世以此指帝王去世,如"鼎湖仙已去,金掌露宁乾"(武元衡《顺宗至德大圣皇帝挽歌词三首》),"最怆号弓处,龙髯上紫霄""弓剑随云气,衣冠奉月游。空馀驾龙处,摇落鼎湖秋"(权德舆《顺宗至德大安孝皇帝挽歌三首》)。

15. "桥山",源自《史记》卷一《五帝本纪·黄帝》,黄帝崩,葬桥山。南朝宋裴骃《史记集解》注引《皇览》注黄帝冢在上郡桥山。以此典指皇帝逝世,如"今来大明祖,辇驾桥山曲"(武元衡《德宗皇帝挽歌词三首》),"桥山同轨会,轩后葬衣冠"(武元衡《顺宗至德大圣皇帝挽歌词三首》),"明年冠剑闭桥山,万里孤臣投海畔"(李绅《悲善才》)。

16. "罢亥市",源自《晋书》卷三十四《羊祜传》,帝将有灭吴之志,重用羊祜,羊祜率营兵出镇南夏,开设庠序,融合远近,甚得江汉之心,后病卒,帝素服为之哭,南州人为之罢市号恸,巷哭者声相接,吴守边将士也为之痛哭。此典用于哀悼仁德之人，如“市若荆州罢，池如薛县平。空馀济南剑，天子署高名”（崔融《户部尚书崔公挽歌》），“忽闻身谢满朝惊，俄感鄱阳罢市情”（雍陶《哭饶州吴谏议使君》）。

综上所述，从历时、系统及组合规律的角度看，先秦哀悼诗的意象大多比较单一，意象表现比较疏，以动植物意象为主，以想象之象为辅，大多采用赋、比、兴的表现方法连接，形成了蓼莪、黄鹄、黄鸟的典型意象原型。汉代哀悼诗的意象大多比较单一，有些纯粹是人物形象，意象表现也比较疏，有三种意象组合方法：并置法、比兴法、赋法，形成了芑梁妻哭城、公无渡河特有的典型哀悼意象。三国两晋南北朝哀悼诗的意象类型发生了较大变化：坟墓意象、遗物意象、四时季节变换中的物候意象、天气意象增加，从南朝开始出现历史人文意象，从北齐开始出现送葬类意象，在意象的组合上，三国两晋南北朝哀悼诗大多是通过设置1～3个主要意象、辅以其他次要意象组合抒情，有四种方式：叠加复指式、对偶列举式、比兴式、跳跃式，坟墓意象是三国两晋南北朝哀悼诗的典型意象。唐代哀悼诗的意象安排得比较密集，其意象群结构也发生了较大变化：一是涌现了大量历史、神话、传说类典故意象；二是送葬类意象大大增加；三是遗物、遗作类意象增加了新的品种，遗屋类、遗作类、遗子女、坟墓意象有所增加，在组合方式上，用得最多的是对仗或对偶句意象并举法，其次是跳跃式、叠加复指式、赋法并置、比喻式，一些典型的历史、神话、传说典故意象较多运用，如关于剑、琴、鹤的典故意象，“山阳笛”“镜中鸾”“占鹏”“京兆”“湘妃”“半死心（桐）”“安仁悼亡”“封禅文”“玉树凋”“马立葬滕公”“鼎成”“桥山”“罢亥市”，其原因大体与语言的发展变化、诗歌体式的演变更潜、作者从以感性思维为主到以理性思维为主的思维方式的演变更新等因素有很大关系。

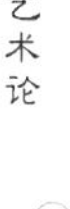

第四章

先秦至唐五代哀悼诗的意境

意境之重要特点为情景交融、虚实相生，此需依靠人与诗歌时空的组合而致。一般而言，诗歌有两种时空坐标：一为外在时空坐标，即诗人写作时的时间和空间；二为内在时空坐标，即在诗歌内容演进中的时间和空间。现实中的时间为物理时间，其无始无终，具有一维性和匀速性，永远朝着一个方向按过去、现在、未来的顺序流逝，不以人的意志为转移。而诗歌中的时间往往为心理时间，其反映的是诗人心理活动的顺序和延伸。因人心之丰富与多变，故诗歌中的时间与现实中的时间顺序可能一致，即一维匀速，亦可能不一致，即多维变速，可能出现跳跃、倒流、超越、凝结等情况。现实中的空间为物理空间，其是三维的，具有客观性和直接性，而诗歌中的空间是带有诗人的情感和意愿的，具有主观性和间接性，可扩大、缩小或随意转移。先秦至唐五代哀悼诗中的“空”为诗人融合心理时间和心理空间之集中体现，具有丰富的情感内涵与多维的审美意蕴，为先秦至唐五代哀悼诗的主要意境。

一、“空”之情感内涵

空，《说文》释：“窍也。从穴工声。苦红切。”清代段玉裁注：“窍也。今俗语所谓孔也。”[①]从空之本义看，空即孔。且从空之字形演变看（如下图），其最初的字形亦像孔的样子。

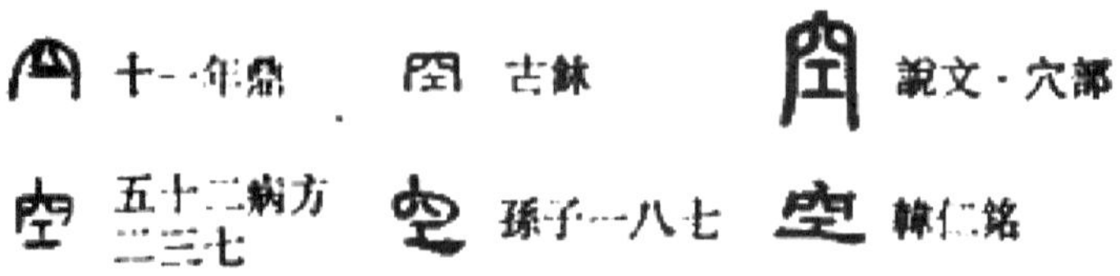

十一年鼎　古鉢　説文·穴部

五十二病方二三七　孫子一八七　韓仁銘

① (汉)许慎著《说文解字注》，(清)段玉裁注，郑州：中州古籍出版社2006年版，第344页。

先秦至唐五代哀悼诗的“空”为一个仅次于“哭”使用频率较高的字眼，在1210首诗中使用了339次（与其同义的“虚”有77次，“旷”有14次），且具有超越本义的诸多内涵：

（一）人亡物空

空屋，如：上空堂兮廓无依。[2]——（三国嵇康《思亲诗》）

双位委空馆。——（晋陶渊明《悲从弟仲德》）

空斋对高树。——（韦应物《闲斋对雨》）

空物，如：床空委清尘，室虚来悲风。——（晋潘岳《悼亡诗三首》）

清香荡空琴，空座几时设。低意守空帷。

——（梁江淹《悼室人诗十首》）

丹旐书空位，素帐设虚樽。——（北周王褒《送观宁侯葬诗》）

凤楼箫曲断，桂帐瑟弦空。——（隋薛德音《悼亡诗》）

空景，如：寂寂空郊暮，无复车马归。——（梁何逊《行经范仆射故宅诗》）

空坟，如：脱履定归天上去，空坟留入武陵图。——（张白《哭陆先生》）

烟晦泉门闭，日尽夜台空。——（骆宾王《伤祝阿王明府》）

空地，如：物在人已矣，都疑淮海空。

——（宋之问《伤王七秘书监寄呈扬州陆长史通简府僚广陵以广好事》）

（二）动词，使……成空，消失

五都声论空，三河文义绝。

——（齐竟陵王萧子良《登山望雷居士精舍同沈右卫过刘先生墓下作诗》）

秾丽今何在，飘零事已空。——（李煜《挽辞二首》）

（三）副词，徒然、白白地

樽酒谁为满，灵衣空自披。——（梁何逊《哭吴兴柳恽诗》）

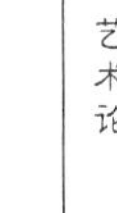

谁言断车骑，空忆盛衣冠。——（王维《故太子太师徐公挽歌四首》）

空怀济世安人略，不见男婚女嫁时。——（刘禹锡《哭吕衡州，时予方谪居》）

竹叶岂能消积恨，丁香空解结同心。——（韦庄《悼亡姬》）

清夜妆台月，空想画眉愁。——（唐晅《还渭南感旧二首》）

（四）副词，只、仅仅

空留左氏传，谁继卜商名。——（王维《故西河郡杜太守挽歌三首》）

安得相如草，空馀封禅文。——（李白《宣城哭蒋征君华》）

一公何不住，空有远公名。——（严维《哭灵一上人》）

（五）形容词，无用的

与善成空说，歼良信在兹。——（孔绍安《伤顾学士》）

处顺与安时，及此乃空言。——（储光羲《同王十三维哭殷遥》）

（六）形容词，空旷

曙月孤莺啭，空山五柳春。——（王维《过沈居士山居哭之》）

（七）空虚，指心情或物资缺乏

已矣长空虚，依然旧颜色。——（元稹《张旧蚊帱》）心情空虚

余时忝南省，接宴愧空虚。——（韦应物《张彭州前与缑氏冯少府各惠寄一篇多故未答张已云没因追哀叙事兼远简冯生》）物资缺乏

（八）佛教所指的万物从因缘生，没有固定，虚幻不实

自我学心法，万缘成一空。——（白居易《梦裴相公》）

自嫌双泪下，不是解空人。——（贾岛《哭柏岩和尚》）

盛德高名总是空，神明福善大朦胧。——（刘商《同诸子哭张元易》）

（九）天空

近泪无干土，低空有断云。——（杜甫《别房太尉墓（在阆州）》）

待漏秋吟断，焚香夜直空。——(李洞《吊郑宾客》)

此外，亦有许多先秦至唐五代哀悼诗中的“空”不直接体现于语言中使用“空”字，而体现在对现实的虚化：做梦、回忆、对未来的构想、幻想。如“三千里外卧江州，十五年前哭老刘。昨夜梦中彰敬寺，死生魂魄暂同游”(白居易《梦亡友刘太白同游彰敬寺》)。此诗作于元和十三年(818年)，十五年前，白居易的好友刘敦质就已去世，诗人对其念念不忘，如今在江州做梦与其同游彰敬寺，此梦即空的。又如罗隐的《故洛阳公镇大梁时隐得游门下今之经历事往人非聊抒所怀以伤以谢》，此诗除了尾联外，前三联全是回忆咸通五年(864年)作者与好友郑处诲喝酒赋诗的美好情景，但如今斯人已逝，此景亦成为空景。

由是观之，先秦至唐五代哀悼诗的“空”为一个具有多重意蕴的字眼。首先，人逝入土，地理空间位置为之转移，其生前生活的地方腾出了空间，且因忌讳和对死者的尊敬或纪念死者之由，此空间一般不再住人(居住条件许可的情况下)或不许靠近，亦往往减少了喧嚣的社交活动，故出现了比较寂静、萧条的空堂、空馆、空斋、空琴、空座、空帷等虚空意象，静既可指环境，亦可指心理状态；再者，空窍来风，空室生风，亦让人感觉到比较凉或冷，此为生理的体验，转化为心里的感觉即是孤单寂寞，故在先秦至唐五代哀悼诗中，“寂”“静”“孤”亦是使用较多的字眼，它们往往与“空”相关相连，如“寥寥空堂，寂寂响户。尘蒙几筵，风生栋宇。感昔有恃”(晋孙绰《表哀诗并序》)母亲去世以后留下空荡荡的正房(正房一般比较高大)，显得比较冷清寂静，风从栋宇上掠过，吹得窗户嗒嗒地响，让人感觉寒冷，身心相连，促生孤单之感，故怀念起昔时之母。又如“乌生八子今无七，猿叫三声月正孤。寂寞空堂天欲曙，拂帘双燕引新雏。”(元稹《哭子十首(翰林学士时作)》)。元稹的儿子去世后，其望着空空的房子，心情无比寂寞凄凉，室空与夜凉交集，故通宵不眠，而双燕引新雏更反衬出其失子之孤单，故在猿叫声中其似乎感觉到月亮亦是孤独的。总之，由空间虚空、冷落引起生理冷凉之感，进而引发心理的孤寂之变。萧条、寂静、寒冷、孤独——此为先秦至唐五代哀悼诗“空”之第一层意蕴。

其次，人与其他生物无殊，终有一死，一旦去世，其生前无论贫富、无论贵贱、无论美丑、无论贤愚都已不重要，其生前所取得的一切亦随之化为乌有，因为死亡面前人人平等，正如汉乐府《篙里》所言：“蒿里谁家地？聚敛魂魄无贤愚。鬼

伯一何相催促？人命不得少踟蹰。”亦如陆游《示儿》所云“死去元知万事空”，先秦至唐五代哀悼诗有诸多类似表达，如“万化一朝空，哀乐此路同。”（卢僎《让帝挽歌词二首》），“存亡三十载，事过悉成空”（韦应物《话旧》），“流水生涯尽，浮云世事空”（杜甫《哭长孙侍御》），“山河万古壮，今夕尽归空”（郑丹《明皇帝挽歌》）等等。正因为如此，所有身外之物对于死者而言没有意义，由此亦给生者带来一种普遍而永恒之困惑：既然人终将一死，那么生命之有为与无为又有何区别？人之活着岂不是很荒谬？而且，死亡不可逆转，人一旦死亡，存者无论做什么都无法让其复活，怜为空怜，“冥漠辞昭代，空怜赋子虚”（宋之问《故赵王属赠黄门侍郎上官公挽词二首》），叹为空叹，“如何万化尽，空叹九飞魂”（卢照邻《同崔录事哭郑员外》），悲为空悲，“世阅空悲命，泉幽不返魂”（孙逖《故陈州刺史赠兵部尚书韦公挽词》），忆为空忆，“谁言断车骑，空忆盛衣冠”（王维《故太子太师徐公挽歌四首》），梦为空梦，“今归去北邙，书生空托梦”（北周王褒《送刘中书葬诗》），言为空言，“处顺与安时，及此乃空言”（储光羲《同王十三维哭殷遥》）……此让存者看到自己必死的宿命，进而产生一种普遍的悲剧感，所以先秦至唐五代哀悼诗中表现悲的词汇是最多的：哭（418 次）、悲（258 次）、哀（168 次）、伤（258 次）、泣（68 次）、凄（67 次）、泪（160 次）、涕（45 次）、怅（34 次）、叹（79 次）、吊（121 次）、悼（83 次）、祭（25 次）。因此，由死亡的万物皆空让存者感到生命的永恒虚无感、荒谬感以及普遍必死的悲剧感。虚无、荒谬、悲剧——此为先秦至唐五代哀悼诗“空”之第二层意蕴。

再次，既然生命充满虚无、荒谬和悲剧，死亡对死者而言亦无意义，生死均不自在，那么我们应该如何看待生死？一些有识之士提出了解决方法，即用佛教的“空”来解释生死，如“追想当时事，何殊昨夜中。自我学心法，万缘成一空”（《梦裴相公》）。白居易对好友裴相公的去世不能释怀，日有所思，夜有所梦，只好自我安慰，用佛教的“空”来看淡生死，减轻痛苦。佛教缘起论云：“因缘所生法，我说即是空，亦名是假名，亦是中道义。”“未曾有一法，不从因缘生，是故一切法，无不是空者。”[①]因缘为事物存在的条件，因为主要条件，缘为辅助条件，任何事物的存在均需具备主要条件和辅助条件，当两者齐备，事物即存，反之则失。“空”即

① 释印顺著《中观论颂讲记》，北京：中华书局 2011 年版，第 295 页。

指一切事物由因缘所生，是无自性的，亦指事物因不具备因缘而消失的现象。生死亦然，当因缘具备时则生，当因缘不具备时则死，即空，因此，生不必烦恼，死不必悲哀，一切由因缘而定。妙悟——此为先秦至唐五代哀悼诗"空"之第三层意蕴。

总之，先秦至唐五代哀悼诗中的"空"为一个集地理学、生理学、心理学、哲学、美学、宗教于一体的概念，它恰当地反映了存者面对死亡时的空虚失落、孤独寂寞、迷茫困惑、悲哀难解的心态。

二、"空"境之营造

先秦至唐五代哀悼诗的"空"境是靠心理时间和心理空间的巧妙搭配来构建的。

（一）对空间之空的扩大与强化

此法是在同一首诗或同一组诗中反复出现"空"或"空"的同义表达，用空间之空以强化存者的心理之空。分为两类表达：一为对人去物空类的"空"强化，或者在诗中多次出现"空"字，如元稹的《空屋题（十月十四日夜）》：

朝从空屋里，骑马入空台。尽日推闲事，还归空屋来。
月明穿暗隙，灯烬落残灰。更想咸阳道，魂车昨夜回。

元稹的妻子韦丛于元和四年（809 年）十月十三日葬于咸阳，当时元稹因职务所羁留在洛阳，不能回家，只好叫家人安葬。其时心情空虚失落、无所适从，早晨从空荡荡的住室出来，骑马到空荡荡的御史台上班，全天处理一些杂事，下朝后又回到空荡荡的住室。其时灯灭灰残，月明室暗，冷清幽暗的环境致使元稹心中更为孤独寂寞，不由自主地想起了昨天远在咸阳安葬的妻子。四个"空"字强化了环境的空旷，空旷的环境实是他孤单无依心理的一种投射，准确地反映了他失妻之后孤独失落、悲痛迷茫、不知所措、形如傀儡的生活状态。

抑或在诗中多次出现"空"的同义表达，如晋潘岳《悼亡诗三首》其二写"展转眄枕席，长簟竟床空。床空委清尘，室虚来悲风。独无李氏灵"。潘岳思念亡妻

难以入眠，连续写“床空”和“室虚”以强化空间的空旷感，通过空间的空旷衬托自己内心之孤单和空虚。晋陶渊明的《悲从弟仲德》写“双位委空馆，朝夕无哭声。流尘集虚坐，宿草旅前庭。阶除旷游迹，园林独余情”。陶渊明回到故乡，看到亡弟的旧居无比荒凉，心中悲痛难奈，故在“空馆”之后，每句诗都照应这个“空”字，“无”“虚”“旅”“旷”“独馀”实是“空”的同义表达，强化的“空馆”之“空”实是心理之空虚失落的表现，更显示出作者对亡弟的深厚感情。江淹的《伤内弟刘常侍诗》《悼室人诗十首》，沈约的《悼亡诗》，王褒的《送观宁侯葬诗》，崔融的《则天皇后挽歌二首》，李白的《宣城哭蒋征君华》等均属此类。

二是“空”作“只”“仅仅”类解的空间强化类表达。“只”“仅仅”均为副词，表示限于某个范围，有强调之意，而“仅仅”比“只”强调之意更甚。此类“空”字在先秦至唐五代哀悼诗中表示人去世之后除了这个或这类东西，其他的东西都随之化为乌有了，它看似强调了这个或这类东西，实是给读者留下了更大的想象和联想空间。例如王维的《送殷四葬》：

送君返葬石楼山，松柏苍苍宾驭还。埋骨白云长已矣，空馀流水向人间。

此诗写将殷遥由长安归葬于许西的石楼山，山上松柏苍苍，送葬的人均已返回，死者的遗骨埋葬于高山，只余流水流向人间，全诗通篇写景，但景中含情，末句的“空馀流水”尤其让读者想知道除流水之外的东西，让人有更多的想象空间，给人一种景外之景、韵外之意的感觉，而追求景外之景、象外之象正是王维所追求的审美意境。

（二）对心理时间之拉长

死亡往往留给生者的是悲哀，从词性看，悲哀为持续性动词，从内涵看，悲哀亦是一种延绵不断的消极心理性情感。先秦至唐五代哀悼诗中的“空”表达往往通过对悲哀情感持续时间的刻意拉长、放慢以实现。其方式有二：

一为运用表示漫长时间的词汇。

数量词，X年/载/千秋，X日，如：

百年三万日，一别几千秋。——（骆宾王《乐大夫挽词五首》）

存亡三十载，事过悉成空。——（韦应物《话旧》）

三千里外卧江州，十五年前哭老刘。——（白居易《梦亡友刘太白同游彰敬寺》）

几年才子泪，并写五言中。——（王鲁复《吊韩侍郎》）

依然旧乡路，寂寞几回归。——（耿湋《哭张融》）

一叫千回首，天高不为闻。——（李商隐《哭刘司户二首》）

此处的数量词既描写了死者去世的时间之长，亦抒发了诗人对其去世后的思念之久和悲痛之切。

量词，年年，如：

杜陵芳草年年绿，醉魄吟魂无复回。——（郑谷《吊故礼部韦员外序》）

墓雨滴碑字，年年添藓痕。——（可止《哭贾岛》）

游魂永永无归日，流水年年自向东。——（刘商《同诸子哭张元易》）

“年年”突出了植物死后可以复生、无生命的流水可以永远长流，用以反衬人死不能复生的悲哀，同时亦强调了诗人对死者永远的悼念之情。

副词，频、频频，每，常，如：

频把琼书出袖中，独吟遗句立秋风。
——（柳宗元《韩漳州书报彻上人亡因寄二绝》）

频频子落长江水，夜夜巢边旧处栖。——（元稹《哭子十首（翰林学士时作）》）

吊来频落泪，曾忆到吾庐。——（周贺《哭闲霄上人》）

开箧每寻遗念物，倚楼空缀悼亡诗。——（韦庄《独吟》）

每每樵家说，孤坟亦夜吟。——（张嫔《吊孟浩然》）

为长心易忧，早孤意常伤。——（孟云卿《伤情》）

“频”“频频”“每”“常”这几个时间副词强调了动作的重复率之高，用以表现

诗人对死者的念念不忘和用情之深。

形容词，迟，迟迟，长，久，如：

寝园愁望远，宫仗哭行迟。——（白居易《德宗皇帝挽歌词四首》）
迟迟将回步，恻恻悲襟盈。——（晋陶渊明《悲从弟仲德》）
守长夜兮思君，魂一夕兮九乖。——（魏文帝曹丕《寡妇诗》）
镜奁长不启，圣主泪沾巾。——（崔融《则天皇后挽歌二首》）
哀乐久已绝，闻之将泫然。——（储光羲《同王十三维哭殷遥》）
晨兴为谁恸，还坐久滂沱。——（韩愈《哭杨兵部凝陆歙州参》）

“迟”“迟迟”“长”“久”这几个形容词表达了存者因悲伤而动作变慢和感觉时间变长的情状。

二为用季节或日夜的更替表现时间的漫长。例如魏文帝曹丕的《寡妇诗》写阮元瑜妻思念亡夫，心生惆怅，感觉白天过得很快，夜晚却很漫长，“白日急兮西颓，守长夜兮思君。”且以后七句全为铺叙描写她思念亡夫的情景，魂魄一晚多次游走，其忧思难眠，长时间惆怅地仰视天空，直至星月落下，才木然地回到卧室，自悲自怜，甚至愿意追随亡夫以释哀愁。又如北周王褒的《送观宁侯葬诗》，全诗36句，前16句是对好友观宁侯的赞美，回忆两人的真诚友谊，对好友去世的悲哀，后20句详细铺叙描写其一天之内为好友送葬的情景，早晨灵车向郊外出发，傍晚送葬归来，详细描绘了葬礼之布设、哀乐之演奏、挽歌之流唱、路旁之新树、陵园、谷影、馀辉、夕雾、山根、皋亭、列村、平原、玉关门等寂寥而荒凉的景物，景中处处含有对好友客死异乡的哀情以及自己亦将有类似命运的自悲自怜之感，一天的时间通过景物的详细铺写显得漫长而沉重，更能表现诗人当时凄凉而怅然若失的心境。再如，梁江淹的《悼室人诗十首》，前八首通过对春夏秋冬四季轮换中动植物、天气的变化来抒写一年来对亡妻的思念，时变、景变而情不变，季节的变换及反复抒写延长了作品的心理时间，亦丰富了读者的想象空间，从而更好地抒发诗人对亡妻真挚、持久、悲痛不能释怀的感情。此类作品还有晋潘岳的《悼亡诗三首》、南朝梁沈约的《悼亡诗》、南朝梁王氏的《孤燕诗》等。

（三）对时空之虚化

先秦至唐五代哀悼诗对时空的虚化主要是以现实为基点、以想象为方法来实现的，向后想象是回忆，向前想象是构想，无意识之想象为梦想，不切实际的、不能实现的想象为幻想，总之，它们的共同特点是虚化现实，它们亦是构成先秦至唐五代哀悼诗“空”境的重要方法。

回忆是构成先秦至唐五代哀悼诗“空”境的最主要方法，此类作品是最多的。从心理学看，我们哀悼死者之时总是不由自主地想到其生前的情况，从写作的角度看，增加过去一个时间维度，可以形成今昔对比的结构，扩大了作品的表现空间和表现内涵，更容易凸显死亡的悲剧效果。例如刘禹锡《窦夔州见寄寒食日忆故姬小红吹笙，因和之》：

鸾声窈眇管参差，清韵初调众乐随。幽院妆成花下弄，高楼月好夜深吹。
忽惊暮雨飘零尽，唯有朝云梦想期。闻道今年寒食日，东山旧路独行迟。

此七律是刘禹锡为和窦常的悼妓诗而作。前两联描写小红生前吹笙技艺之高超、容貌之美丽。首联写她的笙声窈眇动人，为众乐的领乐。颔联描写她经常化妆完毕之后，在花好月圆的深夜里吹笙，此处虽然并无直接描写其容貌，但是妆成之后在花美、院幽、楼高、月好的地方吹笙，整个即为一幅美丽的图景，从侧面烘托出她的美丽容貌。颈联用比喻的手法写其突然去世，只留下窦常对她的殷切思念。尾联则描写窦常在今年寒食日孤独祭拜她的情景。生前的才艺美貌与死后的凄惨悲凉相对比，更突出强调了存者对死者去世的惋惜和悲痛之情。

构想为存者从死者现在的情况想象其死亡之后的另外一种情况，此亦为人的一种自然心理，现在与未来对比也同样扩大了作品的表现空间和表现内涵，更容易突现死亡的悲剧效果。例如《诗经・唐风・葛生》，妻子在哀悼亡夫伤心之余，立下忠贞爱情的誓言“百岁之后，归于其居（室）”，想象未来死后能与丈夫埋葬在一起，永不分开。又如白居易的《初丧崔儿报微之晦叔》，诗人在爱子去世后悲痛欲绝，想到以后虽然自己满腹才华、官高位尊，但后继无人，因此不禁发出这样的感叹：“文章十帙官三品，身后传谁庇荫谁。”又如姚合的《哭费拾遗征君》，诗

人想象好友去世之后，他的坟墓应该很少人来祭拜，大概太阳下山之后只有猿鸣鸟叫而已。总之，面对死亡，存者设想以后的前景或许比现在更加美好，或者比现在更加悲惨，更美好为反衬，更悲惨为正衬，留给存者的都是加倍的悲哀，所以，死亡固为死者之不幸，更为生者之不幸。

梦想为一种补偿心理，在梦境中，许多不能相见的人见到了，许多现实中不能实现的事情实现了，许多不完美的事物亦变完美了，或者不可知的事情预先知道了，所以梦给哀悼诗开拓了另一个奇妙的虚拟空间，它与现实世界一起形成了鲜明对比或照应，传达出更多的内涵。如白居易的《梦微之》：

> 夜来携手梦同游，晨起盈巾泪莫收。漳浦老身三度病，咸阳草树八回秋。
> 君埋泉下泥销骨，我寄人间雪满头。阿卫韩郎相次去，夜台茫昧得知不。

此七律是白居易于开成五年(840 年)为怀念老友元稹而作。元稹于大和五年(831 年)去世，次年归葬咸阳，时距八年，诗人对他依旧挂念，因此在梦中还与他携手同游。与故人梦中相见固然愉快，但现实终却残酷：诗人时 69 岁，又老又病、满头白发，儿子和爱婿先己而逝，好友亦已在地下长眠八年。全诗用梦中相会之愉悦和醒来之痛苦相对比，以乐景衬哀景，更突出了对故人的思念之切和对自己现实不幸的感伤和惆怅，从而使作品更加如泣如诉、催人泪下。

幻想为诗人有意设想的一种虚拟空间，它主要是呈现出主体强烈的主观感受而并不在意这种感受是否得以实现。在哀悼诗中，这种虚拟空间因其光怪离奇、五彩纷呈而表现出别样之审美效果。例如屈原的《招魂》《大招》，它们是模仿楚国民间招魂的习俗写成的幻想之作，《招魂》的结构分为序引、招魂辞、乱辞三个部分。招魂辞又分为外陈四方之恶和内崇楚国之美两大部分。前者描绘东、南、西、北、天上、地下六方景物的恐怖可畏，后者描写故居的宫室、美女、饮食、歌舞、游戏之盛。《大招》只有招魂辞，开始陈述东、南、西、北四方险恶，呼唤魂切勿乱走，然后描写楚国宫廷之佳肴、音乐、舞蹈、美女、宫室、苑圃、禽鸟，最后夸饰楚国之地域辽阔、人民富庶、政治清明。这些幻境实为屈原理想化了的美政，它与楚怀王客死他乡、顷襄王苟且偷安、轻信奸佞、自己被谗见疏的黑暗现实形成鲜明对比，具有诗人很强的主观色彩，亦具有较强的感染力。

此外，还有几种方式综合交错的情况，如马戴的《过亡友墓》：

忆昨送君葬，今看坟树高。寻思后期者，只是益生劳。

此诗把过去为友送葬、现在坟树长高、想象未来不可相遇结合起来，通过三个时间维度层层抒写对亡友的思念和哀悼。

三、"空"之审美效果

"缀文者情动而辞发，观文者披文以入情。"[①]南朝梁刘勰明确提出了文学活动的过程论：作家→作品→读者和读者→作品→作家，即文学创作活动和文学接受活动（如下图所示），此为完整的文学活动所必须具备的两个基本环节。从创作的角度看，先秦至唐五代哀悼诗中的"空"可以表达作者丰富的情感意蕴（如上所述），从欣赏的角度看，它也具有多重审美效果。

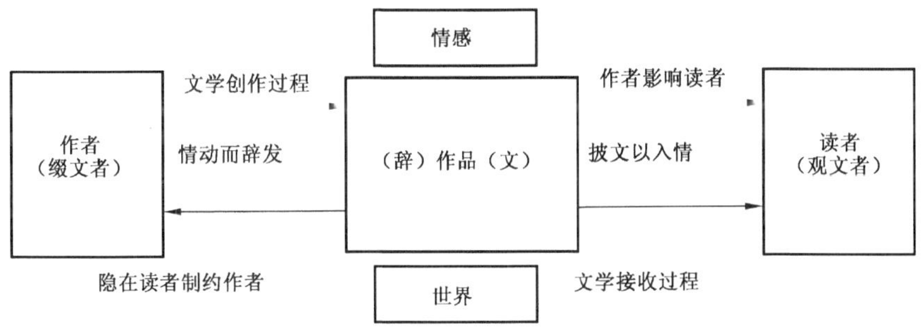

（一）空框效应

先秦至唐五代哀悼诗中的"空"非句法上的"空"，即非因缺少句子成分而造成的未定状态和模糊效应、反常搭配（如主谓倒置、宾语前置等）造成的多义体验和意义空白、词类活用造成的微妙复义感受和含混效应、陈述句、感叹句、疑问句、祈使句的互换、倒置、变形、叙述人称的变化、标点的取消、正常句序的重新安

① （南朝梁）刘勰著，范文澜注《文心雕龙注》，北京：人民文学出版社1958年版，第715页。

排及句子节奏、韵律的变化调整造成的句法空白，而是语义上的“空”和结构上的“空”。

所谓语义上的“空”就是由于语言的多义性而让读者产生的多种联想和想象，这种多义性就是新批评理论家燕卜逊所指的含混，它可以通过寄寓、含蓄、比兴、暗喻等技法而得以强化。如上所述，先秦至唐五代哀悼诗中的“空”有多种含义：人亡物空、消失、徒然、无用的、空旷、空虚、佛教所指的万物从因缘生灭、天空等九种意义，即使是其中的某一项意义在诗中也有多层意蕴，如南朝梁沈约的《悼亡诗》：

去秋三五月，今秋还照梁。今春兰蕙草，来春复吐芳。悲哉人道异，一谢永销亡。

帘屏既毁撤，帷席更施张。游尘掩虚座，孤帐覆空床。万事无不尽，徒令存者伤。

此诗前半部以物起兴，去年的月亮今年还照耀，今春的兰草明春还会开花，而人一旦去世就永远不会复生，用物的永恒或复生来反衬人的一谢永销亡，后半部则是面对亡妻的遗物伤情，似乎平淡无奇，但其妙就在一个“空”上，“空”给我们留下了丰富的想象余地：是床上精美或温馨的床上用品如鸳鸯枕、翡翠被、合欢帘等消失了？是温柔贤惠、美丽动人的妻子消失了？是夫妻曾经的云雨欢爱消失了？是夫妻曾经的打情骂俏消失了？是夫妻曾经的山盟海誓消失了？……所有的叙述、回忆均包含在一个“空”字中。又如陈何胥的《哭陈昭诗》：

思人适旧馆，寂寞非一源。无复酣歌乐，空馀燕雀喧。

落晖隐穷巷，秋风生故园。抚孤空对此，零泪欲奚言。

此诗写诗人到亡友生前的住处探望，面对物是人非之景而抒发感伤之情，其奇妙之处亦在于两个“空”字，第一个“空”字作“只、仅仅”解，只留下燕雀在叽叽喳喳地叫，可以看出此时此处很萧条冷落，再联系上文的“无复”和“非一源”，则可以看出这里曾经是很热闹繁华的，曾经的繁华现在为何如此冷清？是什么促使它变得如此冷清呢？读者忍不住要发挥想象：这里曾经有亡友矫健挺拔的身姿？有亡友爽朗欢乐的笑声？有高朋满座、门前车马喧的热闹？有莺歌燕舞、杯光斛影的享乐？好友是因天灾人祸而亡还是寿归正寝？……第二个“空”字作“徒然地”解，诗人只能徒然地抚着亡友的遗孤落泪，什么都不说，什么都不做，读者可能在想：诗人为什么不说、不做呢？他可以给孤儿物质上的帮助而不给，是自己贫穷呢还是什么政治原因不好有进一步的表示？那又是什么政治原因呢？他可以给孤儿精神上的鼓励而不说，是自己悲伤得说不出话来呢还是觉得说了也没用、也不能让死者复生、让孤儿重新拥有父亲？……总之，这两个“空”字留给读者无限的想象和联想空间。

所谓结构上的“空”是指通过跳跃、倒错、穿插等手法使严谨的章法变为无序未定状态，由单一时空、单一维度变为多时空交错、真实与虚幻交错的象喻境界。先秦至唐五代哀悼诗结构上的“空”往往表现为现在、过去、未来时空的交错和梦境、幻想的产生，它们往往给读者营造了丰富的想象空间。如张籍的《哭孟寂》：

曲江院里题名处，十九人中最少年。今日春光君不见，杏花零落寺门前。

此诗运用今昔对比的手法哀悼诗人的同榜及第进士孟寂，前两句回忆过去之事，后两句抒写现在之景，过去金榜题名、青年得志、春风得意，而今春光依旧却年轻早逝，一荣一死、一乐一哀形成了鲜明的对比，也形成了作品的表达空间，这个时空交错、虚实相合的空间激发了读者的无限想象：孟寂当年为什么这么年青就能金榜题名？曲江大宴、慈恩寺塔题名的情景是怎样的？有多欢乐？诗人与他有怎样的交情？他为什么这么年青就去世了？去世时的情景是怎样的？等等。

总之，先秦至唐五代哀悼诗中的“空”有一种激发读者不断去想象、不断去联想的作用，而这种联想和想象又是因人因时而异的，它符合了格式塔心理学的原理，格式塔心理学认为人总有一种追求完美的倾向，当人们看到不完全的形状时，就会引起追求完整、对称、协调的视觉欲望和激起一种填补空白、消除未定、追求完整的冲动，此时知觉的兴奋程度大大增强。当然，不同的人在恢复形状的过程中其想象是不同的。这种“空”的作用亦是德国哲学家汉斯-格奥尔格·伽达

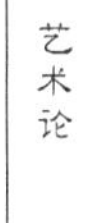

默尔(德语:Hans-GeorgGadamer,1900—2002)所说的“空框效应”。伽达默尔认为符号解释是原符号作者的视界和解释者的“视界”相互作用的“视界融合”,符号就是一个“框架结构”,不同的读者根据自己的不同理解总要朝里面扔进一点东西,符号作者与解释者“视界融合”后的结果是不断产生出新的意义,即为空框效应。而先秦至唐五代哀悼诗中的“空”即这样的空框,它总是吸引着人们不断去填补的欲望,从而形成能吸附读者审美感知及审美体验的“召唤结构”。

(二)语言张力

“张力”(tension)原为物理力学名词,1937 年美国新批评派文学批评家艾伦·退特将其引入诗歌研究,建立了“诗的张力”说:“我提出张力这个名词。我不是把它当作一般比喻来使用这个名词的,而是作为一个特定名词,是把逻辑术语‘外延’(extension)和‘内涵’(intension)去掉前缀而形成的。我所说的诗的意义就是指它的张力,即我们在诗中所能发现的全部外展和内包的有机整体。”[①]后来又被其他新批评派成员引申发展,指文学作品内部各种矛盾对立统一现象的总称,用于包括语言、结构、情节、角色等文学层面的研究,成为文学批评中的关键术语。先秦至唐五代哀悼诗中的“空”就呈现出这样的张力。

首先,先秦至唐五代哀悼诗中的“空”非空无一物的“空”,而是包蕴所有而不想明说的“空”,正如苏轼所说“欲令诗语妙,无厌空且静。静故了群动,空故纳万境”[②]的“空”,云空未必空,是空与实的对立统一。如“万化一朝空,哀乐此路同”(卢僎《让帝挽歌词二首》)中的“空”虽言“空”,但并非空无一物,其含有丰富的内涵:有对让帝逝世的惋惜和哀悼,有对功名利禄、荣辱得失的看淡、有对世间万物变化的哲理性思考、有对生活情感的深切体验,还有对死亡普遍性与不可逆性的理解,更有对死亡的超脱和感悟等等,是空与实矛盾的对立统一。

其次,先秦至唐五代哀悼诗中的“空”非虚无缥缈的“空”,而是立足现实的实里求虚、有中生无、虚实结合的“空”,是现实与虚幻的对立统一。先秦至唐五代哀悼诗中的回忆是存者恢复过去经验的过程,是对死者生前印象的保持以便再

---

① 赵毅衡编选《“新批评”文集》,北京:中国社会科学出版社 1988 年版,第 116～117 页。

② 屈兴国等选注《古典诗论集要》,济南:齐鲁书社 1991 年版,第 65 页。

确认，如“忆昔江湖上，同咏子衿诗。何言陵谷徙，翻惊邻笛悲”（孔绍安《伤顾学士》），诗人听到好友的死讯时不由自主地想起的是与他生前共同吟诗的情景。先秦至唐五代哀悼诗中对未来的构想是存者在祭拜或吊唁死者时对其身后之事的设想，如“见月长垂泪，看花定敛眉。从今一别后，知作几年悲”（北周庾信《伤往诗二首》）妻子去世后，诗人想象自己今后孤单悲凉的惨状。先秦至唐五代哀悼诗中的梦大多为因思念死者而产生的思梦、死者给存者预兆的直梦或是对死者死亡的委婉表达。先秦至唐五代哀悼诗中的幻想如屈原的《招魂》《大招》的中幻想是基于对现实不圆满的基础上对死者展开的不可能实现的美化想象，这些都是立足在现实的基础上、都与死者有关的，所以是现实与虚幻矛盾的对立统一。

先秦至唐五代哀悼诗中的“空”所形成的张力造成了语言的陌生化，意大利文艺批评家克罗齐认为人们对外界的刺激有趋新、好奇的特点，只有新奇的东西才能唤起人们的兴趣，才能在新的视角、新的层面上发掘出自我本质力量的新的层次并进而保持它。英国心理学家丹尼尔·贝里尼的“唤醒”理论也认为渐进性唤醒所引起的注意时间极为短暂，因为它是依靠人们熟悉且有规律的模式渐变而达到的，因而要辅以亢奋性唤醒。由于亢奋性唤醒介入了高度奇异的令人感觉惊讶或复杂的样式，它不仅有维持审美主体注意的可能性，同时也迎合了审美主体的逆反心理，诱发其对文本不断地玩味与揣摩。阅读主体的接受心理中存在着固守习惯的阅读模式和体会新的阅读经验两股力量的冲突，这两股力量的冲突构成了一种审美张力，陌生化正是凭借文本与主体接受之间的张力美，吸引主体的审美关注，使主体获得出乎意料的审美体验。先秦至唐五代哀悼诗中的“空”所形成的张力及由此造成的陌生化的诗歌语言对读者的审美鉴赏力产生了阻拒、隔离的作用，激发读者通过想象和联想以及丰富的人生体验去思考诗中生与死、虚与实等种种悖谬，从而延长了审美时间，扩大了审美空间，使读者在脑海中涌现出一幅幅凄美的图景，并最终充分理解了诗人痛苦、矛盾、复杂的心理而获得了更新颖、更深广的审美体验。

（三）含蓄韵味

相对丰富多彩的客观世界，语言的表达总是有限、单维和滞后的，这种“言不

尽意”的现象早就被我们的祖先所认识，先秦庄子的得意忘言仅是被动地认识到语言的局限性，而三国晋玄学家王弼的得象忘言、得意忘象之说则告诉我们要积极寻找语言的出路。任何艺术作品都有两个最根本的因素：确定性和不确定性，即伽达默尔所说的“敞开”和“隐蔽”。不确定性就是作品中的隐喻、象征、含蓄、模糊、朦胧，即空白，我们要积极利用空白，才能达到以有限表现无限的目的，正如美国学者叶维廉所说：“空白（虚、无言）是具体（实、有言）的不可或缺的合作者。语言全面的活动，应该像中国画的虚实，必须使读者同时接受‘言’（写下的字句）所指向的‘无言’（不着一字的风流），使负面的空间（在画这是空白，在诗中是弦外的颤动）成为重要、积极、我们要做美感凝注的东西。语言文字仿佛是一种指标，一种符号，指向具体、无言独化的真世界。”①

先秦至唐五代哀悼诗中的“空”即作者有意利用空白之表现。死者遗留之空屋、空物、存者看到的空景以及作者写下来的现状与回忆、现状与未来构想、梦境、幻想都是作品中的确定性，它们是实的，具有直接性、确定性和可感性，是司空图所说的“象外之象”中的第一个“象”，而读者由看到艺术作品中的空屋、空物、空景以及作者写下来的现状与回忆、现状与未来构想、梦境、幻想而展开的联想、想象和审美体验在作品文本结构中是看不见的，是艺术作品中的不确定性，是虚的，具有艺术想象的开放性、流动性和模糊性，是司空图所说的“象外之象”中的第二个“象”，对读者来说，他要调动自己所有的审美体验通过联想和想象才能重新将意境和形象创造出来，此之谓以有限的文字、形象表现无限的思想、情感，从而产生言已尽而意无穷的审美意韵。例如元稹的《感梦》：

行吟坐叹知何极，影绝魂销动隔年。今夜商山馆中梦，分明同在后堂前。

此诗是元和五年（810 年）春元稹被贬江陵士曹参军，夜宿商山驿馆时梦见亡妻，有感而作。首两句写诗人梦醒后不见亡妻身影，倍加伤感，行吟坐叹均无所适从，此为实境。后两句交代原因，是因为今晚在商山驿馆梦见了亡妻，她好像

① （美）叶维廉：《语言与真实世界》，《古代文学理论研究》第 8 辑，上海：上海古籍出版社 1983 年版，第 56 页。

就在后堂中一样，此为虚境。文本中所呈现的仅是以梦连接的四个形象：诗人、梦中人、商山馆、后堂，甚至他思念的这个人是否为其妻也没有明说，但是它给读者提供了大量可供想象和联想的隐含信息：诗人所梦见的这个人是谁？联系诗人的经历和作品的第二句，读者可以推测是其妻。元妻的音容笑貌、为人品性如何？为何让诗人如此眷恋？他们之间有怎样的恩爱？为何诗人在被贬异地、时隔多年还梦见她？等等。此即为作品的空白，是“象外之象”和“韵外之致”，它使作品含而不露、意味深长，给读者带来“言有尽而意无穷”的审美品位，此之谓含蓄。

综上所述，先秦至唐五代哀悼诗中的意境“空”在语言层面上具有人亡物空、使……成空、消失、徒然、白白地、只、仅仅、无用的、空旷、空虚即心情或物资缺乏、佛教所指的万物从因缘生、没有固定，虚幻不实、天空等含义，在非语言层面上表现为对现实的虚化：做梦、回忆、对未来的构想、幻想，不仅是语言层面的“空”，更是语义和结构层面的“空”，是集地理学、生理学、心理学、哲学、宗教、美学于一体的审美范畴，具有萧条、偏僻、寂静、寒冷、孤独、虚无、荒谬、悲剧、妙悟等多重内涵。“空”境的营造方法有三：对空间之空的扩大与强化、对心理时间的拉长、对时空的虚化，它以空框效应、充满张力的语言和含蓄的韵味吸引主体的审美关注，给审美主体带来丰富的想象和联想空间，从而获得出乎意料的审美体验。

第三编　作家论

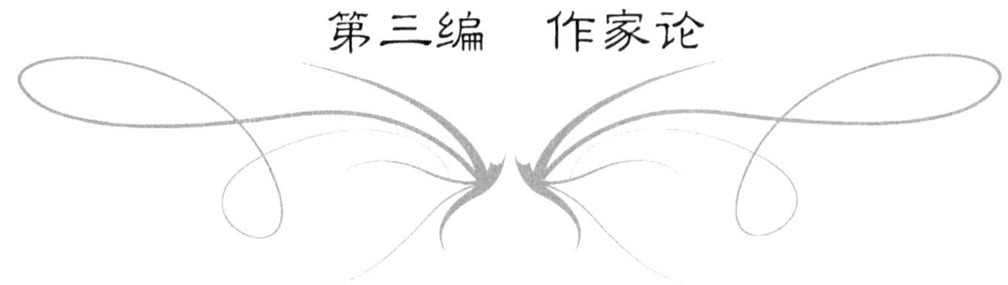

套用现代语言学理论的奠基人费尔迪南·德·索绪尔(Ferdinand de Saussure,1857—1913)的话说,文学结构相当于语言系统,它在特定时空中处于一个脆性的均衡状态,文学传统是使其处于均衡状态的主要原因之一,文学作品相当于个别言语行动,充满着个性和变数,正如个别的言语活动要遵循语言系统的规则,文学作品的创作也要受到文学结构的约制。作家的文学创作活动总是在特定的时空中,既接受文学传统的影响又尽量以其创造力和创作行动去突破文学传统的局限来构思以致完成一件文学作品,因此作家是推动文学结构历史变化的中坚力量,研究文学史必须研究作家。先秦至唐五代哀悼诗作家共有276人[①],现从时代、流派、风格的角度入手,选取10位创作数量较多、质量较高或影响较大的代表性作家进行研究,以期探索先秦至唐五代哀悼诗作家的创作个性特征。

---

① 不含姓名不可考的作家。

先秦至唐五代哀悼诗优秀作家论

一、刘彻

汉武帝刘彻(前156—前87),西汉第七位皇帝,16岁登基,实现中国历史上三大盛世之一,是杰出的政治家、诗人。

汉武帝流传下来的哀悼诗仅有2首:哀悼李夫人而作的《李夫人歌》,哀悼霍去病之子霍嬗而作的《思奉车子侯歌》,这两首诗是汉代天人学和大一统政治的大生命观的反映,也是他对身国长生梦想质疑和感伤的集中体现。

很久以前,我们的祖先就确立了天地生人、天道决定人的祸福寿夭的天命思想的生命观,如《周易》曰:“天地之大德曰生”[①],“乾道成男,坤道成女,乾知大始,坤作成物”[②],“天地感而万物化生”[③],“天地姻组,万物化醇;男女构精,万物化生”[④],“天垂象,见吉凶,圣人象之;河出图,洛出书,圣人则之。”[⑤]这种泛生主义或天地大生的思想是宇宙自然大生命观的核心观念,亦是我国古代特有的生命思想观念,类似观点在其他儒家经典中也可看到。而“汉代是宇宙自然大生命观形成并在生命思想上占据统治地位的时代。”[⑥]汉代人生命观认为天意与人事紧密相连,自然和社会的一切变化包括国家兴亡都是上天意志的体现,天以祥瑞灾异影响人,人的活动也能感动天。这种思想在汉代哀悼诗中有深刻体现。例如,无名氏的《芑梁妻歌》中写芑梁战死,其妻伤心地向城哭号,上天为之感动而城崩,在此,上天是一个公正、明智而有仁义的神,对人间的不平显示灾异而给予警示。又如,无名氏的《伯姬引》中伯姬为宋恭公守节而被火烧死,其保母悲伤而呼“欸欷!何辜遇斯殃。嗟嗟!奈何罹斯殃”。无名氏的《李翊夫人碑叹》中李翊夫人

① (清)阮元校刻《十三经注疏·周易正义》,北京:中华书局1980年版,第86页。
② (清)阮元校刻《十三经注疏·周易正义》,北京:中华书局1980年版,第76页。
③ (清)阮元校刻《十三经注疏·周易正义》,北京:中华书局1980年版,第46页。
④ (清)阮元校刻《十三经注疏·周易正义》,北京:中华书局1980年版,第88页。
⑤ (清)阮元校刻《十三经注疏·周易正义》,北京:中华书局1980年版,第82页。
⑥ 钱志熙著《唐前生命观和文学生命主题》,北京:东方出版社1997年版,第111页。

年纪轻轻就去世，其子孙叹息涕零："彼苍天兮朔神灵，仲切剥兮年法荣。"伯姬保母、李翊夫人子孙都通过骂上天有眼无珠、让这些思想道德都达到最高境界的人年纪轻轻就去世来表达他们的悲痛之情，同时亦可看到，在他们的心目中，亦承认天人一体，上天能够感知人间祸福，天能以祥瑞灾异影响人，即天人合一、天人感应。

汉代的天人学更是一种神学的政治学，汉武帝一改汉初无为、与民休养生息的策略而实行有为政治，为加强中央集权而下诏征询贤良文学对策，董仲舒的三次对策为汉武帝提供了以天人学为特征的天赐皇权与制衡皇权的汉代新儒学。仲舒对策云：

臣谨案《春秋》之中，视前世已行之事，以观天人相与之际，甚可畏也。国家将有失道之败，而天乃先出灾害以谴告之，不知自省，又出怪异以警惧之，尚不知变，而伤败乃至。以此见天心之仁爱人君而欲止其乱也。自非大亡道之世者，天尽欲扶持而全安之，事在强勉而已！[①]

可见，董仲舒的天人合一的大生命观实是儒学大一统政治观的变种，至此，汉代确立了儒家的正统地位。而且，董仲舒的大生命观还赋予国家以生命的性质，认为身与国相通，"身以心为本，国以君为本"[②]，并以人之四肢十二节与国之"十二臣相参"，即谓国家一体、君臣一体。与养生相联系，则是养生即养国。"养生思想与政治思想的沟通，甚至以养生为治国之本。是战国至汉代最有特征性的思想。在汉代，这种思想更成为一种普遍的认识。"[③]所以，就汉武帝而言，追求长生有两个含义：一是个体生命的长生不死，二是国家的兴旺太平、永世长存。为此，他醉心于祭祀鬼神、迷信神仙方术之事，其一人就曾八次前往泰山"登封报天，降禅除地"[④]，他重用方士李少翁、栾大、公孙卿等人，惹得"海上燕齐之间，莫

---

① （汉）董仲舒著《春秋繁露·天人三策》，长沙：岳麓书社1997年版，第304页。

② （清）苏舆撰，锺哲点校《春秋繁露义证》，北京：中华书局1992年版，第182页。

③ 钱志熙著《唐前生命观和文学生命主题》，北京：东方出版社1997年版，第110页。

④ （汉）司马迁撰《史记》卷二十八，北京：中华书局1959年版，第1404页。

不槛挽而自言有禁方，能神仙”[1]，“上疏言神怪奇方者以万数”[2]。武帝还听从方士李少翁宫室被服要像神才能招致神物与神感通的建议，命人画云气车和各以胜日驾车用以辟恶鬼。又建甘泉宫，中设台室，画泰一诸鬼神和天、地，并置祭具用以招致天神。继建柏梁、承露仙人掌、铜柱等，后来又听从方士公孙卿父“仙人喜楼居”的建议，再建了桂馆、飞廉、通天台等招神迎仙的建筑。但是最后“方士之候神入海求蓬莱者终无验，公孙卿犹以大人之迹为解。天子犹羁縻不绝，几遇其真”[3]，可见，汉武帝尽管已经看到了神仙的虚假本相，但仍对长生幻想痴心不改。而令汉武帝对神仙方术长生救国的信念产生根本性动摇的是李夫人和奉车都尉霍嬗的去世，这种情感在他的 2 篇哀悼诗中得以体现。追求长生，但自己最宠爱的妃子李夫人就死在身边，而且请方士招魂也无法真正见上一面，“是邪非邪。偏何姗姗其来迟。”(《李夫人歌》)首 2 句实为疑问句“是邪?”“非邪?”，后一句原句应为“如果是的话，偏何姗姗其来迟?”实是假设复句兼疑问句，均表达了对长生的质疑。追求长治，而奉车子侯居然在元封元年(前 110 年)封禅大典中一日暴亡，《思奉车子侯歌》《史记·封禅书》列出了帝王封禅所必需的条件：即太平盛世或天降祥瑞，帝王在当政期间，只要具备其一即可封禅，但二者之间有着某种隐秘的联系。根据董仲舒的国之将败、天出灾害以谴告的天人感应理论，帝王贤明，才可能出现太平盛世，而在太平盛世将来之时，天往往会降祥瑞以示征兆，反之，则天降灾异，而封禅时奉车子侯的死是灾异的体现，是国之将衰的征兆，是天意，“皇天兮无慧。至人逝兮仙乡。天路远兮无期。不觉涕下兮沾裳。”所以汉武帝才如此伤心。其实身之长生与国之长生信念的动摇一直存于汉武帝的心中，是他敏感易伤的源头，表现为他有时会突然乐极生悲，如公元前 113 年汉武帝率领群臣到河东郡汾阳县祭祀后土，途中传来南征将士捷报，本是好事，但他却突然冒出“欢乐极兮哀情多，少壮几时兮奈老何”(《秋风辞》)这样的感叹，即是对长生幻想质疑的一种焦虑。而李夫人和奉车子侯的去世则是他对长生信念的根本动摇，为他们而作的哀悼诗更是这种思想的集中体现。

在艺术上，《李夫人歌》为乐府杂言诗，它的成功之处在于疑问语气的恰当运

① (汉)司马迁撰《史记》卷二十八，北京：中华书局 1959 年版，第 1391 页。

② (汉)司马迁撰《史记》卷二十八，北京：中华书局 1959 年版，第 1397 页。

③ (汉)班固撰《汉书》卷二十五下，北京：中华书局 1962 年版，第 1247 页。

用和姗姗来迟人物仪态的生动刻画，表现了诗人将信将疑、急切、激动、喜悦、担忧的复杂心态。《思奉车子侯歌》为楚歌体杂言诗，前四句描写芳草美景，后四句伤人诉哀，其成功之处在于继承了屈原芳草喻美人的比兴传统，美人遭遇不幸，更让人觉得上天的不公和悲剧的强烈。

汉武帝的哀悼诗虽然不多，但是它以其深刻的生命内涵和其帝王的强大垂范作用给后世文学带来巨大的影响。

首先，带动了后世杂史笔记的创作。东晋王嘉的《拾遗记》传说汉武帝思念李夫人，当时太阳西下、凉风激水，自造歌曲《落叶哀蝉曲》，让女伶歌唱，歌声甚遒。此骚体诗前四句通过描写李夫人遗留的罗袂、曾经居住过的宫殿玉墀生尘、虚房冷清、重扃叶落来抒发物是人非的感伤，虚房、玉墀、尘、落叶、重扃均指虚房，运用了叠加复指式的意象连接方法，后两句则直抒胸臆，表达了对李夫人的思念之情。书中还写了汉武帝让方士董仲君为李夫人招魂之事，董仲君花了十年时间在海外找到一块能够让魂魄依附的奇石，刻成李夫人的模样，放在轻纱帷幕之中，武帝非常高兴，想要靠近，但董仲君说石有奇毒且魂魄并非活人，因此只能远观，观后将这石像裂为九段。继后武帝便修筑了梦灵台，用以祭祀李夫人。相传为汉班固撰写的杂史杂传类志怪小说《汉武故事》也写了如是之事，武帝因思悼李夫人，叫齐人李少翁张帐为之招魂，意犹未尽，还作赋哀悼。相传为东晋葛洪的《西京杂记》卷二曰："武帝过李夫人，就取玉簪搔头。自此后宫人搔头皆用玉，玉价倍贵焉。"[①]东汉郭宪《汉武帝别国洞冥记》卷三亦写武帝思念李夫人之事，曰："有梦草，似蒲，色红，昼缩入地，夜则出，亦名怀莫。怀其叶，则知梦之吉凶，立验也。帝（汉武帝）思李夫人之容，不可得，朔（东方朔）乃献一枝，帝怀之，夜果梦李夫人，因改曰怀梦草。"[②]自此以后，"玉搔头"和"怀梦草"就成了后代诗文中的固定表达，如，清曹雪芹的《红楼梦》第八十九回曰："想象更无怀梦草，添衣还见翠云裘；脉脉使人愁！"[③]清秋瑾的《挽故人陈阕生》诗曰："无地可逢怀梦

---

① （汉）刘歆撰，王根林校点《西京杂记（外五种）》，上海：上海古籍出版社 2012 年版，第 20 页。

② （东汉）郭宪撰《汉武帝别国洞冥记》，王根林校点《西京杂记（外五种）》，上海：上海古籍出版社 2012 年版，第 61 页。

③ 蔡义江评注《红楼梦诗词》，北京：中华书局 2011 年版，第 260 页。

草，长歌聊以代《招魂》。”[①]宋朝初年由李昉等十二人奉宋太宗之命编写的《太平广记》，其中的《董仲君》和明王慑洲的《孝武李夫人传》亦记载了汉武帝为李夫人招魂之事。

其次，汉武帝哀悼诗推动了后代帝王婚恋诗歌、戏曲的发展。自汉武帝《李夫人歌》之后，汉李故事遂成为后代诗文的一个新的题材，李夫人也成为一个文学典型，被多次吟咏。据《先秦魏晋南北朝诗》《全唐诗》《全唐五代词》《全宋诗》《全宋词》《元诗别裁》《明诗别裁》《清诗别裁》统计可知，在后世 24 首关于汉李故事的诗歌中，按情感表达可分为 6 种：(1)称赞李夫人美貌的有 8 首(其中有 2 首是称赞李夫人美貌，告诫倾城误人身)；(2)汉武帝思念已逝的李夫人的有 6 首；(3)汉武帝为李夫人招魂的有 4 首(其中有 1 首是写汉武帝为李夫人招魂，告诫避美色)；(4)称赞李夫人唱歌美的有 3 首；(5)吊唁李夫人的有 2 首；(6)言李夫人去世的有 1 首。其中汉武帝为李夫人招魂、同情汉李的爱情婚姻悲剧与红颜祸水、倾城误身的复杂情感直接开启了后代唐玄宗、杨贵妃爱情故事的写作。人们常将李夫人与杨贵妃并举，如：

伤心不独汉武帝，
自古及今皆若斯。君不见穆王三日哭，重璧台前伤盛姬。
又不见泰陵一掬泪，马嵬坡下念杨妃。
纵令妍姿艳质化为土，此恨长在无销期。
生亦惑，死亦惑，尤物惑人忘不得。
人非木石皆有情，不如不遇倾城色。——(唐白居易《李夫人—鉴嬖惑也》)

倾城误人身，古来唯有李夫人。
延年作歌帝所珍，贮之金屋荐华茵。
宠光杂逻疏弟昆，将死掩面留余恩。
千载不复见，言之涕沾巾。
倾城误人身，此曲哀怨何可听。——(宋·朱涣《倾城误人身寄内翰洪文》)

① 王延梯辑《中国古代女作家集》，济南：山东大学出版社 1999 年版，第 1300 页。

君不见李夫人，不肯回身看汉君。
又不见杨太真，拥行莫恋属车尘。
自古蛾眉多蠹国，玉颜画就还伤神。——（宋·姜特立《续丽人行》）

一种倾城好颜色，茂陵终傍李夫人。（清王士祯《马嵬怀古》）

以上诗歌均将杨贵妃与李夫人并论，表达了红颜误国、红颜命短的思想。其中以白居易的《长恨歌》影响最大，诗的前半部赞美杨贵妃美貌、批判唐玄宗荒淫误国，后半部写唐玄宗为杨贵妃招魂，同情二人的生离死别之情，与此诗相关的还有陈鸿的小说《长恨传》，《长恨歌》和《长恨传》均在当时及后世广为流传，由此带动了李杨同题材诗歌创作的热潮，如张祜、杜牧、许浑、李商隐、赵嘏、郑畋、崔橹、贾岛、温庭筠、高骈、干濆、林宽、司空图、罗邺、罗隐、高蟾、崔涂、吴融、黄滔、徐夤、唐求、崔道融、唐彦谦、苏拯、李洞、杜常等均有不少诗作流传，由此推动了后世李杨爱情小说尤其是戏曲的发展，如宋有乐史的传奇小说《杨太真外传》，金有院本《击梧桐》，元有关汉卿的《唐明皇启瘗哭香囊》，白朴的《唐明皇秋夜梧桐雨》，庾天锡的《杨太真霓裳怨》，《杨太真华清宫》，岳伯川的《罗光远梦断杨贵妃》，明清有吴世美的《惊鸿记》，洪昇的《长生殿》《沉香亭》和《舞霓裳》，孙郁的《天宝曲史》，唐英的《长生殿补阙》，佚名的《沉香亭》（失传）等。

再次，由《李夫人歌》而生的《李夫人赋》是中国文学史上第一篇悼亡赋，在辞赋题材方面具有开拓意义。继后，哀悼赋创作不断，如曹丕的《悼天赋》、曹植的《思子赋》、曹髦的《伤魂赋》、王粲的《伤天赋》和《思友赋》、潘岳的《悼亡赋》、南朝宋武帝刘裕的《拟汉武帝李夫人赋》、江淹的《伤爱子赋》和《伤友人赋》、宋人李处权的《悼亡赋》等，众多哀悼赋作的出现，使哀悼成了中国古代辞赋的一大重要题材。

此外，“姗姗来迟”“倾国倾城”“绝世佳人”这些成语亦出自汉武帝及李延年的《李夫人歌》。

二、潘岳

潘岳（247 — 300），字安仁，巩县人，西晋著名文学家。其哀悼诗有《悼亡诗三首》《杨氏七哀诗》是悼妻之作，《思子诗》是悼子之作。他的哀悼诗是他矛盾多重性格和矛盾复杂心态的反映。

潘岳是历史上争议很大、受到指责最多的作家，主要集中在批评他的作品以及由人评文，大体有三种看法：一是其人格卑下，作品必然虚伪，代表如刘勰《文心雕龙·体性》、颜之推《颜氏家训》、元好问《论诗绝言》、王夫之《古诗评选》卷四、沈德潜《古诗源辨》、钱钟书《管锥编》、范文澜《文心雕龙注》等所云，赞成以人废文；二认为其作品优秀，而《晋书》记载有矛盾，为其人格作辩护，代表如张国星《潘岳其人其文》(《文学遗产》1984 年 4 月)。三是较为客观公允的评价，看到了潘岳性格的复杂多面性，其文学作品也显示出更多的可取之处，如徐公持的《魏晋文学史》(徐公持编著，中国社会科学院文学研究所总纂《魏晋文学史》，北京：人民文学出版社，1999)。从《晋史》和潘岳的哀悼诗两方面结合研究，我们认为第三种意见较为妥帖。

潘岳是正直善良、重情孝顺和忠奸不分、趋炎附势、热衷名利的混合体。前者体现为：一、泰始中因作赋颂扬晋武帝躬耕籍田，显露才华，为众所疾，被当权者左迁河阳县令，当时尚书仆射山涛领吏部、王济、裴楷等为帝所宠，潘岳因憎恨他们而没有攀附，反在宫殿大门柱了写歌谣讽刺他们，又被左迁到离洛阳更远的怀县做县令，任职时关注民生，曾请谏朝庭而被采纳，因政绩斐然，被朝廷提拔到京城做尚书度支郎，迁廷尉评。可见潘岳是一位有过人的文学才华、一定的政治才干和不肯随俗的傲气之士，而不是一味靠阿谀奉承、歪门邪道而得官之人。二、孙秀为赵王司马伦的宰相，曾是潘岳父亲的下属，潘岳因为看不惯其为人狡黠经常鞭挞他，可见潘岳也是有一定正义感的人。孙秀当上宰相后，潘岳曾问他是否还记得当初自己对他的无礼，孙秀说无日不忘，潘岳自知不免，但他并没有因此而对孙秀跪拜求饶、祈求宽恕，而是对孙秀的罗织谋反罪名、诛灭三族坦然面对、从容赴死，可见他还是一位有正义感、有骨气的坦荡君子。三、在生活中，潘岳很看重感情，尤其看重亲情，热心帮助贫困潦倒的好友公孙弘，为母亲生病辞官奉养，对妻子用情专一、一往情深，对儿女、叔、伯等其他亲属关心备至，这从他的作品所占的比例即可明示。潘岳存作共 70 篇，其中《内顾诗》2 首是写给妻子的，《悼亡诗》(三首)、《哀诗》《悼亡赋》《哀永逝文》是悼念妻子的，《思子诗》《伤弱子辞》是哀悼儿子的，《北芒送别王世胄诗五章》是写给表兄弟的，《家风诗》是

为宗祖写的，《怀旧赋》《杨荆州诔》《荆州刺史东武戴侯杨使君碑》是为岳丈写的，《寡妇赋》是为妻妹写的，《为杨长文作弟仲武哀祝文》是为妻侄写的，《阳城刘氏妹哀辞》是为妹妹写的，《金鹿哀辞》是为女儿写的，《悲邢生辞》是给为元舅子写的，《为任子咸妻作孤女泽兰哀辞》是为妻妹女写的，《秦氏从姊诔》《从姊诔》是为从姊写的，《虞茂春诔》《司空郑袤碑》是为亲戚写的，《哭弟文》是为弟写的，《杨仲武诔》是为妻侄写的，均写得情深义重、真切动人。可见，潘岳的正直善良、重情孝顺并非一时一地所为，而是自生至死永怀着的人格和道德底线。后者体现为《晋书》所列的三条：助纣为虐，为贾后构愍怀太子祷神文；与石崇等馅事贾谧，每候其出，看到飞起的尘土就开始下拜；性格浮躁，趋于市利。首先，构愍怀太子之事东晋南北朝人写的史书中没有记载，张国星《潘岳其人其文》一文认为：从永康元年夏四月梁王肜、赵王伦矫诏废贾后为庶人，其党羽贾谧等数十人皆伏诛，六月，惠帝下诏杀掉了曾参与害太子的孙虑、刘振和太医令程据等人，均无潘岳。孙秀没有以“贾谧党与”“构陷太子”之罪而是于八月另构谋反罪杀掉潘岳。且此祷神之文写得不伦不类、粗鄙不堪，不似潘岳所为，况贾谧亦能文，不必冒如此大的风险而假手潘岳。所以，其事未必属实。我们想，即使属实，封建社会统治阶级内部尔虞我诈、争权夺利，如果我们抛开所谓的正统观念，人各为其主，又有何过？其次，所谓市利、趋炎附势从另一个角度说是：人往高处走，水往低处流，本无可厚非，而且在政治斗争如此险恶的西晋社会，潘岳经历过从司马懿族杀曹爽及其同党到司马师族灭夏侯玄、李丰等人及司马昭攻杀高贵乡公曹髦等一系列血腥屠杀，心中常驻有人生无常、人生苦短、人生不可把握、人生一去不返的悲哀之感，这在他的诗歌尤其是哀悼诗中多有体现，如“独悲安所慕，人生若朝露”（《内顾诗》其二），“衾裳一毁撤，千载不复引”“命也可奈何，长戚自令鄙”（《悼亡诗三首》其一、其二），“人居天地间，飘若远行客。先后讵能几，谁能弊金石”（《杨氏七哀诗》），“造化甄品物，天命代虚盈。……一往何时还，千载不复生”（《思子诗》）。所以，不依附一个强有力的后台焉能存活？望尘而拜固然为一般人耻为，潘岳如此做法从内心看必定是背叛了自己一直坚持的正义原则和善良的道德底线，从外部看，潘岳才高貌美、喜怒易形露于外，受人忌恨，“为众所疾，遂十年不得升迁”，固然心里承受着巨大压力，悲愤自责但又无可奈何，“投心遵朝命，挥涕强就车”（《悼亡诗三首》其三），一个“挥涕”、一个“强”字就写出他人生处境的艰辛。有时他还想抛开烦恼、像其他士人一样隐逸山林，但是又放不下眼前的功名利禄。这种巨大的矛盾、焦虑、困惑和不安不可向年迈的母亲说，也不可向年幼的儿女说，只能向知心的妻子说，而偏偏妻子又年轻早逝，他无人倾诉，只好将满腹的矛盾、忧虑和丧亲的巨痛诉诸于哀悼诗，这就构成了他哀悼诗的主要情感内涵。

在艺术上，潘岳哀悼诗的最大特色就是运用循环、反复的语言手段表现他矛盾多重的性格和矛盾复杂的心态。例如《悼亡诗三首》，首先，“荏苒冬春谢，寒暑忽流易”“清商应秋至，溽暑随节阑”“曜灵运天机，四节代迁逝”营造了四季循环，“亹亹期月周”营造了月周轮回，“凄凄朝露凝，烈烈夕风厉”营造了一天轮回，“入室想所历”和“谁谓帝宫远，路极悲有馀”营造了现在—过去—未来的时间轮回，整个时间就是一个永无休止的反复轮回体系。其次，“望庐思其人”“入室想所历”“驾言陟东阜”从室外写到室内再写到室外，亦是一个空间轮回体系。其三，运用皎皎、凛凛、胧胧、凄凄、烈烈、亹亹、戚戚等叠词，运用顶针的手法，如“谁与同岁寒，岁寒无与同”“长簟竟床空，床空委清尘”“不觉涕沾胸，沾胸安能已”“朔望临尔祭，尔祭讵几时”，运用的反复手法，如“朔望临尔祭，尔祭讵几时。朔望忽复尽，衾裳一毁撤”“徘徊墟墓间，欲去复不忍。徘徊不忍去，徙倚步踟蹰”均形成了一种反复整齐、循环往复的语言。其四，同义语汇的运用，“长簟竟床空。床空委清尘。室虚来悲风。独无李氏灵。”空、虚、无是同义词，既表达人亡物空之意，又表达了作者空虚落寞之情。所有这些循环、反复的语言手段赋予了这些物体变化流动的生命气质，也构成了语言的回环之美，从而更有利于表达作者悲痛思妻时的缠绵悱恻、犹豫不定以及对未来无法把握的心态。

又如《杨氏七哀诗》，诗 1～4 句写人的去世就像叶落树和雨绝天，但是雨停了尚有归云，意可以循环，叶落了什么时候才能相连？意不可循环，用以比喻妻子死亡之后不能再生，自己和她不能再相见，是天象的循环与人命的不可循环之比。5、6 句写室外之景，山冈冒气，长风吹着松柏，7、8 句写室内之景，堂虚鸟鸣，室暗如夕，由室外转到室内，是空间循环。9～12 句由抒写白天的忧愁转到夜晚的忧愁，是时间的循环。最后 4 句用讨论的方式发出感叹，人活在世上，就像远行的人，先死后死不能预测，但都要死去，谁能和金石相比？把人类生命和金石相比，用金石的永恒不死来反衬人类生命的脆弱和短暂，这正是他矛盾痛苦心情

的突出表现。

再如《思子诗》前2句写自然界一切生物的虚和盈、生和死都由天命决定，虚和盈就是一种循环，第3～6句写自己思念稚子年幼去世，多想也没用，无可奈何，只能徒然伤情。最后2句抒写自己希望他一去还能循环回来，但是人命不可循环，他一去不返了，诗人的伤感之情达到了极致。

所以，诸物可以循环而人命不可循环这对世间最大的矛盾和最大的悲剧使潘岳心中长驻的巨大焦虑、矛盾、悲伤得以集中体现。

潘岳的五古哀悼诗奠定了他在哀悼诗史尤其是悼亡诗史上的地位。首先，其悼亡诗在悼亡诗史上有重大的奠基意义：一是由于其杰出的艺术魅力和《文选》的巨大影响使悼亡成了悼妻[①]的专称[②]，其后专以“悼亡”命名悼念妻妾和代他人悼念妻妾的作品有：南朝梁沈约的《悼亡诗》、隋薛德音的《悼亡诗》、唐刘商的《代人村中悼亡二首》、孟郊的《悼亡》、白居易的《为薛台悼亡》、赵嘏的《悼亡二首》、温庭筠的《和友人悼亡（一作丧歌姬）》、王涣的《悼亡》、李中的《悼亡》、鱼玄机的《代人悼亡》等；二是开创了哀悼组诗的先河。三是因其悼亡诗的杰出成就，形成了潘杨之好、潘鱼、潘岳悼亡的常用典故，被广泛地运用在后世的哀悼诗中，例如：

潘杨称代穆，秦晋忝姻连。——（卢照邻《哭明堂裴主簿》）
唯应月照簟，潘岳此时哀。——（张九龄《故荥阳君苏氏挽歌词三首》其三）
潘鱼从此隔，陈凤宛然飞。——（沈佺期《天官崔侍郎夫人卢氏挽歌》）
潘岳岁寒思，屈平憔悴颜。——（刘禹锡《谪居悼往二首》其二）
潘安寄新咏，仍是夜深来。——（元稹《城外回，谢子蒙见谕》）
邓攸无子寻知命，潘岳悼亡犹费词。——（元稹《遣悲怀三首》其三）
小于潘岳头先白，学取庄周泪莫多。——（元稹《六年春遣怀八首》其八）
荀令香销潘簟空，悼亡诗满旧屏风。——（元稹《答友封见赠》）

---

① 后来发展为夫悼念亡妻（妾，包括家妓、侍儿）或妻（妾，包括家妓、侍儿）悼念亡夫或有事实婚姻的一方悼念已去世的另一方。

② 宋文帝最早提出“悼亡”之名，继齐武帝亲作悼亡诗，而后萧统所编的《文选》将潘岳的三首悼妻诗录入并以“悼亡”命名。

往年鬓已同潘岳，垂老年教作邓攸。——（元稹《哭子十首（翰林学士时作）》其七）

只有安仁能作诔，何曾宋玉解招魂。——（李商隐《哭刘蕡》）

玉貌潘郎泪满衣，画罗轻鬓雨霏微。——（温庭筠《和友人悼亡》）

彩云一去无消息，潘岳多情欲白头。——（鱼玄机《和新及第悼亡诗二首》）

上述典故的引用使潘岳的悼亡诗有了更广泛的传播载体。

其次，潘岳的《思子诗》开创了子女哀悼诗的先例。唐代以后不少诗人有悼子、悼女诗，如唐代存有王勃的《伤裴录事丧子》，顾况的《伤子》《大茅岭东新居忆亡子从真》《悼稚》，于鹄的《悼孩子》，韩愈的《去岁自刑部侍郎以罪贬潮州刺史乘驿赴任其后家亦谴逐小女道死殡之层峰驿旁山下蒙恩还朝过其墓留题驿梁》，孟郊的《悼幼子》《杏殇》，元稹的《哭小女降真》《哭女樊》《哭女樊四十韵（虢州长史时作）》《哭子十首》《感逝（浙东）》，白居易的《念金銮子二首》《病中哭金銮子（小女子名）》《重伤小女子》《哭崔儿》《初丧崔儿报微之晦叔》，李群玉的《哭小女痴儿》《伤小女痴儿》，皮日休的《伤小女》、韦庄的《忆小女银娘》、王□的《王氏殇女墓铭》，五代存有李煜的《悼诗》和《挽辞二首》等。

三、杜甫

杜甫（712—770），字子美，祖籍京兆杜陵。天宝五年（746 年）命待制集贤院，天宝十四年（755 年）任右卫率府兵曹参军，后历任左拾遗、华州司功参军、节度参谋、检校工部员外郎。其与李白密交、齐名，并称“李杜”，因集前人之大成而被为后世尊称为“诗圣”，其诗时谓之“诗史”。《新唐书·艺文志》著录有集六十卷，现存诗十八卷、文两卷。

杜甫现存哀悼诗共 32 首：

《故武卫将军挽歌三首》（五律），作于天宝六七年（747～748 年）之间

《哭长孙侍御》[①]（五律），作于至德二年（757 年）

《过郭代公故宅》（五古），作于宝应元年（762 年）

① 一作杜诵诗。

《哭台州郑司户苏少监》(五排),作于广德二年(764年)

《别房太尉墓(在阆州)》(五律),作于广德二年(764年)

《哭严仆射归榇》(五律),作于永泰元年(765年)四月

《闻高常侍亡》(五律),作于永泰元年(765年)

《怀旧》(五律),作于广德二年(764年)秋

《承闻故房相公灵榇自阆州启殡归葬东都有作二首》(五律),作于永泰元年(765年)

《八哀诗·赠司空王公思礼》(五古),作于大历元年(766年)秋

《八哀诗·故司徒李公光弼》(五古),同上

《八哀诗·赠左仆射郑国公严公武》(五古),同上

《八哀诗·赠太子太师汝阳郡王琎》(五古),同上

《八哀诗·赠秘书监江夏李公邕》(五古),同上

《八哀诗·故秘书少监武功苏公源明》(五古),同上

《八哀诗·故著作郎贬台州司户荥阳郑公虔》(五古),同上

《八哀诗·故右仆射相国张公九龄》(五古),同上

《存改口号二首》(七绝),作于大庆元年(766年)

《奉汉中王手札报韦侍御、萧尊师亡》(五排),作于大历元年(766年)

《哭王彭州抡》(五排),作于大历元年(766年)

《遣怀》(五古),作于大历元年(766年)

《哭李尚书(之芳)》(五排),作于大历三年(768年)秋

《重题》(五律),作于大历三年(768年)秋

《哭李常侍峄二首》(五律),作于大历三年(768年)冬

《哭韦大夫之晋》(五排),作于大历四年(769年)夏

《送卢十四弟侍御护韦尚书灵榇归上都二十韵》(五排),作于大历四年(769年)冬

《追酬故高蜀州人日见寄》(七古),作于大历五年(770年)正月二十一日

杜甫的哀悼诗以其个人在文学史上的杰出地位、哀悼对象的重要和出名、诗歌文体的变革与创新而在中国哀悼诗史上占有一席之地。

首先杜甫的哀悼诗全是交际应酬类哀悼诗,他在32首诗中共哀悼了20位

出名人物，除了韦侍御、萧尊师其名不详、长孙侍御身份不确定之外，其余的均是建有大功的重相名臣和卓有建树的诗人、画家：

郭震(656—713)，唐朝名将、开元元年(713年)宰相、代国公。曾献离间计使吐蕃发生内乱，辅助唐玄宗诛杀太平公主。

王思礼(？—761)，唐朝将领，从讨安禄山叛军，守潼关，助宰相战便桥，复长安，收东京，破史思明叛军。封霍国公，追赠太尉。

李光弼(708—764)，曾作河东节度副使参与平定安史之乱，任天下兵马副元帅辅佐镇压浙东袁晁领导的农民军。

严武(726—765)，两次镇蜀，以军功封郑国公。与杜甫友善有唱和。

李琎，为唐玄宗长兄让皇帝李宪之子，封汝阳王，历太仆卿，与贺知章、褚庭诲、梁涉等为诗酒之交。

李邕(675—747)，唐代书法家。其父是为《文选》(梁萧统编选)作注的李善。历任左拾遗，曾任户部员外郎、括州刺史、北海太守等职。

苏源明(？—764)，历任太子谕德、东平太守、国子司业、考功郎中、知制诰、秘书少监。

张九龄(678—740)，世称"张曲江""文献公"，唐玄宗开元年间尚书丞相，诗人。

房琯(697—763)，为武则天时宰相房融之子，玄宗时吏部尚书、同平章事。

高适(约700—约765)，曾任刑部侍郎、散骑常侍、渤海县侯，唐代著名的边塞诗人。

王抡，曾以御史罢育、后入严武幕迁彭州刺史。

李之芳，为蒋王李恽的曾孙、蔡国公煌孙，工五言诗，历工部侍郎、太子右庶子、礼部尚书、太子宾客。

韦之晋，为潭州刺史、湖南都团练观察使。

李晖，为吴王倍曾孙，李岘之弟，历任户部侍郎、银青光禄大夫、蜀州刺史。

毕曜[①]，官监察御史，后流黔中，工诗，与杜甫友善、有酬唱。

李白(701—762)，伟大的浪漫主义诗人，后人誉为"诗仙"，与杜甫并称"李

① 据《唐人行第录》应作毕耀。

杜”，天宝初被唐玄宗待诏翰林。

郑虔（691—759），盛唐著名诗人、文学家、书画家，玄宗署曰“郑虔三绝”，亦是精通天文、地理、兵法、博物、医药的一代通儒。天宝九载（750 年）玄宗曾为其置广文馆，任为博士，后迁著作郎。

其次，杜甫的哀悼诗记录了安史之乱的史实和抒发了忧国忧民、忠君爱国的炽热情感。安史之乱从天宝十三年（754 年）年正月安禄山入朝，杨国忠预言安禄山必反，至天宝十四年（755 年）12 月 16 日开始爆发，至公元 763 年 2 月 17 日平息，共历时为八年零二个月。从上文的写作时间看，杜甫的哀悼诗除了《故武卫将军挽歌三首》是作于天宝六七年（747—748）之间外，其余的 31 首诗均作于至德二载（757 年）至大历五年（770 年）之间，涵盖了整个安史之乱的总过程，是杜甫中晚年辞官漂泊西南时期所作。杜甫在哀悼良将、挚友去世的同时，反映了国人上下同仇敌忾共同抵抗安禄山、史思明叛乱的史实和战乱给国家、人民带来的满目沧桑以及诗人在穷困潦倒、疾病缠身、居无定所中仍然心系社稷、关注民生的忠君爱国之情。其中最典型的例子就是大历元年（766 年）秋在理州所作的《八哀诗》，诗人在小序中云，伤时盗贼未息，追思王思礼、李光弼、严武、李邕、李琎、郑虔、苏源明、张九龄八公，叹旧怀贤而作。在《八哀诗·赠司空王公思礼》中歌颂王思礼抵抗吐蕃大举进犯疆域，收复青海、远征天山，以及表达了在平息安史战乱中建立大功和未见到清平之世就过早去世的惋惜哀悼之情。在《八哀诗·故司徒李公光弼》中歌颂李光弼与郭子仪共讨叛军、收复十余郡、重创史思明、镇守临淮的功绩，以及抒发了其被宦官构害而逝的悲哀。在《八哀诗·赠左仆射郑国公严公武》中歌颂严武天宝末年随玄宗入蜀、奉旨赴肃宗朝佐政、破吐蕃、拔当狗城、复取盐川城的功业，以及表达了因病早逝的惋惜。在《八哀诗·赠秘书监江夏李公邕》中表达了对李邕词高行贞、才堪诔诤的赞美和抒发了屡遭贬斥、天宝六载（747 年）惨遭李林甫谋杀的深切同情。《八哀诗·故秘书少监武功苏公源明》赞美了苏源明工于文辞的文才、在安禄山陷京师时称病不受伪职的高尚气节和抒发了其因饥疫而死的惋惜。在《八哀诗·故著作郎贬台州司户荥阳郑公虔》中赞美郑虔博学多才、高雅不俗，以及表达了对他这位忠良臣子在安史之乱中身陷叛军、无奈迫受伪职以致后来被蒙冤贬死表示不平和惋惜。在《八哀诗·故右仆射相国张公九龄》中诗人赞美了对早预料到安禄山会反的张九龄相国志大才高、胸怀宽旷和苦思对付安禄山的致治之道，表达了诗人对一代贤相的缅怀之情。在这些诗中处处流露出对平定安史之乱、消灭叛贼、渴望国家统一和赞扬忠臣明君治国的殷殷爱国忠情，俨然一首首爱国史诗和赞歌。

再次，杜甫的哀悼诗在艺术上的最大成绩是体裁较多、在五古上有重大突破。杜甫现存哀悼诗共32首，其中五古共10首，七古共1首，五律共13首，五排共6首，七绝共2首。产生于西汉的五古经过几百年的发展，到唐代已经成为一种高度成熟的诗歌形式。唐人把它看作是古老而庄重的体裁，杜甫把它发展成为长篇五古，常用它来表现感时伤乱、重大现实事件等一些主题严肃、心情深沉抑郁的事，长安十年、安史战乱时期写作的诗大多用这种体裁。如《北征》《羌村》、前后《出塞》《咏怀》、“三吏三别”以及晚年所作的《壮游》《遣怀》《昔游》等诗。正如清施补华《岘佣说诗》所言：“少陵五言古千变万化，尽有汉、魏以来之长而改其面目。叙述身世，眷念友朋，讨论古今，刻画山水，深心寄托，真气坌涌。《颂》之典则，《雅》之正大，《小雅》之哀伤，《国风》之情深文明长于讽喻，息息相通，未尝不简质浑厚，而此例不足以尽之，故于唐以前为变体，于唐以后为大宗，于三百篇为嫡支正派。”[①]他的哀悼诗有三分之一为这种长篇五古，如《过郭代公故宅》《八哀诗》八首、《遣怀》。在诗中他往往是通过叙述死者的出身、品德、才学、一生的功业、去世等情况以及去世后人们对其的哀悼、思念、惋惜等感情，从中加入自己的喜怒、爱憎和评论，将叙述、议论、抒情、描写融于一体，全篇就像一首充满感情、描写生动的传记或墓志铭。《八哀诗》八首就是典型的例子，这组诗是大历元年(766年)秋客居夔州时所作，为哀悼王思礼、李光弼、李邕、严武、李琎、郑虔、苏源明、张九龄八人，每首均是按上述作法，实是为他们所写的评传。例如《八哀诗·故秘书少监武功苏公源明》写秘书少监苏源明自幼丧父母，曾客居徐兖，潜心甘读，成为学识精纯的儒者，科举得胜，声名广传，勤于政务，安史之乱时称病不受伪职。乱后官至秘书少监，诗赋益佳，最后因饥疫而死。杜甫详叙其生平事迹，对他的悲惨出身、饥疫而死大加同情，对他的勤奋好学、学识精湛、抗贼大节、冒死直谏极为称扬，对那些在安史之乱中变节受职的官员大加谴责，对早日结束天下战乱大加忧心，对自己病卧在床、不能归祭亡友而深表遗恨，记叙、描写、抒

① 中华书局上海编辑所编辑《清诗话》(上、下册)，北京：中华书局1963年版，第978页。

情、议论融为一体，宛若一首激情澎湃的抒情传记。又如《过郭代公故宅》，此诗为杜甫于宝应元年(762 年)在通泉县参观代国公郭元振故居所作，全诗写郭元振在未受到重用时不拘小节，作通泉县尉时曾放纵情怀。登上要职以后，正气凛然，像换了另一个人。定策神龙，辅佐玄宗除灭太平公主，使玄宗归于皇位，声名远播。后写诗人参观其故居，为其临事果决所感，高诵他的《宝剑篇》。全诗亦将叙述、描写、议论、抒情融为一体，成为一篇富有文采的抒情传记。

多用典故是杜甫诗歌的一大特色，这点也体现在他的哀悼诗中，他的哀悼诗多用肯定性、赞扬性典故及死亡哀悼性典故，以此赞美死者的才学、品德、功业以及表达对死者的哀悼之情，此亦构成了他哀悼诗艺术的另外一个特征。例如五古《八哀诗・赠左仆射郑国公严公武》共用了 17 个典故：白马、御史府中乌、马融笛、二竖、颜回、履声、何水曹、瑚琏器、红粟、贾谊、匡汲俄宠辱、蜀人爱诸葛、龙骧茔、卫霍、云台仗、文翁、子荆。这些典故全都是赞美性、肯定性典故，瑚琏器赞美严武是个重要人物。匡汲俄宠辱、卫霍暗指严武像谏臣匡衡、汲黯那样宠辱无常，又像名将卫青、霍去病那样存殁可慨。履声指严武虽任吏部尚书但因身在剑南而失去了进谏的履声，御史府中乌、白马指严武离任御史中丞，致使御史台早晚只有群乌会聚，他罢去谏议大夫官职，便再也没有白马冲行，云台仗指玄宗的仪仗，说严武受玄宗、肃宗所重，这些典故均说明严武的重要性。蜀人爱诸葛、文翁指严武像诸葛孔明那样被蜀人敬爱，像文翁那样将教化推行。红粟指严武的愿望是使百姓的仓库储粮丰盈，赞美他的宏伟志愿。子荆指严武为谋划军略而邀请当代的子荆，亦是对他的赞美。二竖指严武怀着一颗炯炯丹心，却不料被病魔牢牢纠缠，亦是对他的赞美和惋惜。以上的典故均是对他的赞美性、肯定性典故。颜回、贾谊指严武竟像颜回那样短命夭折、像贾谊那样徒具忠贞。马融笛、龙骧茔喻诗人失去了知音，身居夔州只能怅望他的坟茔。此四典是死亡哀悼性典故。又如五排《哭李尚书》共用了 9 个典故：留徐剑、张骞、忆戴船、风雨晦、修文地下、管辂、漳滨卧、喉舌、王孙何在。留徐剑、忆戴船写诗人本想去吊唁亡友而未果成行，遂成千古恨憾。风雨晦、漳滨卧指悼念亡友徒然嗟叹，临江凭吊。修文地下喻指李尚书去世。管辂喻指李尚书像管辂一样死于英年。王孙何在喻指李尚书去世，不知安息在哪一片蒿里草间。以上 7 个典故均为死亡哀悼性典故。张骞指曾奉命出使辽远的蕃地的李尚书，诗人将他比作当代的张骞。喉舌喻指李尚书这一代重臣。以上 2 个典故为赞美性典故。再如五律《哭长孙侍御》共用了 4 个典故：台柏、乘骢、九原、擢桂。台柏指御史台，乘骢原指汉桓典权高执政、乘骢马，擢桂喻指科举及第，此三典均指长孙侍御地位尊贵，为赞扬性典故，九原指墓地，为哀悼性典故。高友工曾说："一个典故有两个极点：一个与现实问题相关，一个与历史事件相关，两个互相比较，而比较的目的则在于显示它们的相似之处，从而提供机会以使诗人描述或评论现实的问题。"[①]所以，杜甫哀悼诗中的典故均用以表明他对这些重臣名人的赞美和哀悼之情。

总之，杜甫的哀悼诗以其哀悼对象为重相名臣、著名诗人、画家、善写当代重大政治历史事件、记国伤乱的史录精神和忧国忧民、忠君爱国的君子品格、五古的文体突破和典故的个性化使用而奠定了他在中国哀悼诗史上的一流作家地位。

四、韦应物

韦应物(约 737—?)，京兆万年人。自天宝十年起历任玄宗侍卫、洛阳丞、京兆府功曹、鄠县令、栎阳令、比部员外郎、滁州刺史、苏州刺史。贞元七年(791)退职，居苏州永定寺。诗歌各体均有佳作，尤工五言近体，自成一家，存有诗集十卷。

韦应物的哀悼诗共存 29 首，其中悼妻诗有 22 首：《伤逝》(五古)、《往富平伤怀》(五古)、《出还》(五古)、《冬夜》(五古)、《送终》(五古)、《除日》(五古)、《对芳树》(五古)、《月夜》(五古)、《叹杨花》(五古)、《过昭国里故第》(五古)、《夏日》(五古)、《端居感怀》(五古)、《悲纨扇》(五古)、《闲斋对雨》(五古)、《林园晚霁》(五古)、《感梦》(五律)、《同德精舍旧居伤怀》(五律)、《悲故交》(五古)、《夜闻独鸟啼》(五绝)、《子规啼》(七绝)、《登蒲塘驿沿路见泉谷村墅忽想京师旧居追怀昔年》(五古)、《感镜》(五古)。悼兄姊诗有 1 首：《话旧》(五绝)。悼友诗有 6 首：韦应物《张彭州前与缑氏冯少府各惠寄一篇多故未答张已云没因追哀叙事兼远简冯生》(五古)、《东林精舍见故殿中郑侍御题诗追旧书情涕泗横集因寄呈阎澧州冯少府》(五古)，《同李二过亡友郑子故第(李与之故，非予所识)》(五律)、《至开

① (美)高友工、梅祖麟著《唐诗的魅力》，上海：上海古籍出版社 1990 年版，第 161 页。

化里寿春公故宅》(五律)、《四禅精舍登览悲旧寄朝宗巨川兄弟》(五古)、《睬阳感怀》(五古),五古22首,五律4首,五绝2首,七绝1首。可见其哀悼诗以悼亡诗居多,以五古居多。

韦应物的哀悼诗在思想内容上比较复杂,这与他的经历有关。他15岁从天宝十年至天宝末以三卫郎为玄宗侍卫,随从游幸,恃恩私宠,横行乡里,为乡人苦。安史乱起,流落失职,改邪归正,居武功县折节读书。代宗广德至德宗贞元间,历任洛阳丞、京兆府功曹参军、鄠县令、比部员外郎、滁州及江州刺史、左司郎中、苏州刺史等地方官,为官勤于吏职、简政爱民、清正廉洁,以至苏州刺史届满之后无资回京候选而寄居苏州永定寺后客死。韦应物从一位高高在上、呼风唤雨的皇帝宠臣到一位奔波游离、居无定所、生活贫困的地方官,其中的心理落差无法消解,只好诉之于宗教。据谱,他与皎然、琮公、良史等僧人和黄洞元、刘玄和等道士交游甚密,日本学者赤井益久先生认为他一生从初仕到归休都在仕—隐之间重复循环,每次循环都以佛寺为休居寓所:

玄宗侍卫—武功宝义寺
洛阳丞—同德精舍
京兆府功曹—善福精舍
苏州刺史—永定寺[①]

当然这并不一定表明韦应物是一位超尘脱俗的高士,也不一定表明他要归顺佛教、已经超脱了,但是到佛寺去逃遁疗伤和在佛教中获取精神慰藉这点是肯定的。所以,他的哀悼诗除了表达对死者的哀伤之外,还渗透着繁荣过后的孤寂、沧桑过后的虚无以及佛教的看穿和试图超越,有一种铅华洗尽之后的至真、至情、至美。

首先他的诗中强化了人一逝不复返、万事已成空的悲剧感,例如“染白一为黑,焚木尽成灰。念我室中人,逝去亦不回。”(《伤逝》)诗人的妻子一逝不返,就

① (日)赤井益久:《韦应物的屏居》,《汉文学会会报》第三十辑(1984年12月)。该文未列任苏州刺史——居永定寺一组,为蒋寅所增加,见(蒋寅:《大历诗人研究》,北京:北京大学出版社2007年版,第72页)

像白染为黑、木焚为灰一样不可复原，不能转活过来，这是世间的客观真理，其中也渗透着诗人的深刻体悟和巨大哀痛。“生平同此居，一旦异存亡。斯须亦何益，终复委山冈”（《送终》）诗人与妻子同居此处，一旦妻子去世，延迟时日也无法再让她活过来，终究要埋葬山冈，亦写出了人去世后做什么都无法让其复生的悲哀。“忽惊年复新，独恨人成故”（《除日》）写出了年复一年，日子可以循环，但是人一旦去世就永远不可循环再生，这是诗人最大的哀痛。“山河不可望，存没意多违”（《同德精舍旧居伤怀》）诗人因想起亡妻而悲痛难持，无心欣赏秀丽的山河，死亡一旦降临就降临了，是生是死都无法让人把控，实让人感伤而无奈。“存亡三十载，事过悉成空”（《话旧（亭中对兄姊话兰陵崇贤怀真已来故事，泫然而作）》）生离死别三十年了，人一旦去世，先前所有的事情都化为乌有，毫无意义。“门前车马散，非复昔时来。”（《至开化里寿春公故宅》）人一旦去世，生前车马盈门的现象再也不见了，写出了世态炎凉的似淡实浓的悲痛。

其次，他的诗中强化了无人能体会的孤独感、寂寥感，常用独、孤、寂等表孤独、寂寞的语汇及其同义表达抒情，例如：

昔时同往路，独往今讵知。——（《往富平伤怀》）

昔出喜还家，今还独伤意。

凄凄动幽幔，寂寂惊寒吹。——（《出还》）

冥冥独无语，杳杳将何适。——（《过昭国里故第》）

无人不昼寝，独坐山中静。——（《夏日》）

永日独无言，忽惊振衣起。

感至竟何方，幽独长如此。——（《端居感怀》）

同游不同意，耿耿独伤魂。

寂寞钟已尽，如何还入门。——（《林园晚霁》）

岁月转芜漫，形影长寂寥。——（《感梦》）

时迁迹尚在，同去独来归。——（《同德精舍旧居伤怀》）

唯当同时友，缄寄空凄戚。——（《东林精舍见故殿中郑侍御题诗追旧书情涕泗横集因寄呈阎澧州冯少府》）

永绝携手欢，空存旧行迹。——（《过昭国里故第》）

空房欲云暮，巢燕亦来止。——(《端居感怀》)

空斋对高树，疏雨共萧条。——(《闲斋对雨》)

故人惊逝水，寒雀噪空墙。——(《同李二过亡友郑子故第(李与之故，非予所识)》)

丈夫须出入，顾尔内无依。——(《往富平伤怀》)

上例中的“独”“凄凄”“寂寂”“静”“无语”“无言”“寂寞”“寂寥”“凄戚”直接抒发诗人面对妻、友死亡后的孤寂心情，而“空存”“空房”“空斋”“空墙”则是以环境的空旷无人间接抒发自己的孤寂心情，“无依”实也是孤独寂寞的同义表达。

再次，他的诗中还表现了试图用佛教超越痛苦的努力。例如《端居感怀》是诗人于大历三年(778年)为亡妻作的哀悼诗，写自己在妻子去世之后长时间地沉浸在对她的思念之中，整天闷闷不乐，一句话也不说，突然受惊振衣而起，仿佛妻子正在卧室，忽然才明白她已死去。孩子的母亲弃儿而逝，像流水一样一去不复返，自己无论冷暖阴晴都觉得缺少趣味、毫无意义。接着诗人想引用佛理来开导自己，“寂性常喻人”，佛家称无烦恼为寂，烦恼是佛教所指的一切世俗的欲求、情绪和思想活动。“喻人”就是开导人。但是“滞情今在己”，自己滞碍于情感中没有办法解脱。“空房”四句写天黑燕子又来巢居，夏木成阴，绿苔无人踩踏，以景衬情表达自己幽独长居，无法排遣对妻子的哀伤之情。又如《夏日》，诗人于大历三年(768年)夏天为亡妻所作，全诗共8句，均抒发对妻子的哀伤、思念之情。诗说自从妻子去世以后心里非常凄苦，总觉得白天的时间很漫长，人人都午睡了，只有自己一个人因伤心而不眠，独坐山中，觉得周围一片寂静，我想用淡泊之理将这忧愁排遣，所以学习佛法的“诸法皆空”之理，即一切事物和现象皆虚幻不实，“庶遗境”中的“遗”指忘却，“境”，佛教中指人的一切认识对象，或许可以将这世间的一切烦恼忘却吧。但是思念妻子的积习常来侵犯，忧愁去之不尽、卷土又来，难以调整。

韦应物的哀悼诗在艺术上的最大特色是：从细微处入手，抓住细节，通过对比、反衬手法来抒发哀情。

首先，通过描写遗孤抒情。潘岳是首位开了哀悼儿子先例的诗人，而韦应物则是将遗孤写入悼亡诗中的第一位诗人。《伤逝》用今昔对比的手法，先写妻子生前的情景，夫妇相敬如宾，互相依持，患难与共，妻子温柔纯洁，遵守礼仪规矩，为支持丈夫工作，把生活方方面面照顾得妥妥帖帖。但妻子去世之后，生活一团糟，屋子到处布满尘埃，旁边长满野草，幼儿无人看管，自己只好抱着他哭泣，“单居移时节，泣涕抚婴孩”就写出了妻亡后生活的惨状。《往富平伤怀》也是用今昔对比的手法，以前妻子在时把家里的一切照顾得十分周到，让他出门没有任何忧虑，回家后也其乐融融，但妻子去世以后，自己需要外出谋生，家里无人照顾，所以一开门就听到小孩的悲哭声，即“今者掩筠扉，但闻童稚悲”。《出还》写妻子在时，自己高高兴兴地回家，现在妻子去世了，自己一回到家就伤心，但“幼女复何知，时来庭下戏”，一哀一乐的对比更写出了亡妻之后的辛酸与悲苦，正如施补华所说：“悼亡诗必极写悲痛，韦公‘幼女复何知，时来庭下戏’，亦以澹笔写之，而悲痛更甚。”[①]“抱此女曹恨，顾非高世才”（《冬夜》）、“童稚知所失，啼号捉我裳。”（《送终》）这两句均写出了妻子去世之后，自己抱着孩子伤心以及孩子知道失去母亲、哭着抓住他的衣服找妈妈的情景。通过描写遗孤或喜或悲的情景，突出了死亡不仅是带走了丈夫的妻子，更是带走了孩子的母亲，使一个好端端的家庭面临崩溃的惨境，留给人的是一种更深刻的伦理悲剧色彩。

其次，通过描写景物抒情。韦应物认为“物变知景暄，心伤觉时寂”（《过昭国里故第》）物候变化就知道太阳暖和，心中悲伤就觉得时间寂静、缓慢，所以他笔下的景物都非常细致、幽静、清丽、生机盎然，用以反衬物可再生、循环而人不可再生、循环的悲哀或烘托存者对死者的忧伤、思念之情。例如《除日》用“冰池始泮绿，梅援还飘素”的淑景反衬年复新但人成故、一去不返的悲哀。《对芳树》中迢迢芳园树倒映在清清的池水中，还像以前一样的绿，风中的树枝含着雾气，带露的树叶承接着太阳的光辉，如此清新美丽、生机勃勃的景色让诗人更加伤心，因为他的爱妻已一去不返、不可再生了。《月夜》写皓月流照在春城上，露水滴在芳草上，诗人坐在美丽的窗前看着这美丽的清景，心中徒生哀伤，因为美景依旧而爱妻已不在了。《叹杨花》写诗人由眼前飘舞空中、空蒙不定的杨花想起从前与妻子的赏心乐事已随着流逝的时光而逝去，心中更加哀伤。《闲斋对雨》写诗人坐在空斋里，面对高树和萧条疏雨，看到巢燕新翻的湿泥，蕙花顺着台阶生长，

① 中华书局上海编辑所编辑《清诗话》（上、下册），北京：中华书局1963年版，第982页。

感到非常孤独，想起往事更加难过。《林园晚霁》写诗人在雨歇后看青青的山，落日照在林园上，山气多烟，鸟儿乱飞，林中一片清新的景象，由此想起从前与妻子同游的情景，但此刻物是人非，让人徒增感伤。《夜闻独鸟啼》《子规啼》均由夜眠时的鸟啼勾起诗人的悼妻之情。此种抒情方式继承了中国古代诗歌感物兴发的传统。

再次，通过描写遗屋抒情。在哀悼诗史上，三国嵇康的《思亲诗》、晋潘岳的《悼亡诗三首》、孙绰的《表哀诗》、陶渊明的《悲从弟仲德》仅在诗中部分描写过遗屋，在韦应物之前以遗屋为题进行抒情的诗人也不多，仅有南朝梁何逊的《行经范仆射故宅诗》、唐王维的《韦过沈居士山居哭之》和刘长卿的《题灵祐和尚故居》，而至韦应物，他一人就有 5 首以遗屋为题的诗：《过昭国里故第》《同德精舍旧居伤怀》《登蒲塘驿沿路见泉谷村墅忽想京师旧居追怀昔年》《同李二过亡友郑子故第(李与之故，非予所识)》《至开化里寿春公故宅》，可见他对描写遗屋情有独钟。他往往通过描写遗屋室外、室内景物的萧条、冷落之变和目睹死者遗物而引发对死者的思念之情和生命感慨，以达到抒发生命哀情的目的，例如《过昭国里故第》：

> 不复见故人，一来过故宅。物变知景暄，心伤觉时寂。
> 池荒野筠合，庭绿幽草积。风散花意谢，鸟还山光夕。
> 宿昔方同赏，讵知今念昔。缄室在东厢，遗器不忍觌。
> 柔翰全分意，芳巾尚染泽。残工委筐箧，馀素经刀尺。
> 收此还我家，将还复愁惕。永绝携手欢，空存旧行迹。
> 冥冥独无语，杳杳将何适。唯思今古同，时缓伤与戚。

此五古是诗人约于大历十三年(778 年)春末夏初为悼念亡妻而作。前四句写自己重过故宅，触情伤情，是全诗的总纲。次四句描写宅子周围池园荒废、野草丛生、风散花意、鸟还山夕的萧条、冷落之景，诗人由此又想起夫妻曾经共同赏美景的感伤，又在卧室内看到亡妻留下的器物，用过的毛笔、巾帕，未完成的针线活，裁剪后剩下的绢帛，心里更加忧愁、哀伤，无话可说，不知何去何从。最后两句想到古人、今人均有一死，于是心中的悲伤暂时得到缓解。

在中国哀悼诗史尤其是悼亡诗史上，韦应物是一位承前启后的人物。他的五古虽在上述方面有了创新之处，但是他借鉴前人尤其是潘岳的地方太多：物可循环而人一去不复返的写法是借鉴了汉三国古诗的传统表达。他的悼亡诗多用叠词，如熙熙（《往富平伤怀》）、凄凄、寂寂（《出还》）、杳杳（《冬夜》）、萧萧、遑遑（《送终》）、冥冥、杳杳（《过昭国里故第》）、沈沈、婉婉（《端居感怀》）等，这种手法是借鉴于潘岳《悼亡诗三首》的惯用表达；"桃李忽凋摧"（《冬夜》）以树摧喻人去世的写法借鉴了潘岳的"漼如叶落树"（《杨氏七哀诗》）；"帏帐徒自设，冥寞岂复来"（《冬夜》）用了李夫人的典故，潘岳的《悼亡诗三首》中"帏屏无仿佛"已经用过，等等。而且他的悼亡诗无法像潘岳那样用多层次、多角度的铺叙手法和大循环套小循环的方法来表达哀情，也就是说韦应物的悼亡诗虽然在五古悼亡诗上有了自己的创新手法，但是他抒情的深度、浓度、广度是远远比不上潘岳的。再者，在写景抒情上，他的景物过于写实，缺少一种凝练、概括和意犹未尽的含蓄美，所以说他只能是一个过渡性人物。

五、孟郊

孟郊（751—814），字东野。湖州武康人，唐贞元十二年（796 年）登第，初仕后辞官，终身清寒，中唐著名诗人，工五古，世称"诗囚"，与贾岛齐名，世称"郊寒岛瘦"。存《孟东野诗集》十卷。

孟郊现存哀悼诗共 46 首：其中悼亡诗 1 首：《悼亡》（七古）；悼子诗 10 首：《悼幼子》（五古）、《杏殇》九首（五古）；悼友诗共 34 首：《吊元鲁山》十首（五古）、《伤哉行》（五古）、《哭李观》（五古）、《李少府厅吊李元宾遗字》（五古）、《悼吴兴汤衡评事》（五古）、《哭卢贞国》（五古）、《伤旧游》（七古）、《吊房十五次卿少府》（五古）、《哭秘书包大监》（五古）、《逢江南故昼上人会中郑方回》（五古）、《吊李元宾坟》（五古）、《览崔爽遗文，因纾幽怀》（五古）、《哭李丹员外，并寄杜中丞》（五古）、《哭刘言史》（五古）、《吊卢殷》十首（五古）、《哀孟云卿嵩阳荒居》（五古）；悼下人诗 1 首：《吊江南老家人春梅》（五古）。

受屡试不第、仕途艰辛、中年丧妻、晚年丧子等不幸生活遭遇的影响，孟郊的哀悼诗除了表达对死者的哀悼之情外，还充满了怀才不遇之悲、穷愁困苦之叹、恨世不公之怨、愤世嫉俗之恨。例如《吊元鲁山》十首是哀悼天宝年间的名士元

德秀的组诗，前三首歌颂元德秀德行完美，是浑金璞玉，之所以困窘莫伸，只源于古道衰微、时运不济。第四、五首言元德秀道理与世乖，有别于流俗，故难与世俗和谐相处。第六、七首说元德秀有教化之贤，只有与其德相通的君主才会深知而委以重任，可惜现实中他没遇到这样的君主，“力运既艰难，德符方合莫”即表达了诗人对他的遗憾，第八首写诗人希望朝廷旌表元德秀，以引领教化，第九、十首分别记叙赞扬元德秀两件超人的贤行：自驾板孝母和抚养兄子恺悌。这十首哀挽前贤的组诗一方面表达了对元德秀杰出人格和品德的崇仰和赞颂，另一方面也表达了对其怀才不遇、为世难容的同情和愤慨。《哭李观》《吊李元宾坟》和《李少府厅吊李元宾遗字》是哀悼工古文、名显当世的二十九岁的太子校书郎李观，说他为直气所伤而不得老，将他比作阮籍和颜回，把他的去世比作“文星落奇曜，宝剑摧修铓。”并对当时重义之风日下的世风作出猛烈抨击，“此义古所重，此风今则亡。”《悼吴兴汤衡评事》《哭卢贞国》中的“自能富才艺，当冀深荣禄。皇天负我贤，遗恨至两目”明确赞扬卢贞国的才艺，对上天并未赋予他荣禄反而让他年轻去世表示公然的愤怒和遗恨。《哭刘言史》对好友刘言史的诗歌高度赞扬，如“精异刘言史，诗肠倾珠洒”，但是他怀才不遇、才华不被当世所承认，诗人对其也充满了同情和不满，如“诗人业孤峭，饿死良已多”和“可惜大国谣，飘为四夷歌”，惋惜和悲愤之情意于言表。《吊卢殷》是为哀悼至交卢殷所作的组诗，诗中对他声名不彰、寒士、贫困和无子等不幸遭际致以深切的同情和哀悼，由悲人而叹世，诗首说“诗人多清峭，饿死抱空山”把其与饥寒和饿死的命运联系在一起，揭露出一种普遍的社会现象，“白云既无主”期待着一个主宰自己命运的“主”，饱含着诗人对卢殷怀才不遇的深切慨叹和哀怨。诗人由自己失子而深感卢殷无子而死后凄凉的状况，由此而痛感世人对不幸者毫无同情的人情冷漠，进而发出“为何裁亲疏，用礼如用刀”的浩叹，具有强烈的愤世嫉俗之情。《哀孟云卿嵩阳荒居》是一首描写孟云卿故居的荒凉而追念好友的诗，诗人对其的悲情自然氤氲其间，同时由哀人而哀世，“定交昔何在，至戚今或疏。薄俗易销歇，淳风难久舒”饱含着诗人对时俗之浇薄、世态炎凉的感叹和哀怨。《杏殇》是诗人悼念三个夭折的儿子的哀伤之作，其中“此诚天不知，翦弃我子孙”明确表达了失子的孤苦老人对生活近乎绝望的哀痛和对上天不公、夺其子嗣的悲鸣之愤；悼下人诗《吊江南老家人春梅》“奈何粗犷儿，生鞭见死痕”和“胡为乎泥中，消歇教义源”愤怒控诉了被悍仆鞭挞虐杀的老家人春梅的不平和表达对她不能施以援手的愧疚。《悼亡》本是写给亡妻的哀悼诗，而诗中用典很有深意，“延平剑”“丰城剑”虽有用于表现爱情、友情，但比较常见的是用于表达人才的沉沦、遇合，金蚕玉燕之典出于帝室宫闱，与普通士民相距甚远，但诗人将其用于寻常夫妻，既是表达对亡妻的悼念之情，也暗含有君臣之不相遇合和自己怀才不遇的哀叹。

在艺术上，孟郊的五古哀悼诗有两大特点：一是在诗中直接宣泄痛不可遏的哀情。他的哀悼诗中哭、泣、泪、悲、涕、伤、哀等词汇比较多，对哀情的强调较为夸张明显，例如《哭李观》中诗人一听说好友的死讯，第一反应是“一日八九狂”，夸张手法描写出了失友的意外和深痛，接着继续描绘哀情，“沉痛此丈夫，惊呼彼穹苍”“哀歌动寒日，赠泪沾晨霜”“何以荡悲怀，万事付一觞”可谓句句抒痛，处处言哀。又如《悼幼子》中对幼子的去世是“欠尔千行泪。洒之北原上，不待秋风至。”夸张的手法将失子之悲无限扩大，让人无不为之动容。再如《吊卢殷》十首，第一首的日久哀潺潺，第二首的唧唧复唧唧、泪根生苦辛、“幽荐一杯泣，泻之清洛滨。添为断肠声，愁杀长别人”，第三首的风相号、苦哀、哭弦多煎声、恨涕有余摧、噫贫气已焚、噫死心更灰、泪波深洄洄，第四首的可怜、涟涟但幽噫，第五首的零落难苦言、起坐空惊嗟，第六首的感之为忧云、所忧唯 泣，第八首的哭酒、哭心、哀至无不深、登封徒放声，第九首的闭哀抱郁陶、嗟嗟，第十首的哭，首首言哀，无不渗透着诗人对人对己的伤人、伤世之情。

二是多运用叠词和对比、比喻的修辞方法表达哀情。叠词如窅窅、茫茫（《哭李观》）、戚戚、幽幽（《李少府厅吊李元宾遗字》）、冥冥（《悼吴兴汤衡评事》）、家家（《哭卢贞国》）、萧萧（《悼亡》）、冥冥（《吊李元宾坟》）、累累（《哭刘言史》）、潺潺、唧唧、新新、闪闪、洄洄、涟涟、纷纷、云云、嗟嗟（《吊卢殷》）等。对比如“不闻新欢笑，但睹旧诗书”（《哀孟云卿嵩阳荒居》），“君生霅水清，君殁霅水浑”“昔为芳春颜，今为荒草根”（《悼吴兴汤衡评事》），“如何昨日欢，今日见无因”（《吊房十五次卿少府》），“文字未改素，声容忽归玄”（《哭秘书包大监》），“去春会处今春归，花数不减人数稀。朝笑片时暮成泣，东风一向还西辉”（《伤旧游》）均用对比的手法写出了生欢死哀、生死速易的客观悲剧规律。比喻如“为尔吊琴瑟，断弦难再张。偏毂不可转，只翼不可翔。清尘无吹嘘，委地难飞扬”（《哭李观》）一连串的比喻写出了好友去世之后永远不能再生的悲哀以及自己对他的无限痛悼之情。“常

恐宝镜破，明月难再圆”（《哭秘书包大监》）形象地写出了诗人害怕好友生病去世的担心。“始知知音稀，千载一绝弦”（《哭秘书包大监》）和“珠沉百泉暗，月死群象闭”（《逢江南故昼上人会中郑方回》）均形象地写出了诗人痛感好友一去不返的悲痛。

在孟郊现存的哀悼诗中，悼子诗《杏殇》是最精彩的篇章。此诗是诗人哀悼曾经几天之内连续去世的三个儿子的追念之作。诗中以花苞因遭霜害零落喻儿子们去世，反复抒写对幼小者的珍爱和痛惜，特别是最后三首着意强调老人失子后对生活近乎绝望的孤苦、悲痛之情，这在重视子嗣的古代中国引起了广泛共鸣。在艺术上，叠词、比喻、对比、顶真运用得相当成功。叠词“枝枝”“片片”“英英”“苍苍”“班班”“点点”描写出了落花柔弱、娇怜之貌，“冽冽”描写出了冰霜的严酷，（无）“生生”“死死”描写了杏花遭霜打击后的衰亡之貌，“哀哀”“戚戚”生动描绘出自己失子之后的哀痛之情。诗人总能抓住客观自然事理来比喻儿子的去世，如“冻手莫弄珠，弄珠珠易飞。惊霜莫翦春，翦春无光辉”运用冻手弄珠、惊霜翦春的客观事理来比喻娇儿不容易抚养、一不小心就会去世，祈使句的运用更是写出了巨痛之后的清醒认识，顶真则写出了这种哀情的连贯性。又如“儿生月不明，儿死月始光。儿月两相夺，儿命果不长。”将儿生与月明这种没有客观必然联系的事理关系进行对比，更突出地表现了失子的孤独老人哀苦无告、怨天尤人的心理状况。正是因为此诗在思想上、艺术上的突出成就奠定了孟郊在中国哀悼诗史上的地位，从王建《哭孟东野二首》其二之“但是洛阳城里客，家传一本杏殇诗”可以看出，这一组诗在孟郊生前就已经广为传播流布了。

总之，以古体尤以五古创作为主、愁苦之音的反复申诉是孟郊哀悼诗的重要特色。

六、刘禹锡

刘禹锡（772—842），字梦得，洛阳人。贞元九年（793年）进士及第，贞元末参与王叔文的政治改革。唐代大儒、文学家、哲学家、诗人，世称“诗豪”，与柳宗元并称“刘柳”，与白居易合称“刘白”，与韦应物、白居易合称“三杰”。《新唐书·艺文志》录有《刘禹锡集》四十卷。

刘禹锡现存哀悼诗共52首：其中悼亡诗4首：《谪居悼往二首》（五古）、《有所嗟二首》(七绝)。

悼友诗36首:《伤丘中丞》(五律)、《湖(河)南观察使故相回袁公挽歌三首其三》(前二首一作权德舆诗五律)、《哭王仆射相公(名播,时兼盐铁,暴薨)》(五律)、《伤韦宾客(自工部尚书除宾客,一作伤韦宾客缜)》(五律)、《再经故元九相公宅池上作》(五律)、《虎丘寺见元相公二年前题名怆然有咏》、《西川李尚书知愚与元武昌有旧远示二篇吟之泫然因以继和二首》(五绝)、《哭吕衡州,时予方谪居》(七律)、《令狐仆射与余投分素深纵山川阻修然音问相继今年十一月仆射疾不起闻予已承讣书寝门长恸后日有使者两辈持书并诗计其日时已是卧疾手笔盈幅翰墨尚新律词一篇音韵弥切收泪握管以成报章虽广陵之弦于今绝矣而盖泉之感犹庶焉焚之穗帐之前附于旧编之末》(五古)、《伤段右丞(江湖旧游,南宫交代)》(五绝)、《伤独孤舍人》(五绝)、《哭庞京兆》(七律)、《再伤庞尹》(五绝)、《王思道碑堂下作》(七绝)、《伤愚溪三首》(七绝)、《重至衡阳伤柳仪曹》(五古)、《伤循州浑尚书》(七绝)、《祭韩吏部文附诗》(七古)、《故相国燕国公于司空挽歌二首》(五律)、《伤桃源薛道士》[①](七绝)、《乐天见示伤微之敦诗晦叔三君子皆有深分因成是诗以寄》(七律)、《和仆射牛相公追感韦裴六相登庸皆四十馀未五十薨殁岂早荣早枯之义今年将六十粗强健因亲故劝酒率然成篇并见寄之作》(七律)、《哭张十八校书(数日前辱书,未及还答,俄承凶讣)》(七律)、《吟乐天自问怆然有作》(七绝)、《伤秦姝行》(乐府)、《窦夔州见寄寒食日忆故姬小红吹笙,因和之》(七律)、《夔州窦员外使君见示悼妓诗顾余尝识之因命同作》(七律)、《和杨师皋给事伤小姬英英》(七律)、《和乐天题真娘墓》(七律)。

悼皇帝诗9首:《德宗神武孝文皇帝挽歌二首》(五律)、《赴连山途次德宗山陵寄张员外》(七绝)、《敬宗睿武昭愍孝皇帝挽歌三首》(五律)、《文宗元圣昭献孝皇帝挽歌三首》(五律)。

悼叔诗1首:《许给事见示哭工部刘尚书诗因命同作》(五排)。

悼舅诗1首:《途次敷水驿伏睹华州舅氏昔日行县题诗处潸然有感》(五律)。

悼妓诗1首:《真娘墓(墓在虎丘寺)》(七古)。

在思想内涵上,刘禹锡的哀悼诗暗含着对自己仕途不顺、长期被贬、政治失

① 一作《尊师》。

意的身世之悲。刘禹锡为中山靖王后裔，出身官宦世家，自幼学习儒家经典，怀有安人略国之大志。贞元九年(793 年)进士及第，贞元二十一年(805 年)参与王叔文、王丕素的政治改革——永贞革新，形成“二王刘柳”集团，146 天后改革失败，刘禹锡等八人被贬为司马，史称“八司马事件”，直至唐敬宗宝历二年(826 年)才奉调回京。刘禹锡从初次被贬到最后一次被召回京，其贬谪生涯共经历了 23 年。他对当朝权贵的极大不满、屡遭打击而始终不屈的意志以及对个人不公平命运的愤懑不仅体现在他的寓言诗和哲学论文中，更体现在他的哀悼诗中。刘禹锡 52 首哀悼诗除了 4 首悼亡诗是哀悼妻、鄂妓之外，其余的 47 首交际应酬类哀悼诗和 1 首悼叔诗及 1 首悼舅诗共哀悼了位 27 位死者，除 3 位皇帝、4 位他人家妓、1 位妓女、1 位身份不明(王思道)不论，其余的 17 位死者均为仕途坎坷、有过贬谪经历的官友。

韦执谊，京兆人，永贞元年(805 年)被王叔文荐为宰相，协助王叔文推行永贞革新，改革失败后被贬为崖州司马，死于崖州。

韩愈(768—824)，字退之，河南河阳人。贞元十九年(803 年)因上《论天旱人饥状》遭权臣谗害，贬为连州阳山令，移近任江陵府属官。元和四年(809 年)改授都官员外郎分司东都兼判祠部，冬被降职调为河南令。元和十年(815 年)晋升为中书舍人后被改授太子右庶子。元和十四年(819 年)因上书《论佛骨表》极阻宪宗迎佛骨被贬为潮州刺史。元和十五年(820 年)被调任袁州刺史。

柳宗元(773—819)，字子厚，河东人，793 年进士及第，贞元二十一年(805 年)参与王叔文、王丕素的永贞革新，失败后被贬为邵州刺史，继被加贬为永州司马，历 10 年。元和十年(815 年)又被改贬为柳州刺史，逝于柳州。

元稹(779—831)，字微之，河南人。才华出众、性格直率、大胆劾奏、不为朝廷所容，曾于元和五年(810 年)一贬江陵，元和十年(815 年)二贬通州，长庆二年(822 年)三贬同州，大和四年(830 年)四贬武昌，一生被外放地方二十多年。

于頔(？—818)，字允元，中唐大臣。宪宗时任宰相，其子于敏仗势恣意杀人。经三司审问，其子被赐死，他被贬为恩王傅。

吕温(771—811)，字和叔、化光，唐河中人，是王叔文政治革新集团的重要人物，元和三年(808 年)因与宰相李吉甫有隙，被贬道州刺史，后徙衡州，卒于任上。

丘绛，河南人，进士，官中丞，尝为田季安从事，因与同职侯臧争权不协，季安怒，先斥其为下县尉，后使人召还活瘗之。

段平仲，字秉庸，武威人。贞元十四年(798年)，京师旱，平仲与考功员外陈归当奉使，向德宗粗陈本事。及奏事毕退，平仲独留欲有奏启，但因言行不当被坐废七年。

浑镐，浑瑊第二子。元和中，诸道出师讨王承宗，镐任检校右散骑常侍，充义武军节度副使，抗贼，大败，坐贬韶州刺史，后再贬循州刺史。

袁滋(749—818)，字德深，陈郡汝南人，贞元(785—805)拜中书侍郎平章事，后出为剑南西川节度使。

王播(759—830)，字明敭，太原人，在唐穆宗、唐敬宗、唐文宗三朝曾两次出任宰相，元和十三年(818年)以前为官正直有为，不畏权贵，元和十三年(818年)受宰相皇甫缚的排挤，被贬任偏远的剑南西川节度使。

庞严，寿春人，元和中进士及第，长庆元年(821年)应制策入三等，冠制科之首，长庆四年，昭愍即位，李绅被宰相李逢吉所排贬，严坐累，被出为江州刺史。

崔群(772—832)，字敦诗，号养浩，贝州武城人，贞元进士。元和十二年(817年)为宰相。因反对任用皇甫镈为相，被贬为湖南观察都团练使。穆宗时任御史中丞，出任武宁军节度使，被节度副使王智兴所逐。

崔玄亮，字晦叔，山东磁州人，贞元十一年(795年)登进士第。太和五年(831年)宰相宋申锡被郑注所构入狱，亮首率谏官十四人与文宗往复数百言，文宗为之感悟，亮由此名重于朝。太和七年(833年)，以疾求为外任，官检校左散骑常侍、虢州刺史，七月卒于郡所。

令狐楚，字壳士，德宗(李适)贞元间进士，亦多次被贬。元和十二年(817年)因草度淮西招抚使制事被罢内职、守中书舍人，元和十三年(818年)出为华州刺史。次年六月因皇甫镈事其被出为宣歙观察使，会有告楚亲吏赃污，楚再贬为衡州刺史。

韦缜，不详，官至工部尚书，但是贫穷，见诗《伤韦宾客缜》。

裴垍(？—810)，字弘中，唐绛州闻喜人，唐宪宗时宰相。元和三年(808年)，曾因李吉甫在皇帝面前泣奏其等录用非人，宪宗贬黜外任杨于陵、韦贯之，罢免裴垍翰林学士，降职户部侍郎。

卢徵(737—800)，范阳人，永泰中被江淮转运使刘晏辟视为心腹，累授殿中

侍御史。晏得罪后，其被贬珍州司户。后被同门元琇荐为京兆司录、度支员外，琇得罪后，其被坐贬为信州长史。

由上观之，刘禹锡的哀悼诗对哀悼对象的有意筛选明显地表露了他的思想倾向，即对这些仕途不顺、有过贬谪经历的官友的去世表达感同身受的同情和悼念，从中也寄寓着对自己二十多年来贬谪生涯的逐臣之悲、怀才不遇的悲苦之情以及儒家兼济天下的远大抱负，只是由于曾有过写诗《元和十一年，自朗州召至京，戏赠看花诸君子》得罪执政而被贬的经历，这种情绪没有在诗中明说而已，但仔细分析是不难察觉的。

刘禹锡的哀悼诗以近体诗为主，以交际应酬类哀悼诗为主，其用语雅俗适宜、深浅相当、畅达流利、圆融浑成，在艺术上达到了较高的水准，主要表现在两个方面：一是情寓于景、余韵未了，他的写景既是实写但又饱含深意，而且最后两句往往留给人们一种言而未尽的想象余地和情意未断的情感蕴含，例如《再经故元九相公宅池上作》：

故池春又至，一到一伤情。雁鹜群犹下，蛙螟衣已生。
竹丛身后长，台势雨来倾。六尺孤安在，人间未有名。

此五律是诗人于开成二年(837 年)春再访东都履信坊元稹的故宅时伤悼大和五年(831 年)去世的好友元稹之作。全诗共 8 句，有 6 句写景，1、2 句描写诗人来到元稹故宅的池子旁看到春天到来后池中春景的变化而故友已不在，因而悲伤难过，是全诗的总纲。3～6 句渲染池中春景，从动物写到植物，大雁和野鸭一群群出来，池中也长出了青苔，丛竹在好友去世之后长得老高，高台因雨水侵袭已经开始倾斜，这些生机盎然的景物反衬出好友一去不返的悲哀，也暗含着随着好友的去世此地无人管理、人迹罕至、人走茶凉的萧条之景和世态之象，由睹物而伤人，诗人不由得想起好友的遗孤现在在哪里呢，可惜年龄太小，还没有在世间树立威名，对好友的伤悼之情意于言表。结尾两句用问句的形式作结，意味深长，发人深省，给人言已尽而意无穷之感。

又如《伤桃源薛道士》[1]：

坛边松在鹤巢空，白鹿闲行旧径中。手植红桃千树发，满山无主任春风。

此七绝是诗人在元和中朗州为悼念桃源桃川宫一名道士所作，全诗四句均写景，选取的景物富有深意，第1、2句中的坛、松、鹤、白鹿表明了好友的道士身份，“白鹿闲行旧径”尤其突出了神仙的悠闲之境，“鹤巢空”喻人已去世，同时也表明了这些景物仍然存在但是人已不在，用的是物是人非的反衬手法。第3、4句描写道士生前所栽的红桃千树蓬发、在春风中摇曳的春风得意之景，只可惜主人已经不在了，用的是物新人故的反衬手法，有与无的对比也留给读者无限的想象空间。

二是用典力求浅达、含而不露。他哀悼诗典故中的人物、事物、景物既像实写但同时又是用典，内蕴丰富，自然圆融。例如《再伤庞尹》：

京兆归何处，章台空暮尘。可怜鸾镜下，哭杀画眉人。

此五绝是诗人于大和五年(831年)八月为哀悼好友庞严所作，全诗共用了三个典故：汉原涉强买别人祖传墓地不成的京兆阡、汉张敞为妻画眉、三年不鸣的鸾鸟于镜中自顾形影后哀鸣而死的孤鸾对镜，这三个典故在诗中用得出神入化，“京兆”可以是实指庞尹，也可以说是用了京兆阡的典故喻指死亡，“鸾镜”可以实指饰有鸾鸟图案的铜镜，也可以说是用了孤鸾对镜的典故喻指死亡哀悼，“画眉人”可以实指庞严妻妾，“章台”可以实指汉长安街道名，此两处也可说是用了张敞为妻画眉之典喻指诗人自己，所以似实而非的典故运用技巧更突出了诗人高超的语言表达艺术。

又如《谪居悼往二首》其一：

邑邑何邑邑，长沙地卑湿。楼上见春多，花前恨风急。

[1] 一作尊师。

猿愁肠断叫，鹤病翘趾立。牛衣独自眠，谁哀仲卿泣。

此五古是诗人在元和七年(833年)在朗州为亡妻薛氏所作，全诗典用四个典故，但用得不露痕迹，“长沙地卑湿”可以是实指，也可以是用贾谊被贬长沙、认为地卑湿而寿命不长之典，指自己被贬的朗州地卑湿，可能寿命也不长，所以忧郁不乐。“猿愁肠断”可以说实指，也可以是用《世说新语·黜免》中三峡母猿因为其子被人所抓沿岸奔跑、跳船而肠断之典，代指自己思念亡妻的悲伤，“鹤病翘趾立”可以是实指，也可以是化用乐府《艳歌何尝行》之“飞来双自鹄，乃从西北来……妻卒被病，行不能相随”及鲍照《野鹅赋》之“敛双翮于水裔，翘孤趾于林限”之典，喻指自己丧妻孤单之意。最后两句可以实指，也可以是化用汉王章疾病、无被卧牛衣中与妻泣决而被妻怒呵之典，用以喻指自己孤卧思妻。可见，用典于无形是刘诗的最高境界。

最精彩的是刘禹锡往往将写景与用典、写实融合在一起，给人一种似是而非、浑然天成的感觉。例如《伤愚溪三首》：

溪水悠悠春自来，草堂无主燕飞回。隔帘惟见中庭草，一树山榴依旧开。

草圣数行留坏壁，木奴千树属邻家。唯见里门通德榜，残阳寂寞出樵车。

柳门竹巷依依在，野草青苔日日多。纵有邻人解吹笛，山阳旧侣更谁过。

此七绝是诗人于长庆元年(821年)为哀悼好友柳宗元所作，第一首全写景，用溪水可以再来、燕可以再飞回、草可以再生、山榴可以再开反衬人死不可再生之悲，此为室外之景。第二首描写好友生前写的草书还留在坏壁上，生前所栽种的橘树现已归属邻居，只看见残阳照耀下只有樵车从门口经过，还是用物是人非反衬好友去世之哀，其中可以是实写，亦可是化用国相孔融深敬郑玄、建议为其建通德门之典，赞扬好友的学识和品德。第三首前两句写景，其中“竹巷”可以是实写，也可以是指柳宗元在永州曾作的《茅檐下始栽竹》诗，均指物是人非之意，最后两句虚写，化用向秀悼念吕安、嵇康而作《思旧赋》之典，假设有邻人能解笛，但是也没有人能化解自己伤友的哀愁，假设复句兼疑问句作结引人深思，让人哀情未了、意犹未尽。

另外，刘禹锡的悼友哀悼诗中和作的数量比较多、质量也比较高。总之，刘禹锡以其怀才不遇的悲苦之情和儒家兼济天下的远大抱负以及雅俗适宜、深浅相当、畅达流利、圆融浑成的语言艺术奠定了他在哀悼诗史上一流作家的地位。

七、元稹

元稹(779—831)，字微之，别号威明，鲜卑族后裔，世居京兆万年。贞元九年(793年)以明经擢第，历任监察御史、江陵府士曹参军、通州司马、虢州长史、膳部员外郎、祠部郎中、知制诰、中书舍人、工部侍郎、同州刺史，浙东观察使、尚书左丞、武昌军节度使。他是中唐著名的传奇作家和诗人，诗与白居易齐名，并称“元白”，风格相近，合称“元和体”。著有《元氏长庆集》一百卷，今存六十卷。

元稹的哀悼诗共有71首：

悼亡诗有33首:《夜闲》(五律)、《感小株夜合》(五律)、《醉醒》(七绝)、《追昔游》(七律)、《空屋题(十月十四日夜)》(五律)、《初寒夜寄卢子蒙》(五律)、《城外回，谢子蒙见谕》(五律)、《谕子蒙》(五律)、《遣悲怀三首》(七律)、《旅眠》(五绝)、《除夜》(五律)、《感梦》(七古)、《合衣寝》(五古)、《竹簟》(五古)、《听庾及之弹乌夜啼引》(七古)、《梦井》(五古)、《江陵三梦》(五古)、《张旧蚊帱》(五古)、《独夜伤怀赠呈张侍御(张生近丧妻)》(五律)、《六年春遣怀八首》(七绝)、《答友封见赠》(七绝)、《梦成之》(七绝)。主要作于元和四年(809年)秋到元和六年(811年)春之间，哀悼的是第一任妻子韦丛。

悼子女诗有15首:《哭小女降真》(七绝)、《哭女樊》(七绝)、《哭女樊四十韵(虢州长史时作)》(五排)、《哭子十首》(七绝)、《感逝(浙东)》(七律)、《妻满月日相唁》(七绝)。哀悼的是妾安仙嫔生的降真、女樊、子元荆和第二任妻子裴淑生的子道护。

悼兄诗1首:《寒食日毛空路示侄晦及从简》(元和十五年作于长安)(七绝)哀悼兄元秬。

悼友诗有15首:《僧如展及韦载同游碧涧寺各赋诗予落句云他生莫忘灵山座满壁人名后会稀殿共吟他生之句因话释氏缘会所以莫不凄然久之不十日而展公长逝惊悼返覆则他生岂有兆耶其间展公仍赋黄字五十韵飞札相示予方属和未毕自此不复撰成徒以四韵为识》(元和六年作于江陵)(七律)、《哭吕衡州六首》

（元和六年作于江陵）（五律）、《和乐天梦亡友刘太白同游二首》（元和十三年追和于通州）（七绝）、《酬乐天见忆，兼伤仲远》（疑元和十三年追和于通州）（五排）、《与乐天同葬杓直》（长庆二年作于长安）（五绝）、《褒城驿二首》（元和十年作于长安）（七绝）、《和乐天刘家花》（元和十年作于长安）（七绝）《公安县远安寺水亭见展公题壁漂然泪流因书四韵》（元和十五年作于江陵）（五律）。哀悼的是朋友僧如展、吕衡州、刘太白、仲远、杓直、黄令、刘敦质。

悼皇帝诗有6首：《顺宗至德大圣大安孝皇帝挽歌词三首》（元和元年作于长安，左拾遗时作）（五律）和《宪宗章武孝皇帝挽歌词三首》（元和十年作于长安，膳部员外时作）（五律）。哀悼的是顺宗至德大圣大安孝皇帝、宪宗章武孝皇帝。

悼王妃诗有2首：《恭王故太妃挽歌词二首》（贞元十九年至二十一年作载长安，校书郎时作）（五律）。哀悼的是恭王太妃。其诗除了表达对死者的哀悼之情外，还以如下情感内涵感人：

（一）强调人与人之间真诚相待、心意相通、互相支持、投桃报李的真挚情感

这种情感体现在其人际关系的方方面面，如唐代以来一般人的悼皇帝诗大多是歌颂皇帝的丰功伟业、高尚品德、抒发对其逝世的哀悼之情，由于种种政治原因很少书写对皇帝知遇之恩的感激之情，而元稹的悼皇帝诗除了赞颂和哀悼之外，还强调了对皇帝知遇之恩的感激，如《顺宗至德大圣大安孝皇帝挽歌词三首》其一在称赞完皇帝的功德之后，尾联写“号弓那独切，曾感昔年招”。元稹于元和元年（806年）中制举，这次制举是据永贞元年（805年）二月顺宗所下诏书举行的，所以举人为先朝所徵，在此，元稹表达了对顺宗至德大圣大安孝皇帝的知遇感恩。又如元稹写自己与吕温的交情很深，“我投冰莹眼，君报水怜鱼”（《哭吕衡州六首》其一），彼此心意相通、投桃报李。又如“元伯来相葬，山涛誓抚孤。不知他日事，兼得似君无”（《与乐天同葬杓直》），好友李建宁去世，元稹和白居易都赶来相葬，由此诗人想到自己去世以后，还有没有这么多朋友赶来相葬呢？可见他们的友情之深、心意之投。这种心意相通、投桃报李的真挚情感在元稹的悼亡诗中体现得最为明显，如《遣悲怀三首》，金枝玉叶的妻子韦丛嫁给自己后，生活贫困，诸事不顺遂，但她没有嫌弃他、抱怨他，而是尊重他、支持他、鼓励他，看到

他身上没有替换的衣服就帮他翻箱倒柜地寻找，看到他没有钱买酒就拨下头上的金钗让他换酒喝，她甜美地吃着野蔬，用古槐落叶作炊，这样的知情体贴让他又感激、又难过、又愧疚，所以在她去世而经济条件好转以后，常请僧道帮她超度亡灵，多献丰厚的祭品以示感激，格外爱怜她以前的婢仆，在梦中给她送去钱财，终夜睁着眼睛苦苦地思念她，用以回报她的一片真情。夫妻两人结婚六年，生了六个孩子，除一女存活下来，其余五个儿子都先后去世，所以韦丛经常为自己没有给丈夫生儿子、让他后继有人而深感内疚、悲伤，元稹也理解妻子的一片苦心，经常安慰她，让她不要因此而难过，"抚稚君休感，无儿我不伤"(《谕子蒙》)在《江陵三梦》中写妻子去世后，自己经常在梦中与她相遇，妻子还是像生前一样"嘱云唯此女，自叹总无儿。"唯一的女儿娇且騃，禁不起寒饥，丈夫不是不懂得关心她，而是公务繁忙不能长顾私，何况婢仆多谩欺，希望丈夫更多地照料她。而元稹也理解她，安慰她，所以"言罢泣幽噎，我亦涕淋漓"，并为自己没有随任携带、尽心照料她所托的女儿而感到惭愧、悲伤，"悲君所娇女，弃置不我随。……今宵泪零落，半为生别滋"。这种夫妻相濡以沫、情意互通、竭力为对方付出且对方感应并竭力回报的情感着实令人感动。

（二）对世情、人情的真理性深刻体悟

元稹的先世显赫，属卑族拓跋部，是鲜卑君长，元稹是北魏昭成皇帝第十四或十五世孙。但是胡夷出身和家族的不断衰落并没有让元稹从中得到多少荣耀与自信。尤其是贞元二年(786 年)元稹八岁时，值战事不断、关中饥馑，元稹叔父元宵、父亲元宽先后去世，元家遭遇困境，《唐故朝议郎侍御史内供奉盐铁转运河阴留后河南元君墓志铭》记载，"家极贫"，"贞元初，蝗且俭"，竟以货"女奴以足食"[①]，为置办二人丧事，元母郑氏竟决定要卖掉五世祖屋，与二兄元秬不和，后携元稹兄弟归倚元稹舅族，此后生活更苦，元稹在《同州刺史谢上表》载："臣八岁丧父，家贫无业，母兄乞丐以供资养，衣不布体，食不充肠。幼学之年，不蒙师训。"[②]母亲亲自教授二人读书。元稹于十五岁明经及第，于贞元十九年(803 年)中书判

① (唐)元稹著《元稹集上、下》卷五十七，北京：中华书局 1982 年版，第 604、605 页。

② (唐)元稹著《元稹集上、下》卷三十三，北京：中华书局 1982 年版，第 383 页。

拨萃科，于春夏间与太子宾客韦夏卿之幼女韦丛结婚，婚后生活非常贫苦。元和四年（809 年），贤惠的韦丛去世，生子 5 人，女保子 1 人。妾安仙嫔生子女 3 人：子荆，女樊、降真，元和九年（814 年）安氏去世。第二任妻子裴淑生生子女 4 人，三女为小迎、道卫、道扶，一子道护。十三位子女只有女儿保子成人，其他的都先后夭折。由于性格刚毅、无畏权势，元稹近三十年间的仕途生活极为坎坷，虽曾数次身居辅君、匡国的要职甚至是宰相的要职，但仅区区数年在朝中为官，二十多年外放地方，经历"五受诬陷五遭贬谪"：由左拾遗贬河南尉，由监察御史贬江陵府士曹参军，由翰林承旨学士降工部侍郎，罢相出同州刺史，由尚书左丞而出镇武昌武昌军节度使。正因为家庭和仕途的不幸，他对世情和人情的体认深刻得近乎真理。

对于贫穷，他认为"贫贱夫妻百事哀"（《遣悲怀三首》）。元稹自小深受贫困之苦，在《遣悲怀三首》中他自比黔娄，一位战国时期齐国有名的隐士和著名的道学家，曾拒绝鲁恭公聘其为相、齐威王聘其为卿的请求，后隐居于济之南山，以耕作为生，一生贫穷，然而却励志苦节，安贫乐道。正因为贫穷，所以诸事不顺，替换衣服要翻箱倒柜地找，要用金钗赎酒喝，只能吃野蔬烧落叶，而经济条件好转"俸钱过十万"之后，则可以"营奠复营斋"，想请多少和尚、想置多少祭品都可以，所以元稹不禁发出"贫贱夫妻百事哀"的感慨，没有钱做什么都不顺，这是世间真理，许多人都有同样的体验，所以元稹这句诗被当作至理名言而流芳千古。

对于死亡，他认为"诚知此恨人人有"。元稹在有生之年目睹了太多的死亡，父亲元宽、叔父元宵、母郑氏、长兄元沂、次兄元秬、大姐，二姐、爱妻韦丛、爱妾安仙嫔、九个未成年的儿女都先他而去，他心里虽然悲伤、孤独、难过和万般不情愿，但还是明白这是自然界的客观规律，是人人都必然面对的事情和不可避免的归宿，所以他在诗中多次表达类似的想法，如在韦丛去世后表达"诚知此恨人人有"（《遣悲怀三首》），在爱子去世后表达"情知此恨人皆有"（《感逝（浙东）》）。在对死亡痛苦的解脱上，他既依赖佛教又质疑佛教，表现出一种矛盾的精神状态。如"同穴窅冥何所望，他生缘会更难期。"（《遣悲怀三首》）面对爱妻的去世，他一方面既相信有来生，希望死后夫妻同葬，来世再做夫妻，但是冷静一想，这仅仅是虚无缥缈的幻想而已吧，即使死后合葬一处，但洞穴窅冥，也难以哀情相通。"又恐前后魂，安能两知省"（《梦井》）和"纵使得如羊叔子，不闻兼记旧交情"（《 僧如展及韦载同游……以四韵为识》)亦表达同样的意思。又如儿子去世,他认为是业缘多障碍,“彼此业缘多障碍,不知还得见儿无”(《哭子十首》),而女儿去世,他又认为是佛力不及,对佛教产生出质疑的态度,“悯渠身觉剩,讶佛力难争”(《哭女樊四十韵(虢州长史时作)》)这种既依赖又质疑的矛盾心理表现了生命的不能承受之重,这既是诗人的真切情感,也是大多数人的真切体验,因而才具有如此广泛的号召力。

对于无儿,他认为“头白夫妻分无子”。元稹一生最大的遗憾是无子以继承功业和振兴家门。他在诗中多次表达无儿的悲伤,如“嘱云唯此女,自叹总无儿”(《江陵三梦》)借妻子韦丛的口说出夫妻无子的遗憾,又如“十月辛勤一月悲,今朝相见泪淋漓。狂风落尽莫惆怅,犹胜因花压折枝”(《妻满月日相唁》),母亲十月辛苦怀胎,幼子却在一月去世,自己哀伤得眼泪淋漓,还要安慰妻子不要过度悲伤惆怅,以免损害身体。《哭子十首》是哭子的泣血之作,其中“自食自眠犹未得,九重泉路托何人”表达了自己今后无子安葬、祭奠、无人继承香火的哀伤。“深嗟尔更无兄弟,自叹予应绝子孙。寂寞讲堂基址在,何人车马入高门”表达了门丁冷落,尽管自己有功有业,但是今后无子继承的悲哀。这种巨大的哀伤如何排解呢?诗人的方法是认命,如“邓攸无子寻知命,潘岳悼亡犹费词”(《遣悲怀三首》)表达自己像邓攸一样无子、像潘岳一样丧妻都是命中注定的,说什么、做什么都没有用。“头白夫妻分无子,谁令兰梦感衰翁”(《感逝(浙东)》)同样表达了无子是命中注定的、多想无益的悲哀。《谕子蒙》更是说得明明白白:“抚稚君休感,无儿我不伤。片云离岫远,双燕念巢忙。大壑谁非水,华星各自光。但令长有酒,何必谢家庄。”诗人运用反衬和比喻的手法告诉妻子不要因为无儿而感伤,别人有子是别人的事,自己无子是自己的事,表面上好的东西未必好,明星各有各的光彩,这都是物固有的属性,我们走好自己的路就行了,何必非要跟别人一样呢?认命也是封建社会多数人遭到不幸和挫折之后的消极自慰心理,元稹的写法迎合了多数人的心声而被广为认同。

对于官场失利,他认为不要任性,要顺势而为。如《酬乐天见忆,兼伤仲远》:

死别重泉閟,生离万里赊。瘴侵新病骨,梦到故人家。
遥泪陈根草,闲收落地花。庾公楼怅望,巴子国生涯。

河任天然曲，江随峡势斜。与君皆直戆，须分老泥沙。

此五排是元稹于元和十一年(816年)为和白居易的《忆微之伤仲远(李三仲远去年春丧)》而作，诗写好友李顾言已逝，诗人被贬通州，白居易被贬江州，两人远隔万里，自己在异乡染病思乡，思念死去的李顾言和远隔天涯的白居易，描绘出三人目前的生活惨状。第9、10句用比喻的手法写出河流要顺着自然的地貌漂流，江水要随着山峡的地势倾斜，而自己和白居易都太刚直愚笨了，所以才落到如此失意的地步。言下之意就是要顺势而为才能合乎自然规律，才能在官场上如鱼得水。

在文学史上，元稹和潘岳一样，也是一位人品与文才备受争议的作家。其争议主要有二：一是元稹为韦丛写的悼亡诗到底有多少首；二是元稹为韦丛写的悼亡诗是否矫情而为。第一个问题暂且不论，第二个问题是有些学者把人品和文品联系起来讨论的结果。学界鲁迅、陈寅恪、孙望、卞孝萱诸先生持“张生自寓说”，认为元稹所写的《莺莺传》中始乱终弃的张生就是其本人，元稹一生三娶，在韦丛之后纳安仙嫔为侧室，又娶裴淑为继室，还有学者考证元稹也与妓女薛涛也有过姐弟恋，实属用情不专之人。由上文观之，我们认为：一、小说可以虚构，大可不必等同于本人；二、从元稹哀悼诗尤其是悼亡诗中所流露的情感内涵看，若非亲历，绝对写不出如此深挚的情感。元稹一生最大的遗憾是无儿，韦丛没有留下儿子，不另娶女人怎能再生合乎名分的儿子？而且从元稹存留的哀悼诗来看，他一生中只给一个女人即韦丛写了哀悼诗，并没有给别的女人哪怕是安仙嫔写过哀悼诗，其心态正如其《离思五首·其四》所说：“曾经沧海难为水，除却巫山不是云。取次花丛懒回顾，半缘修道半缘君。”[1]由此我们可以看出韦丛在元稹心目中的地位，更不能否认元稹在悼亡诗中表达的对韦丛的真情。三、元稹才高貌美、性格耿直、屡屡得罪权贵，长期被贬为地方官，遭人忌恨，由攻击其政治到攻击其人品再到攻击其作品，未尝没有可能。总之，我们不能以此而否定元稹哀悼

[1] 此诗为谁而作有争议：《唐诗快》卷一五黄周星评论：“此皆为双文所做也。胡天胡地，美至乎此，无怪乎痴人所想莺莺也。”《云溪友议·艳阳词》谓此诗“初韦蕙丛逝，不胜其悲，为诗悼之。”本著作认为：莺莺为小说人物，不可等同现实，当是为韦丛而作，但诗人仅表达一种看法，不好说它就是为韦丛而作的悼亡诗。

诗的思想价值。

元稹的哀悼诗众体齐备，在艺术上达到了较高的水准。表现为：

（一）虚实并用，开拓多种审美空间

在中国哀悼诗史上，写实是传统的主流写法，写虚并未受到足够的重视，更不用说虚实的成功并用了。屈原的《招魂》《大招》是想象的浪漫主义杰作，全是写虚，汉武帝刘彻的《思奉车子侯歌》、无名氏的《李翊夫人碑》、无名氏的《张公神碑歌》这些楚辞体诗歌仅用了一些想象之景，江淹的《悼室人诗十首》，高允的《咏贞妇彭城刘氏诗》，韦应物的《伤逝》《感梦》开始写梦，但他们的诗要么是虚、实结合不够娴熟、要么是审美空间单一而无法留给人更大的想象审美体验。元稹在哀悼诗上的最大成就是开拓了佛教、道教、醉、梦、魂等多种审美空间，把它们和死亡哀悼之实联系起来，将虚实结合的手法运用得出神入化。

佛教给中国文学带来了三生（前生、今生、来生）、因果轮回的观念和三界、五道等观念，不仅把思维的时间和空间都扩大了，而且把人的想象世界也扩大了。反映在元稹的哀悼诗中就是三生轮回和五蕴聚合给人带来的安慰和想象，前者如上文提到的"同穴窅冥何所望，他生缘会更难期"（《遣悲怀三首》），"又恐前后魂，安能两知省"（《梦井》），"纵使得如羊叔子，不闻兼记旧交情"（《僧如展及韦载同游……以四韵为识》），"环从枯树得，经认宝函盛"（《哭女樊四十韵（虢州长史时作）》）；后者如"莲花上品生真界，兜率天中离世途。彼此业缘多障碍，不知还得见儿无""烦恼数中除一事，自兹无复子孙忧"（《哭子十首》），"头白夫妻分无子"（《感逝（浙东）》）。

道教的神仙境界也开拓了元稹哀悼诗的审美境界，如"只忧嫌五浊，终恐向三清"（《哭女樊四十韵（虢州长史时作）》）。"五浊"在佛教中指的是人世，即五浊恶世，包括劫浊、烦恼浊、众生浊、见浊、命浊。"三清"道家认为人、天两界之外，另有神仙居住的仙境，即三清，包括玉清、上清、太清。在此，诗人用女儿厌恶浊世、去了道教的仙境婉喻女儿去世，从而也给自己一点精神上的慰藉。

梦是人在睡眠时身体受内外各种刺激或残留在大脑里的外界刺激所引起的景象活动，是人人皆有的一种正常生理现象。元稹虽然不是第一位在哀悼诗中写梦的作家，但他是在哀悼诗中写梦最多而且写得最好的作家，他笔下的梦有思

友之梦，如“瘴侵新病骨，梦到故人家”（《酬乐天见忆，兼伤仲远》）思念老友白居易。有思子之梦，“头白夫妻分无子，谁令兰梦感衰翁”（《感逝（浙东）》）写出了思子却无子的感伤。有思女之梦，如“去伴投遐徼，来随梦险程”（《哭女樊四十韵（虢州长史时作）》）写得最多、最好的是思妻之梦，如《遣悲怀三首》其二之“也曾因梦送钱财”写自己在妻子去世之后遵妻之意在梦中给她送钱财的情景。《感梦》写诗人于元和五年（810 年）春贬江陵府士曹参军途经商山驿馆时梦见亡妻伤感的情景。《梦井》写元和五年春由梦见自己在高原上找井解渴、村空犬猛的孤独、无助、哀伤，惊醒后想起丧妻后同样孤独、无助、哀伤的情景。《江陵三梦》写梦见妻子如往日一样，叹惜无儿，含泪叮嘱丈夫照顾好仅有的小女，自己醒来后因没有遵照妻子嘱咐照顾好女儿而惭愧，因思念妻子而悲伤。《张旧蚊帱》之“达理强开怀，梦啼还过臆”写在梦中因思念妻子而啼哭。《梦成之》写诗人在仕宦旅途中经洞庭湖梦妻，惊梦后不眠，坐听湖水声到天明。

元稹也是首位在哀悼诗描写醉抒发哀情的作家，因思念亡妻心情烦闷而喝酒，醉后无意识地流露出对亡妻的思念，这是最感人之处。如《醉醒》写以前妻子活着的时候，自己在岳父家喝醉了由诸婢笑着扶行的欢乐情景，现在妻子去世了，自己还和当时一样喝醉，但是醒来却听到悲哭声的惨况，对比突出了悲哀和思念。《追昔游》也一样，妻子活着时，自己喝醉了摘樱桃投给妻子，一片欢乐，如今妻子去世后，只有满地黄叶的萧条之景。《合衣寝》写自己因思念亡妻而睡不着，好不容易喝醉了才入睡，还几次把枕头颠来倒去。《六年春遣怀八首》其五写自己思念亡妻长时间苦闷，友人为其遣愁而置酒，自己乘兴便喝醉了，还不时叫错妻子的名字，醒来后发现旁人都为之感动。梦的本意为不明，醉指饮酒过量、神志不清，都有意识不清醒的意思，都反映了存者因思念死者哀伤过度而意识模糊的状态，都给人带来真实而新鲜的审美快感。

中国人的魂魄观在秦汉时定型并成为中国民间普遍而坚定的信仰：魂是来自于天的一种气，属阳，最后也该上升于天而为神；魄来自于地，是有形的东西，即人体，属阴，最后应下葬归于地而为鬼，因此人死后要入土。魂魄有两重性，阳气为魂，阴神为魄，一般情况下，二者合为一体，但是如果人心情烦闷、患病、做梦、从高处坠落、触怒神仙、妖魔鬼怪附体、季节变换时，魂魄都有可能分离。元稹的诗中多出现魂魄，这是他异常思念死者或希望死者长生的潜在反映。如“纵使刘君魂魄在，也应至死不同游”(《和乐天梦亡友刘太白同游二首》)，“土厚圹亦深，埋魂在深埂。埂深安可越，魂通有时逞。……又恐前后魂，安能两知省。”(《梦井》)是希望好友和妻子活着的潜在表现。“病是他乡染，魂应远处惊。”(《哭女樊四十韵（虢州长史时作）》)这是诗人对女儿死因的推测，也表现了他希望女儿活着的愿望。“感极都无梦，魂销转易惊”(《夜闲》)，“更想咸阳道，魂车昨夜回”(《空屋题（十月十四日夜）》)，“行吟坐叹知何极，影绝魂销动隔年”(《感梦》)，“况乃幽明隔，梦魂徒尔为”(《江陵三梦》)，“昔透香田田，今无魂恻恻”(《张旧蚊帱》)均是自己迫切思念妻子、过度悲伤的表现。总之，魂可以游走，可以在生死之间出入，丰富了人们的审美想象，从而拓展了人们的审美空间。

（二）以第二人称与死者对话，显得亲切自然

一般情况下，诗歌大多用第一人称“我”“我们”或第三人称进行抒情，但有时也用第二人称“你”“君”“尔”抒情，例如《诗・魏风・硕鼠》：“硕鼠硕鼠，无食我黍，三岁贯女，莫我肯顾。”其中的“女”为第二人称。又如李白的《将进酒》“君不见，黄河之水天上来，奔流到海不复回！”其中的“君”为第二人称。再如李商隐的《夜雨寄北》“君问归期未有期，巴山夜雨涨秋池。”其中的“君”为第二人称。但这些诗的第二人称“君”大多是称生者，而用第二人称“君”称死者的哀悼诗源自战国《楚辞》中的《招魂》，巫阳称楚怀王的亡魂为“君”。此后魏文帝曹丕、王维、卢纶等零星有一些诗人在哀悼诗中用“君”称呼死者，而元稹在哀悼诗上的重大贡献是在诗中大量用第二人称“君”称死者（也称生者），尤其是大量用“君”称亡妻，把死者当作生者来对话，形成一种倾诉式的口吻，显得非常亲切自然，而且也表现了诗人从主观情感上认为死者仍然活着的愿望，正是这种已死犹生的有意错位才让人更加感动。例如《梦成之》：

> 烛暗船风独梦惊，梦君频问向南行。觉来不语到明坐，一夜洞庭湖水声。

此诗为诗人于元和九年（814 年）仲春奉使潭州自江陵由洞庭湖至潭州拜访湖南观察使张正甫途中所作，当时妻子韦丛已经去世五年，诗人在船上睡觉，梦见妻子多次问他向南行，醒来以后心情沉重，一声不吭，再也无法入睡，一直听着洞庭

湖的水声到天明，其中对亡妻称君，好像她仍活着、与她诉家常一样，显得无比的亲切，正是这种看似平常实则不平常的事更能表现诗人在心里从未将妻子视为死人的深情，这种明知故犯的错觉也让读者更加动容。

（三）高度凝练、概括、充满想象力和富有韵味的语言

元稹哀悼诗的语言并不像潘岳、韦应物那样写实，而是高度凝练、概括，充满想象力和富有韵味，一方面表现在使用充满想象力的词汇、语言和双关、婉曲、比喻、衬托、借代、对比的修辞手法。例如《夜闲》：

> 感极都无梦，魂销转易惊。风帘半钩落，秋月满床明。
> 怅望临阶坐，沉吟绕树行。孤琴在幽匣，时迸断弦声。

元和四年（809 年）七月元稹妻韦丛去世，时值作者分务东台，感伤至极而作此五律。首联写诗人因伤心过度而难以入眠，精神脆弱容易受惊，颔联以景衬情，其中“秋月满床明”给人无限的联想和想象空间，明月不照厕所，不照厨房，偏照睡床，太有深意，因为爱妻已经去世，床上再也没有她的倩影，月色越明照得越清楚，心中的哀痛愈加剧烈，着实妙笔！在悼亡诗中首写夜不眠、明月照床意象的人源自潘岳，他的《悼亡诗三首》中有“朗月何胧胧，展转眄枕席。长簟竟床空，床空委清尘。室虚来悲风，独无李氏灵。仿佛睹尔容，抚衿长欢息。不觉涕沾胸，沾胸安能已”描写自己因思念亡妻而彻夜无眠，看到月光照在空床上，再也没有爱妻的身影，心里不禁悲痛万分。元稹在很多悼亡诗中继承了这种写法，但他写得更含蓄、更内敛，因而更富有想象力而给人更大的审美空间。如此句“秋月满床明”，秋季天高气爽，皓月当空，一个“满”照应一个“明”更清楚地展现了床上的“空”，爱妻已逝，心中的悲痛难以言说，但作者不明说，真是含蓄，起到此时无声用有声的效果。“轻寒酒醒后，斜月枕前时”（《初寒夜寄卢子蒙》）、“隙穿斜月照，灯背空床黑”（《张旧蚊帱》）、“惊觉满床月，风波江上声”（《江陵三梦》）、“闲处低声哭，空堂背月眠”（《除夜》）均是同样的审美效应。颈联写作者心神不定、坐立不安，其中“绕树”既是实写自己环树行走，也是虚写，暗用魏武帝曹操《短歌行》的典故“绕树三匝，何枝可依”用贤才无主栖身喻自己丧妻而孤独无依。尾联

用弦断琴废比喻自己爱妻已逝、知音已渺的凄厉心情。古代往往用琴瑟比喻夫妇间感情和谐或借指夫妇匹配，而"孤琴"则暗喻自己丧妻，断弦亦喻丧妻，"时迸断弦声"给人一种意犹未尽的联想空间。

又如《感小株夜合》：

纤干未盈把，高条才过眉。不禁风苦动，偏受露先萎。
不分秋同尽，深嗟小便衰。伤心落残叶，犹识合昏期。

此五律为诗人作于元和四年(809年)秋的悼妻之作，通篇用比喻的手法抒写自己的丧妻之情。夜合，即合欢树，又名合昏，叶纤密，枝甚柔弱，因而绿，对生，至暮而合，此喻元稹夫妇。首联、颔联以小株夜合未长大就被风露摧萎喻妻子年纪轻轻就早逝，颈联喻妻子没与自己同老就先己而去，尾联的"合昏"既指夜合至暮而合其叶，亦谐音合婚，典自杜甫《佳人》之"合昏尚知时，鸳鸯不独宿"用以反衬自己丧偶之悲。

再如《六年春遣怀八首》其一：

伤禽我是笼中鹤，沉剑君为泉下龙。重纩犹存孤枕在，春衫无复旧裁缝。

此七绝为诗人在元和六年(811年)于江陵府士曹参军时悼念亡妻而作。"伤禽"失群受箭伤的鸟听到弦声就会惊坠，详见《战国策·楚策四》，后用以比喻受挫者精神脆弱，心有余悸，此诗人用以自喻丧妻后因悲伤而脆弱的自己，"笼中鹤"亦喻指身不由己的自己，第2句活用晋张华、雷焕得双剑、剑化龙的典故，用"沉剑"喻指作者亡妻韦丛。"孤枕"喻自己丧妻，"旧裁缝"喻指妻子，第3、4句用比喻、对比的方法既写出了妻子的贤惠，又写出了自己丧妻之后的悲伤。因用典、比喻、对比手法的运用，整首诗显得非常含蓄、凝练而富有想象力。

另一方面，表现为常用言已尽意不绝的表达作结尾，这点在他的多数诗歌尤其是绝句中体现得异常明显。例如《哭子十首(翰林学士时作)》：

维鹈受刺因吾过，得马生灾念尔冤。独在中庭倚闲树，乱蝉嘶噪欲黄昏。

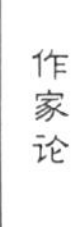

才能辨别东西位，未解分明管带身。自食自眠犹未得，九重泉路托何人。
尔母溺情连夜哭，我身因事有时悲。钟声欲绝东方动，便是寻常上学时。
莲花上品生真界，兜率天中离世途。彼此业缘多障碍，不知还得见儿无。
节量梨栗愁生疾，教示诗书望早成。鞭扑校多怜校少，又缘遗恨哭三声。
深嗟尔更无兄弟，自叹予应绝子孙。寂寞讲堂基址在，何人车马入高门。
往年鬓已同潘岳，垂老年教作邓攸。烦恼数中除一事，自兹无复子孙忧。
长年苦境知何限，岂得因儿独丧明。消遣又来缘尔母，夜深和泪有经声。
乌生八子今无七，猿叫三声月正孤。寂寞空堂天欲曙，拂帘双燕引新雏。
频频子落长江水，夜夜巢边旧处栖。若是愁肠终不断，一年添得一声啼。

此七绝为元稹在长庆元年(821年)在京为翰林学士时为夏季病死、年仅十四的儿子元荆所作，写得简洁、概括、凝练，尤其是结尾的表达韵味无穷。第一首用维鹅受刺作喻和反用“塞翁失马”作典，说自己刚刚免除贬谪便死了儿子，把儿子之死归责于自己，心情异常悲痛、自责、孤独、烦躁，后两句以景衬情，更是烘托了这种情感的抒发，正因为“独”才觉得“乱蝉嘶噪”，蝉噪亦是人燥，声音的延绵不绝更是烘托出了哀情的延绵不绝，再加上欲黄昏，从心理学上看，黄昏是人和其他生物心理最脆弱、情绪最不稳定的时期，诸多生物这个时候最渴望归巢，如《诗经·王风·君子于役》之“君子于役，不知其期，曷至哉？鸡栖于埘，日之夕矣，羊牛下来。君子于役，如之何勿思”，而自己的儿子此时却无家可归，心中如何不伤？仅此两句，给人无限遐思。第二首写自己因失子而精神恍惚，现在自食自眠尚且可以，但是今后身后之事托付给谁呢？一个问句把时间、空间拉长、扩大，把无子之悲的情绪无限扩展，给人深思。第三首前两句描写夫妻二人悲子的情况，第3、4句因钟声触动，本应是平常儿子上学时，但此时却钟在人亡，钟声的延绵欲绝反衬了哀思的延绵不绝。第四首以儿子离世喻彼此业缘多障碍自慰，结尾一个问句表达了个人不能摆脱宿命安排、身不由己之悲，让人深省。第五首写自己控制儿子零食怕他生病，教授诗书希望他早成，谁知如此精心培育他还是去世了，只留下遗恨哭声，“哭三声”实是多声，以哭声不断言哀情无限。第六首前两句自叹家门人丁稀少、儿子全死之实，后两句抒发自己虽然建立功业但无子孙继承之悲，问句的形式起到强调哀情和发人深省之用。第七首以潘岳、邓攸自喻，言失子是命中自定，后两句以佛教烦恼数中少为儿操心之事自慰，看似豁达，实则无奈，是悲痛至极之后的反语，更发人深省。第八首以子夏因丧子而双目失明作典，作自我安慰，但儿子的母亲却无法摆脱忧伤，失眠流泪、深夜念经，末句以经声的绵绵不绝衬托哀情的绵绵不绝。第九首以古乐府《乌生》篇说乌生八九子均遇害自喻自己多次丧子，悲伤不眠，坐听猿叫，空看天曙、双燕引雏，末句"双燕引新雏"更反衬出自己的无子之悲，让人遐想。第十首以动物丧子喻自己丧子，末两句的愁肠不绝和啼声不断表达自己哀情不断，起到言已尽而意犹未尽之功。

总之，如果说杜甫从公的角度奠定了他在中国哀悼诗史上的地位的话，那么元稹的哀悼诗以其众体之齐备、情感内涵之深广和艺术手法之精湛超越了众多作家，从私的角度成为中国哀悼诗史上的一流作家。

八、白居易

白居易(772—846)，字乐天，晚年自号香山居士，又号醉吟先生，祖籍太原，迁下邽。官至翰林学士、左赞善大夫。他是伟大的现实主义诗人，唐代三大诗人之一，与元稹倡导新乐府运动，世称"元白"，与刘禹锡并称"刘白"，世称"诗魔"和"诗王"。著集七十五卷，存《白氏长庆集》七十一卷。

他有哀悼诗共65首：

悼友诗共39首：《哭孔戡》(五古)、《哭刘敦质》(五古)、《伤唐衢二首》(五古)、《秦中吟十首·伤友(又云伤苦节士，一作胶漆契)》(五古)、《伤杨弘贞》(五古)、《梦裴相公》(五古)、《哭李三》(五古)、《哭王质夫》(五古)、《哭诸故人，因寄元八》(五古)、《夜哭李夷道》(杂言)、《过高将军墓》(七古)、《感月悲逝者》(七绝)、《忆微之伤仲远(李三仲远去年春丧)》(五排)、《梦亡友刘太白同游彰敬寺》(七绝)、《予与故刑部李侍郎早结道友以药术为事与故京兆元尹晚为诗侣有林泉之期周岁之间二群长逝李住曲江北元居升平西追感旧游因贻同志》(七律)、《题故元少尹集后二首》(五古)、《元相公挽歌词三首》(七律)、《哭微之二首》、《哭皇甫七郎中(湜)》(五律)、《哭师皋》(七古)、《哭崔二十四常侍》(七律)、《令狐相公与梦得交情素深眷予分亦不浅一闻薨逝相顾泫然旋有使来得前月未殁之前数日书及诗寄赠梦得衣吟悲叹寄情于诗诗成示予感而继和》(七律)、《哭刘尚书梦得二首》(七律)、《哭崔常侍晦叔》(五古)、《微之敦诗晦叔相次长逝，岿然自伤，因成

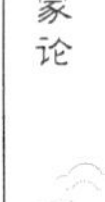

二绝》(五绝)、《采石墓》[①](七律)、《与果上人殁时题此诀别，兼简二林僧社》(七绝)、《哭微之二首》(七绝)、《梦微之》(七律)、《过颜处士墓》(七律)、《哭微之》(七绝)、《自问》(七绝)。

悼子女诗 6 首:《念金銮子二首》(五古)、《病中哭金銮子(小女子名)》(五排)、《重伤小女子》(七律)、《哭崔儿》(七律)、《初丧崔儿报微之晦叔》(七律)。

悼弟诗 1 首:《哭从弟》(七绝)。

悼皇帝诗 8 首:《德宗皇帝挽歌词四首》(五律)、《开成大行皇帝挽歌词四首，奉敕撰进》(五律)。

悼皇后诗 1 首:《昭德皇后挽歌词》(五律)。

悼太子诗 2 首:《赠悼怀太子挽歌辞二首》(五律)。

悼他人夫、妾和悼诗 7 首:《燕子楼三首并序》(七绝)、《为薛台悼亡》(七绝)、《和元九悼往(感旧蚊帱作)》(五古)、《和杨师皋伤小姬英英》(七律)、《和刘郎中伤鄂姬》(七绝)。

悼妓诗 1 首:《真娘墓(墓在虎丘寺)》(七古)。

在思想内涵上，白居易早年就开始习禅，晚年既归心南宗，又信仰净土，佛教对他的诗歌创作影响很大，体现在他的哀悼诗中，除了对死者的哀伤、思念之外，就是宿命论和“五阴聚合”的空观。宿命为佛教名词，认为人的思想、行为、贫富、寿数等命运在其出生之前已由天意决定，人们只能服从它而不能违抗它，只有这样才能积福消灾，这种思想在白居易的哀悼诗中体现最多，并且还指出了寿与贤的矛盾。例如：

(1) 贤者为生民，生死悬在天。谓天不爱人，胡为生其贤。
谓天果爱民，胡为夺其年。茫茫元化中，谁执如此权。——(《哭孔戡》)

(2) 愚者多贵寿，贤者独贱迍。——(《哭刘敦质》)

(3) 哭君仰问天，天意安在哉。若必夺其寿，何如不与才。——(《哭李三》)

(4) 谁识天地意，独与龟鹤年。——(《伤杨弘贞》)

(5) 诚知天至高，安得不一呼。江南有毒蟒，江北有妖狐。

---

① 也叫《李白墓》。

皆享千年寿，多于王质夫。不知彼何德，不识此何辜。——（《哭王质夫》）

（6）未会悠悠上天意，惜将富寿与何人。——（《过颜处士墓》）

（7）寿夭由天命，哀荣出圣慈。——（《赠悼怀太子挽歌辞二首》）

（8）多才非福禄，薄命是聪明。不得人间寿，还留身后名。——（《哭皇甫七郎中》）

上述（1）句明确指出生死由天定的思想，并且用假设句提出寿与贤的矛盾，为孔戡得其贤而早死悲愤不平。（2）句言愚笨的人富贵而且长寿，贤能的人地位低微而且命运艰难，实为上天已定、上天不公，为贤能的刘敦质穷悴至死而哀怨。（3）句言李三贫病、卑贱早死，诗人为其鸣不公，上天要他早逝为何不给他才干？（4）句言寿命由上天而定，它将长寿给了龟鹤而不给杨弘贞。（5）句亦言寿命天定，毒蟒、妖狐的寿命均长于王质夫，不知道它们有什么德，不知道王质夫有什么罪过，是为王质夫无辜早死鸣不平。（6）句言富寿由上天而定。（7）句直言寿夭由天定。（8）句为皇甫七郎中有才有名但不得长寿而哀叹。这些诗句都透露出了人的寿命、祸福由上天决定的宿命论思想，而且还指出了有才无命或有命无才的矛盾和悲哀，这些思想都是封建社会广大人民遭遇祸害、挫折和不幸时的普遍思想，将它们反映在诗歌中，使诗歌更容易得到人们的接受和传播。

而且，白居易的哀悼诗还用“五阴聚合”的空观来缓解死亡带来的悲伤和痛苦。例如：

（1）自我学心法，万缘成一空。——（《梦裴相公》）

（2）形质本非实，气聚偶成身。恩爱元是妄，缘合暂为亲。——（《念金銮子二首》）

上述两句都云人的形体不是实在的，而是由气聚合而成的，气聚则生，气散则死，人与人之间的关系也是不实的，条件具备就暂合为亲人，条件不具备就不能成为亲人，所以人的生和死都不必太悲伤。（1）句言自从自己学了佛法之后，把世间的一切包括生死都看开了，不太容易悲伤。（2）句言诗人已从佛法中悟到了生死

之理，安慰自己不要为女儿的去世而过度悲伤。这种观点也为时人所普遍信仰，这也是他的诗歌得到人们的广泛接受和喜爱的一个原因。

在艺术上，白居易作诗的标准为："其辞质而径，欲见之者易谕也；其言直而切，欲闻之者深诫也；其事核而实，使采之者传信也；其体顺而肆，可以播于乐章歌曲也？"[①]其哀悼诗往往是运用通俗易懂的语言、平实无华的手法按生活的本来面目叙述死者的生平、交谊、才学、功业、去世等和存者对其的哀伤、思念，其中往往插入几句关于生死哲理的议论以点睛和升华。例如《哭李三》：

去年渭水曲，秋时访我来。今年常乐里，春日哭君回。哭君仰问天，
天意安在哉。若必夺其寿，何如不与才。落然身后事，妻病女婴孩。

此五古是诗人于元和十年（815年）为哀悼李顾言而作，诗人按时间顺序写去年秋天到渭水曲拜访李三时，他还好好的，今年春天到常乐里再次拜访他时，他已经去世，"哭君"以下四句为议论，表达作者对天意不公，要李三短寿却不给他才华的悲愤，最后两句写李三去世以后家中的惨状，妻病女小。通篇语言明白如话，可以说是妇孺皆知，按自然生活的时间顺序叙述了自己与李三交往的往事和李三去世后自己的哀悼及其身后家中的惨状，中间的议论起到画龙点睛、增加其思想深度和情感浓度的作用。

又如《哭皇甫七郎中》：

志业过玄晏，词华似祢衡。多才非福禄，薄命是聪明。
不得人间寿，还留身后名。涉江文一首，便可敌公卿。

此五律是诗人于大和四年（830年）悼念好友皇甫湜而作，首联、尾联用叙述的方法夸耀皇甫湜志业超过玄晏，诗学才华与祢衡相似，《涉江》一出比许多高官都要厉害，颔联、颈联用议论手法说明他多才、聪明却薄命没有福禄，虽然寿命不长但是逝后还留有诗名。全诗的语言也是明白如话，议论与叙述、抒情相结合，

① 谢思炜撰《白居易诗体校注》，北京：中华书局2006年版，第267页。

更突出了对其才高早逝的惋惜，类似的人还有不少，也使作品具有更大的普遍性。

此外，对比是白居易哀悼诗常见的修辞手法。如：

(1) 昔年洛阳社，贫贱相提携。今日长安道，对面隔云泥。——《秦中吟十首·伤友》)

(2) 忆昨元和初，忝备谏官位。……今日开箧看，蠹鱼损文字。——《伤唐衢二首》其二)

(3) 旧宅牡丹院，新坟松柏林。梦中咸阳泪，觉后江陵心。——《和元九悼往(感旧蚊帱作)》)

(4) 去年渭水曲，秋时访我来。今年常乐里，春日哭君回。——《哭李三》)

(5) 昨日哭寝门，今日哭寝门。……昔见君生子，今闻君抱孙。——《哭诸故人，因寄元八》)

(6) 原上新坟委一身，城中旧宅有何人。——《过高将军墓》)

上述诗句(1)是昔年好友在世时的情景和今日好友离世时的情景相对比；(2)是昨昔元和初唐衢生前位居高官的荣景和今日去世后凄凉情景的对比；(3)是将生前旧宅牡丹院居室的美丽高雅和死后新坟松柏成林的森然冷落进行对比，将梦中在咸阳埋葬妻子和觉后在江陵悲伤悼念进行对比；(4)是将昨日和今日对比、昔与今对比，表明好友相继去世和存者变化的迅速；(5)是将去年秋天和今年春天的拜访进行对比，表明生死异途；(6)句是将新坟与旧宅相对比，表明高将军的去世。对比使生与死的矛盾更加突出、存者对死者的哀悼之情更为明显。

在白居易的哀悼诗中，写得最感人的是哀悼子女诗，尤其是抒写病中丧子女或老年丧子女悲哀的作品。例如白居易为其女金銮子和其子崔儿所写的哀悼诗，《念金銮子二首》《病中哭金銮子》《重伤小女子》哀悼女儿金銮子，《哭崔儿》《初丧崔儿报微之晦叔》哀悼崔儿。《病中哭金銮子》写在元和六年(811年)白居易年仅三岁的女儿金銮子不幸夭折，当时白居易四十二岁，刚刚失去了老母，自己又在病中，所以爱女突然夭折对他来说是场巨大的打击。白居易在金銮子周岁之时曾作过一首诗，诗中有“若无夭折患，则有婚嫁牵”之句，谁知两年后果真

应验这一谶语，当他闻到爱女的噩耗时，从卧枕上惊起，待他明白过来时，不禁失声痛哭，继而开始沉痛地泣诉："有女诚为累，无儿岂免怜？病来才十日，养得已三年。""慈泪随声迸，悲肠遇物牵"写出悲痛的程度，接着用爱女的旧衣残药与为爱女送葬的悲惨景象作渲染，最后道出生死阴阳两隔的无奈事实，此诗虽然语言朴实明炼，但是却感情真挚，让人肝肠寸断。《念金銮子二首》的"与尔为父子，八十有六旬。忽然又不见，迩来三四春"写出了老年丧女的悲哀，《重伤小女子》中的"才知恩爱迎三岁，未辨东西过一生"则是对其年幼即遭夭折的痛惜。"伤心自叹鸠巢拙，长堕春雏养不成"是对自己照顾不周致使女儿早夭的深深自责。《哭崔儿》作于大和五年(831年)，时诗人在洛阳任河南尹，已六十岁，老年得子，疼爱异常，不料儿子竟三岁夭折，异常悲痛，"悲肠自断非因剑，啼眼加昏不是尘"。但是却无可奈何，只好用"邓攸身"自比认命。《初丧崔儿报微之晦叔》则是先写把初丧崔儿的消息报给晦叔时未语先垂泪的悲哀，接着控诉上天对自己的不公，用"蝉老悲鸣""龙眠惊觉"比喻写出哭儿的普遍性，用以自慰，最后表达自己功成名就却无人继承的哀伤。

总之，白居易哀悼诗中蕴含的宿命论和"五阴聚合"的空观、通俗易懂的语言、平实无华的手法、叙议结合的表达方式、对比修辞的运用、哀悼子女诗的感人力度奠定了他在中国哀悼诗史上的地位。

九、李商隐

李商隐(812—858)，字义山，号玉溪生、樊南生，原籍怀州河内。唐文宗开成二年(837年)进士，一生多次入幕，晚唐著名诗人，工诗和骈文，与温庭筠合称为"温李"，与杜牧合称"小李杜"。今存《玉典生诗》三卷、《樊南文集》八卷，《樊南文集补编》十二卷。

李商隐现存的哀悼诗共17首，其中悼妻诗5首：《王十二兄与畏之员外相访见招小饮时予以悼亡日近不去因寄》(七律)、《悼伤后赴东蜀辟至散关遇雪》(五绝)、《正月崇让宅》(七律)、《相思》(七绝)、《房中曲》(新乐府)；悼友诗9首：《哭刘司户二首》(五律)、《哭刘蕡》(七律)、《哭刘司户蕡》(五律)、《闻著明凶问哭寄飞卿》(五律)、《过伊仆射旧宅》(七律)、《故驿迎吊故桂府常侍有感》(七绝)、《过故崔兖海宅与崔明秀才话旧因寄旧僚杜赵李三椽》(五律)；悼皇帝诗3首：《昭肃皇帝挽歌辞三首》(五律);悼不知名异性诗1首:《暮秋独游曲江》(七绝)。他的哀悼诗蕴含着他命运坎坷、平生不得志的身世之哀。

李商隐出身于官宦书香门第,曾祖、祖父、父亲都过早去世,他十岁时丧父,孤儿寡母扶丧回郑州,过着艰苦清贫、形如外来逃荒者的生活,家世不幸、瘦羸文弱以及企图振兴家道的重压养成了他敏感、易伤的性格特征。文宗大和三年(829年)李商隐受令狐楚的指点和令狐绹的帮助中了进士,次年入泾原节度使王茂元幕,娶其女王氏为妻,令狐父子与王茂元分属牛、李党要员,自此,李商隐后半生卷入了牛李党争的政治漩涡,并因此受到一连串的政治打击而长期任地方官和幕僚,远离家室,漂泊异地。大中五年(851年)与他情深意笃的妻子王氏不幸病故,时子女寄居长安,家世、时世、身世使含蓄内向的李商隐心中更加脆弱伤感而又不诉之于外,这种心态渗透在他的许多诗歌中,而以人世间最大的生死之悲为特征的哀悼诗就成为这种感情的最佳载体。体现在:

(一)以其哀悼对象直言其命运坎坷、平生不得志的身世之悲

在李商隐的17首哀悼诗中除了5首悼妻诗和1首悼不知名异性诗外,交际应酬类哀悼诗共12首,共哀悼了6个人,撇开昭肃皇帝、崔戎不谈,其余的4个人均为仕途坎坷、遭受贬谪、命运不幸之人。如《哭刘司户二首》《哭刘蕡》《哭刘司户蕡》中的刘蕡(?—848),字去华,唐代宝历二年进士,善文,耿直嫉恶。太和一年(827年)参加"贤良方正"科举考试,直书除掉宦官,考官赞其策论但不敢授以官职。后令狐楚、牛僧孺等镇守地方时,征其为幕僚,授秘书郎。终因宦官诬陷而被贬为柳州司户参军,客死他乡。《闻著明凶问哭寄飞卿》中的温庭筠(约812—约866),本名岐,艺名庭筠,字飞卿,汉族,太原祁人,晚唐诗人、词人。唐初宰相温彦博后裔,生于没落贵族之家,工诗和艳词,恃才不羁,行为放浪,喜刺权贵,屡试不第,终身潦倒。《故驿迎吊故桂府常侍有感》中的郑亚,字子佐,荥阳人,元和十五年及以下几年连中三科,被李德裕辟为从事,才高文秀,人多忌嫉。会昌起历任监察御史、刑部郎中、谏议大夫、给事中、正议大夫、桂州刺史、御史中丞、桂管都防御经略使。大中二年,因吴汝纳诉冤,被贬为循州刺史后卒。《过伊仆射旧宅》中的伊慎(744—811),字寡悔,于大历八年(773年)镇压循州刺史哥舒晃的叛乱,建中二年(781年)镇压山南东道节度使梁崇义的叛乱,后又镇压李希烈、

淮西节度使吴少诚的叛乱，均立有奇功，晚年却为了河中节度使以三千万钱贿赂宦官，被人告发，遭贬病死。

可见，李商隐的哀悼诗对这些仕途坎坷、遭受贬谪的师友给予了高度的关注和同情，除了表达自己对他们的真切哀悼之情外，还因为自己的遭遇与他们相似，情感相近，伤他亦是伤己，从而使自己无法向外人道的不得志之隐痛找到宣泄的渠道。

（二）运用含蓄多义的语言间接言其命运坎坷、平生不得志的身世之悲

1. 以对立统一富于有张力的语言隐喻

李商隐的哀悼诗善于将心中的矛盾哀愁转化为矛盾对立的双方，并将它统一在诗歌中，从而使语言更富有张力，给读者带来更多的联想和想象。如《悼伤后赴东蜀辟至散关遇雪》：

剑外从军远，无家与寄衣。散关三尺雪，回梦旧鸳机。

此五绝是李商隐于大中五年（851 年）冬应东川节度使柳仲郢之请赴任东川节度书记，时爱妻王氏去世不久，娇女、幼子寄养在故交连襟韩瞻家。此诗将从军远与离家近、有家与无家、有寄衣与无寄衣、国事与家事、三尺雪的冷与旧鸳机的暖、孤独与双栖、现实与梦想对立统一地融合在一起，这种看似悖谬的表达技法将李商隐家破人亡的哀伤、前途的渺茫无定、身世飘零的孤独无依巧妙地融合在一起，字字泣血，句句含情。又如《房中曲》：

蔷薇泣幽素，翠带花钱小。娇郎痴若云，抱日西帘晓。
枕是龙宫石，割得秋波色。玉簟失柔肤，但见蒙罗碧。
忆得前年春，未语含悲辛。归来已不见，锦瑟长于人。
今日涧底松，明日山头檗。愁到天池翻，相看不相识。

此诗是诗人于宣宗大中五年（851 年）从徐州卢弘止幕府罢职、还京归家后面对

妻逝楼空的孤室徘徊缅思而作的悼亡诗。全诗共16句,失母痴睡的娇儿与悲痛欲绝的成人,唯见簟席、蒙罗而不见秋波、柔肤,前年妻子悲辛之态与现在人逝琴存,今日涧底松与明日山头檗,相看与不相识,这些矛盾对立的事物统一在一起,把其发自内心的凄冷哀艳之感发挥得淋漓尽致,故朱彝尊评曰:"言情至此,奇辟千古所无。"①

2. 以萧条、衰败之景隐喻

动植物的萧条、衰败之景表明其生命力的衰退,它与人的死亡、不得志、不如意而形成的感伤有很强的相似之处,如《过伊仆射旧宅》:

> 朱邸方酬力战功,华筵俄叹逝波穷。回廊檐断燕飞去,小阁尘凝人语空。
> 幽泪欲干残菊露,馀香犹入败荷风。何能更涉泷江去,独立寒流吊楚宫。

此五律是诗人于大中二年(808年)深秋为哀悼好友伊慎而作,首联上句夸耀亡友的战功,下句写诗人为他的突然去世而哀叹,颔联、颈联、尾联通过描写他遗屋的衰败之景来表达哀伤之情,檐的断、燕的飞、尘的凝、菊露的残、香的馀、荷的败、流之寒、楚宫均展现了一派衰败、冷落、凄清的景象,此为外景,语的空、泪的幽、独立、吊则表现了诗人内心的孤寂、痛苦、无奈,此为内景,内景与外景融合在一起,一方面表达了诗人对好友盛极而衰至死的感慨,"华筵俄叹"即为明证,另一方面也渗透着诗人对个人身世的深刻体悟和哀叹,让人深有同感。

又如《正月崇让宅》:

> 密锁重关掩绿苔,廊深阁迥此徘徊。先知风起月含晕,尚自露寒花未开。
> 蝙拂帘旌终展转,鼠翻窗网小惊猜。背灯独共馀香语,不觉犹歌起夜来。

此七律是李商隐于大中十一年(857年)的正月新春佳节之际,虽然爱妻已经去世六年,但诗人重临与亡妻曾经共同生活过的故宅,看到物是人非之景,自然勾起了夫妻曾经恩爱生活的回忆和感伤。首联写曾经的爱宅现在因无人居住而宅门

---

① 吴慧著《李商隐诗要注新笺》下,北京:方志出版社2010年版,第846页。

紧锁、青苔遍地，回廊悠长深远，描写出一片荒凉、冷清的景象，诗人触景生情，遂独自徘徊。颔联描写风起的先兆——月晕，月照露寒花不开。前两联以凄凉、冷落之景烘托诗人内心的凄凉、感伤。颈联、尾联由室外写到室内。诗人思念亡妻，因蝙蝠翻飞撩动帘幕而辗转难眠，因老鼠爬过窗网而惊猜妻子的亡魂回来，背灯四下寻找亡妻的余香语，似乎感到妻子思念自己又唱起了《起夜来》。蝙蝠、老鼠出没可见宅子的荒凉、凄清，这与诗人命运多舛、倍感亡妻的柔情而产生的悲凉、孤寂之感相吻合，一字一泪，实感人肺腑，张采田曰："悼亡诗最佳者，情深一往，读之增伉俪之重，潘黄门后绝唱也"[①]，智言也。

此外，《故驿迎吊故桂府常侍有感》的"饥乌翻树晚鸡啼，泣过秋原没马泥"中的"饥乌""晚鸡"亦为衰败、萧条之外景，与泣着经过没马泥的秋原相搭配，不仅表达了对亡友的哀悼之情，也暗寓着自己无所依托、四处飘零的悲苦际遇。

3. 以用典、比喻的修辞手法隐喻

用典，"据事以类义，援古以证今"[②]就是用古比今、用古证今，借古抒怀。比喻就是把有相似点的甲类事物比作乙类事物，这两种修辞方法以其均有类比的特点而被李商隐所青睐，如《闻著明凶问哭寄飞卿》：

路有论冤谪，言皆在中兴。空闻迁贾谊，不待相孙弘。
江阔惟回首，天高但抚膺。去年相送地，春雪满黄陵。

此五律是诗人于大中二年(848年)秋为哀悼好友温庭筠而作，颔联运用两个典故：西汉有才能的贾谊被贬为长沙王太傅，西汉公孙弘于武帝建元元年(前140年)征为博士，出使匈奴，还报，因不合武帝之意被病免归，把温庭筠比作怀才不遇的贾谊和公孙弘，"空闻""不待"充满了对其不幸遭遇的同情和对时局的不满，颈联中的"江阔""天高"比喻时局险恶、前途渺茫，"惟回首""但抚膺"比喻李商隐自己对时局和前途无法把握的无奈和感伤，这样颔联和颈联就把伤他与自伤结合在了一起。

---

① 张采田著《玉溪生年谱会笺外一种》，北京：中华书局1963年版，第448页。

② (南朝梁)刘勰著，范文澜注《文心雕龙注》，北京：人民文学出版社1958年版，第614页。

又如《哭刘蕡》：

上帝深宫闭九阍，巫咸不下问衔冤。广陵别后春涛隔，湓浦书来秋雨翻。
只有安仁能作诔，何曾宋玉解招魂。平生风义兼师友，不敢同君哭寝门。

此七律是李商隐为伤悼含冤被贬、客死他乡的友人刘蕡而作。首联的“九阍”典自《离骚》：之“吾令帝阍开关兮，倚阊阖而望予”和宋玉《九辩》之“君之门以九重”，“巫咸”典自《甘泉赋》之“选巫咸兮叫九阍，开天庭兮延群神。”[①]且用上帝居深宫、巫咸不问冤比喻刘蕡被宦官构陷、被贬至死而皇帝不解冤情的悲愤，“春涛隔”比喻诗人与好友分离、没有见面，“秋雨翻”比喻好友去世，用潘岳空作哀诔、宋玉为屈原招魂表达自己的哀悼之情。“哭寝门”典自《礼记》：“孔子说：‘师，吾哭诸寝；朋友，吾哭诸寝门之外。’”[②]意为师重于友，李商隐用此典称赞刘蕡高风亮节，和他亦师亦友，自谦不敢与他同列而在寝外哭悼，实是指自己与刘蕡是同类高风亮节、怀才不遇之人。

再如《王十二兄与畏之员外相访见招小饮时予以悼亡日近不去因寄》中的颈联“嵇氏幼男犹可悯，左家娇女岂能忘”用身为竹林七贤之首但被钟会诬陷而被司马昭处死的嵇康和因出身寒门而在当时的门阀制度下屡不得志的左思作典，将自己比作此二位有才华而不得志之人，尾联“秋霖腹疾俱难遣，万里西风夜正长”亦用比喻手法，明言腹疾实喻丧妻之痛、不得志之悲，“万里西风夜正长”喻时局险恶、前途渺茫，满纸身世之感。

总之，运用比喻、用典、对立统一富于有张力的语言将身世之感打并入哀悼诗是李商隐哀悼诗的最大特点。

十、李煜

李煜（937 — 978），初名从嘉，字重光，号钟隐、莲峰居士，祖籍彭城，南唐最后一位国君，世称南唐后主、李后主，南唐元宗李璟第六子。工书法、绘画，诗、

① （汉）扬雄著，张震泽校注《扬雄集校注》，上海：上海古籍出版社 1993 年版，第 66 页。

② （清）阮元校刻《十三经注疏·礼记正义·檀弓上》，北京：中华书局 1980 年版，第 1282 页。

词、文有一定造诣，词的成就最高，影响最大。现存哀悼诗7首：《悼诗》（五律）、《挽辞二首》（五律）、《感怀》（五律）、《梅花》（第一首为五律，第二首为五绝）、《书灵筵手巾》（五绝）、《书琵琶背》（五绝）。以哀悼妻子大周后的作品为主，仅有少量是哀悼次子仲宣的作品。

李煜是一位长期生在深宫、长于妇人之手的国君，由于阅世较浅，故性格纯真，所以他诗词的最大特点是真。十八岁时纳司徒周宗多艺才女、绝代佳人昭惠为后，婚姻美满，伉俪情深，生二子，次子仲宣聪明伶俐，能审识音调，三岁便能诵《孝经》，四岁时因大琉璃灯堕地惊痫得疾而死，大周后大恸而病情加剧，乾德二年（964年），年仅二十九岁的周娥皇因病逝世。壮年连接丧子丧妻使李煜受到重创，他长时间陷在深深的哀痛之中，他为大周后作了大量作品，诗《悼诗》《感怀》《梅花二首》《挽辞二首》《书琵琶背》《书灵筵手巾》，词《一斛珠·晓妆初过》《浣溪沙·红日已高三丈透》《玉楼春·晚妆初了明肌雪》《长相思·一重山》《长相思·云一緺》，还有《昭惠周后诔》《挽词》等。他的哀悼诗最大的特点是运用比喻、反衬等艺术手法表达了对大周后和次子仲宣至真、至哀、至性的伤悼之情，这种情感的浓度、长度、密度给人以强烈的感染力。

（一）浓度

李煜哀悼诗情感的浓度体现在四个方面：

1. 将妻儿比喻成最美好的事物，如，将儿子比喻成珠和珍，古人常用“掌中珠”“掌上珠”“掌上明珠”来比喻父母极其钟爱的儿女。如北周庾信的“膝下龙摧，掌中珠碎。芝在室而先枯，兰生庭而早刈”（《伤心赋》），晋傅玄的“昔君视我，如掌中珠。何意一朝，弃我沟渠”（《短歌行》），“珠碎眼前珍”喻伤子。将儿子比喻成春天的果实，“正悲春落实”即伤子。将妻子比喻成花、掌中身、艳质、芳树、花丛、秾丽、蛾眉、烟花主，如“花凋世外春”“又失掌中身”“艳质同芳树”“又苦雨伤丛”“秾丽今何在”（《挽辞二首》），“芙蓉城上哭蛾眉”（《感怀》），“蛾眉却不全”“失却烟花主”（《梅花》）均是喻丧妻、伤妻。鲁迅先生说“悲剧将人生的有价值的东西毁灭给人看”，[①]这些最美好事物的失去让诗人心中的生死落差更大，哀痛之

① 鲁迅著《鲁迅全集》1，北京：人民文学出版社2005年版，第203页。

感更强。

2. 用植物可以再生反衬妻儿去世不可再生和旧物依旧而妻儿已离世之悲，如《感怀》：

又见桐花发旧枝，一楼烟雨暮凄凄。凭阑惆怅人谁会，不觉潸然泪眼低。

层城无复见娇姿，佳节缠哀不自持。空有当年旧烟月，芙蓉城上哭蛾眉。

大周后于乾德二年（964年）十一月二日去世，此五律是后主于第二年春对其的悼念之作，题注中说后主哀苦骨立，杖而后起，每于花朝月夕之时便伤怀。诗中写城楼依旧、烟雨依旧、烟月依旧而妻之娇姿已不不在，桐花依然还发旧枝，但是妻子已不复见、也不再生，所以后主惆怅、泪流、缠哀不自持。

又如《梅花》：

殷勤移植地，曲槛小栏边。共约重芳日，还忧不盛妍。

阻风开步障，乘月溉寒泉。谁料花前后，蛾眉却不全。

失却烟花主，东君自不知。清香更何用，犹发去年枝。

此两首诗都是李煜悼念亡妻大周氏之作，诗中的梅花是后主与周后移植于瑶光殿之西的梅花，它依然从旧枝中抽芽、开花，曲槛小栏、风月寒泉也依旧，但是美丽的大周后已经一去不复返、不可再见了，反衬手法的运用使后主对周后的悼伤、思念之情得到极度的强化。此外，《书灵筵手巾》《书琵琶背》亦是运用了旧物依存而伊人已逝的反衬手法来强调哀悼之情。

3. 用佛教的苦、空来表现自己丧妻、丧子之悲。李煜嗜佛教，曾在宫中修建永慕宫，在林苑修建静德僧寺，在钟山设寺并题词“报慈道场”，以普度僧侣。所以佛教思想也渗透在他的哀悼诗中，如“艳质同芳树，浮危道略同”（《挽辞二首》）其中的“危”为佛教语，指代浮生危苦，用以表现丧妻失子之后的痛苦心境，又如《悼诗》反映聪明伶俐的次子仲宣被惊吓去世后，夫妻二人几被哀痛完全击倒，时值大周后病重，后主忧心其因此而加剧病情，所以要强力撑持、不让悲痛尽情宣

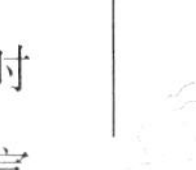

泄以安慰她，心中的哀苦可想而知，马令《南唐书》卷三载时昭惠病剧，后主恐重伤其意，常默坐饮泣，因为诗以写志，“吟咏数四，左右为之泣下”[①]，只好向佛教求助，“空王应念我，穷子正迷家”中的空王就是释迦牟尼佛，佛教认为世间一切皆空，故云，穷子即法华经七喻之一，指三界生死之众生，无功德法财，诗中代后主自己，此诗是向万能的佛祖抒发自己丧子之后无法排遣的悲哀之痛。

4. 用典型意象的细节描写表现对亡妻的思念、哀悼之情。

李煜哀悼诗中选取的意象大多是具有典型意义的意象，通过对其的细节描写来表达对亡妻的哀伤、思念之情。例如，《挽辞二首》中描写大周后生前用的玉笥中还留有残药，香奁也已染上尘埃，或是表明大周后去世不久，先前所居之处因诗人过于悲伤而无心打理变得萧条、冷落，或是诗人因思念大周后之心切刻意保留着她生前的印迹，无论是哪一种情况均表达了诗人对亡妻的诚挚思念之心和哀悼之情。又如《感怀》中的桐花，本是清明节的节花，常寄托相思、乡愁、祭祀等含义，诗人在诗中详细描写它春天到来又比去年萌发了不少新枝，触动了诗人对亡妻的思念之情，亡妻是一去不复返了，其哀伤之情尽在不言中。

又如《梅花》中的梅花，据马令《南唐书》卷六所载，原是后主与周后共同移植于瑶光殿之西，具有深刻的意义，现在它开花、发芽、散发出清香，但是它的女主人却已香销玉殒，反衬出诗人的无限哀伤。又如《书灵筵手巾》中的手巾，是大周后生前用的净面巾，是佛教礼仪上的“手巾”，诗人描写它上面遗留着大周后擦汗手时的香渍和画眉时染黛烟的痕迹，而她本人却早已去世，诗人睹物思人，悲伤之情油然而生。再如《书琵琶背》中的琵琶，本是公公李璟赠给周后的夸耀她超凡绝伦弹奏艺术的奖赏，是她的心爱之物，也是她临终前赠给丈夫的诀别之物，具有非同寻常的意义，诗人描写它美丽的外形，想象上面还留有亡妻的余暖，从中可以看出诗人对大周后美貌的回忆和深切的悼念之情。

（二）长度

李煜哀悼诗中哀悼情感的长度体现在两个方面：一是用直接或间接的方法表达悲哀、痛苦、思念时间的漫长，如“永念难消释，孤怀痛自嗟”（《悼诗》）中的

① （宋）马令，（宋）陆游撰《南唐书 两种》，南京：南京出版社2010年版，第67页。

“永念”表明了诗人长时间沉浸于哀伤之中不能自拔的心理。“共约重芳日，还忧不盛妍。……谁料花前后，蛾眉却不全”(《梅花》)，此诗由去年夫妻二人共栽梅花、共约赏芳的欢乐往事写到现在梅花重开而妻子仙逝、只留下自己孤家寡人的情况，“共约”与“谁料”形成鲜明的反差，从中也表明了夫妻的恩爱情深和后主对妻子去世后长期以来难以接受的悼念、痛苦之情。“清香更何用，犹发去年枝”(《梅花》)由去年栽种的梅花今年还抽枝、开花表明诗人对爱妻的爱恋和思念是持续不断的，植物的再生反衬了人逝的不能再生，使这种思念和爱恋更为深沉。二是用雨之漫长比喻丧妻、丧子之痛的漫长、持久，如“雨深秋寂寞，愁引病增加”(《悼诗》)由于雨丝的悠长、细密和绵绵不断与对亡妻、亡子思念、哀伤的无处不在、绵长柔弱和源源不断极为相似，所以用雨水喻哀伤、痛苦极其生动而形象地写出了诗人对亡妻、亡子难以忘怀的深挚之情。又如“又见桐花发旧枝，一楼烟雨暮凄凄”(《感怀》)以桐花再次萌发旧枝既写出了时隔一年时间的漫长，一楼烟雨的细密、悠长和绵绵不断更是触动了诗人满怀的哀伤、思念之情，既有起兴，又有比喻、反衬，诗人的哀伤、思念之情得以更浓烈的强调。

（三）密度

李煜哀悼诗中哀悼情感的密度体现在两个方面：一是运用哀伤、愁苦的语汇明确表达对亡妻、亡子的悲伤、思念之情，如《悼诗》抒写悼子之情，句句言痛，如永念难消释，孤怀痛自嗟、寂寞、愁、病、咽绝、思、昏濛、眼上花、念、迷，这些哀伤、愁苦之语强调了诗人对爱子去世难以释怀的哀痛之情。又如《挽辞二首》也几乎句句言痛，如珠碎、花凋暗藏悲意，心里恨、失、哀、感、无泪沾巾、浮危、悲、苦、空、沉沉，均强调了诗人痛失爱妻、爱子的悲痛难忍之情。二是运用副词表达对亡妻、亡子的悲伤、思念的频率之密、层次之多，如《挽辞二首》：

珠碎眼前珍，花凋世外春。未销心里恨，又失掌中身。
玉笥犹残药，香奁已染尘。前哀将后感，无泪可沾巾。

艳质同芳树，浮危道略同。正悲春落实，又苦雨伤丛。
秾丽今何在，飘零事已空。沉沉无问处，千载谢东风。

第一首颔联中的否定副词“未”说明诗人还沉浸在子亡的哀伤之中，程度副词“又”表明诗人再次遭遇丧妻之痛，写出了祸不单行的惨状，颈联中的时间副词“犹”描写出了大周后去世不久，“已”表明萧条之快，“前”哀连着“后”感，悲哀、痛苦一层连着一层、一浪高似一浪，均表达了诗人难以言说的、层峰叠涌的丧子、丧妻之痛。第二首颔联中的时间副词“正”表明诗人正处在丧子之痛中不能自拔，程度副词“又”表明诗人再次遭遇丧妻之悲苦，可谓屋漏偏逢下雨，颈联中的“已”对应出句中的“今”，写出了爱妻一逝，诸事没有意义的感伤，这几个副词从时间上、程度上写出了诗人丧妻、丧子的哀痛和悲伤，均起到强调的作用。

总之，李煜哀悼诗以其帝王的垂范作用，特有的情感浓度、长度、密度表达对爱妻、爱子的至真、至哀、至性的伤悼之情，从而确立了他在中国哀悼诗史尤其是悼亡诗史上的独特地位。

本章小结：判断一位作家在中国哀悼诗史上的地位，大体与以下五个因素有关：一是作家的政治地位或文学地位高，如具有雄才大略、实现中国三大盛世之一的汉武帝，其帝王的强大垂范作用给后世文学带来巨大的影响。李煜虽是南唐的亡国之君，但亦是帝王，其给后世文学带来的强大垂范作用亦不容忽视。潘岳为西晋诗坛的代表；诗圣杜甫集南北朝、盛唐诗歌之大成，是盛唐至中唐转折的伟大诗人，与李白同为“双子星座”；韦应物是大历时期能自成一家的著名诗人；孟郊是韩、孟诗派的代表人物；刘禹锡与柳宗元一并是中唐诗坛两位重要诗人；元稹、白居易是中唐诗坛元白诗派的主将；李商隐是晚唐诗坛的杰出代表，他创造了唐诗最后的辉煌，他们在文学史上均占有重要的地位，故其哀悼诗不容忽视。二是哀悼对象的地位较高，如杜甫大多哀悼的是建有大功的重相名臣和卓有建树的诗人、画家。三是表现的思想内涵崇高或具有真理性、普遍性，能获得世人的广泛共鸣，如杜甫哀悼诗记录安史之乱的史实性质和忧国忧民、忠君爱国的君子品格在任何时候都是一面旗帜，具有广泛的号召力。汉武帝身国长生的生命内涵，潘岳矛盾复杂的心态，韦应物铅华洗尽的至真、至情、至美，孟郊的愁苦之音、哀子之情，刘禹锡长期被贬、政治失意的身世之悲，元稹对世情、人情的真理性深刻体悟，白居易宿命论和“五阴聚合”的空观，李商隐命运坎坷、平生不得志的身世之哀，李煜对妻儿至真、至哀、至性的哀悼之情，无不赢得了世人的广泛认可而名垂千古。四是文体运用娴熟或有重大突破，如杜甫对五古哀悼诗的突破。五是艺术技巧高超、艺术成就巨大，如汉武帝对后世杂史笔记、后代帝王婚恋诗歌、戏曲及哀悼赋的开拓和推动，潘岳循环、反复的语言手段的运用和对悼亡诗、悼子哀悼诗的奠基意义，杜甫多用肯定性、赞扬性典故及死亡哀悼性典故，韦应物的细节抒情，孟郊的直渲哀情和叠词、对比、比喻手法的运用，刘禹锡的情寓于景和用典含而不露，元稹的开拓多种审美空间、第二人称的运用和凝练、概括、充满想象力及富有韵味的语言，白居易通俗易懂的语言、议论以点睛和对比手法的运用，李商隐含蓄多义的语言，李煜运用比喻、反衬等艺术手法表达情感的浓度、长度、密度，均呈现了作家的不同艺术个性和奠定了他们在中国哀悼诗史上杰出作家的地位。其中杜甫和元稹可谓是先秦至唐五代哀悼诗作家中的“双子星座”。

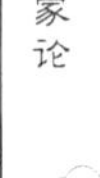

总　　论

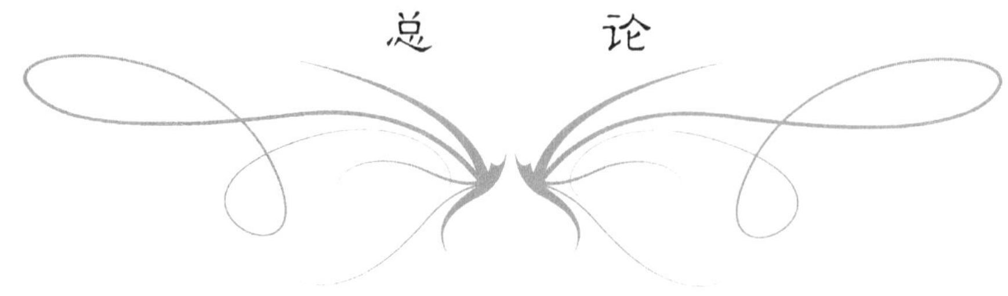

本系列著作以“先秦至唐五代哀悼诗”为研究对象，运用多学科交叉研究的方法，先梳理先秦至唐五代哀悼诗的发展历程，其次将其置于中国历史纵向、横向对比的整体坐标上研究其情感内涵和与中国传统文化的关系，再从本体的角度研究其诗歌体式和艺术特征，最后结合先秦至唐五代著名诗歌流派及著名作家作品展开个体研究，在类型、内涵与文化、文体、艺术、作家五个方面分析论述，得出了以下结论和启示。

一、结论

1. 在以等级差序和父权血缘为重的中国古代宗法制封建社会中，哀悼对象的社会地位和作家与哀悼对象之间的关系及感情深浅决定了先秦至唐五代哀悼诗的言语策略和表达效果。颂哀是哀悼诗的主要情感基调，对处于一致(solidarity) 面子系统而且诗人与其感情较深的哀悼对象，往往运用消极性方略——Levinson 称作的消极礼貌(negative politeness)，即对强加(行为)的回避 (avoidance of imposition)，运用平等性话语，一般不用赞语，只抒哀情，对于处于等级(hierarchy) 面子系统和尊敬(deference) 面子系统而且诗人与其感情较浅的哀悼对象，往往运用积极性方略——Levinson 所称作的积极礼貌(positive, politeness)，即对别人表示赞许(approval of the other person)，用敬语和赞语，并辅以抒哀情，因此，悼夫诗多表达思念和忠贞之情，悼妻诗大多表达哀伤之情，也有的是赞而哀，悼妾诗多赞貌、性、艺和思人兼而有之，除悼亡诗以外的其他亲属哀悼诗和交际应酬类哀悼诗大多表达对死者杰出才华、高尚品德、出身高贵、位高名尊、丰功伟绩、美貌技艺等方面的赞颂并抒发哀悼之情。从表达的效果来看，诗人与死者感情深厚的作品往往写得文采飞扬、动人心扉，而悼君诗、悼皇后诗、悼王诗、悼太子、悼公主诗、悼夫人诗因其哀悼对象身份特殊，既要表达对他们的尊敬、赞扬、哀悼但又不能有过于亲密的表示，故大多出现类型化、模式化的倾向。

2. 从不同角度、不同层面看，先秦至唐五代哀悼诗具有丰富而深刻的情感内涵：从死亡的本质看，美国耶鲁大学谢利·卡根（Shelly Kagan）教授的剥夺解释理论（The Deprivation Account）认为剥夺性（Deprivation）是死亡的最主要特征，此外还有终结性（finality）、必然性（inevitability）、普遍性（universality）、差异性（variability）、不可预测性（unpredictability）、无所不在（ubiquitous）六个方面的本质特征；从对死者情感的角度看，存者含有悲伤痛苦、孤独思念、内疚悔恨、报恩补偿、怜悯顾惜等多种复杂的感情；从作者的角度看，有的哀悼诗在哀悼死者的同时含有自己乡关之思和怀才不遇的身世之感；从对现实世相批判的角度看，有的哀悼诗表达了对统治阶级的讽刺、对天命的抱怨、对世态人情的怨刺。这些均能激发人们理性、认真地思考生命和死亡，从而更好地度过每人仅此一次的生命。先秦至唐五代哀悼诗深受社会传统文化的渗透和影响。诗中无论是生命价值观还是死亡观及丧葬观都带有很强的儒家伦理色彩，虽然儒家思想具有泯灭个性、让人成为伦理符号的缺陷，但是从宏观上看，男性大多倾向于自我完善、为平天下而建功立业、用立德、立功、立言和延续血脉以超越死亡和继承功业，女性大多倾向于服从规矩、为男性稳定后方服务，其生命观以及人人守礼不逾矩的礼仪信条确实对维护封建君主专政有着不可磨灭的功绩。道教以其贵生恶死的生命观、超越局限、改造自然的精神吸引了众多哀悼诗作家，以其修道成仙、长生不死淡化存者对死亡的恐惧和增强对生命的乐观，以其清静无为、放任自然的生活态度让人远离纠纷、排除烦恼，其古奥的语汇、离奇的典故也丰富了哀悼诗的语言表达和审美想象，佛教给先秦至唐五代哀悼诗带来了新的生活内容，它的人生无常、人生苦短思想反映了佛教苦谛的本质，五蕴聚合、十二因缘、业报轮回等思想缓解了死亡给存者带来的悲哀、痛苦以及超越死亡的希望，它对哀悼诗的影响比道教小得多主要与封建政权的扶持力度和自身的精神内涵有关。总之，道教、佛教都给哀悼诗注入了生命的活力和丰富的审美想象。

3. 不同的文体有不同的表达规范、使用功能和审美效果，四言体有较强的民

歌口语向书面语演变的色彩，其语言构成原理是：在语调手段运用上由多到少，语气词由多到少，重复句式从有到无，多化用《诗经》的语言句式，雅颂体句式出现，章法从重章叠唱和靠句式重复构建到单篇多种章法演变，赋、比、兴手法由多到少，造成这种转变的原因主要是语言演变对诗歌的影响和哀悼诗表达内容对诗歌语言的限制。

楚歌体有哀怨的风格，其语言构成原理是：多用位置不固定的语气词和想象类词汇、芳草美树美景类词汇，以哀悼对象定齐言、杂言句式，语气词构联连贯、绵长的句子链条，游仙境界的长篇结构逐渐过渡为中短篇现实多样性结构，赋法并置强化哀情，其原因主要是楚国江山奇丽、地势险峻、河流湍急的人文地理因素和失去理性的哀怨情感所致。

五、七言古体有朴实平易的语言风格，其语言构成原理是：运用平实的词汇，多用常式句和陈述句，使用随哀情而定的自然章法，少用积极修辞中的形象描述类修辞手法，其原因主要是运用朴实、平易的语言形式去表现生与死、死后哀这种人世间最普遍、最自然的客观真理和人类情感，形式与内容相辅相成，容易达到语言表达信、达、雅的最佳效果。

律体有庄重、严肃、典雅的风格，其语言构成原理是：用概括、凝练的语汇表明死者的个人简况，超常运用表哀伤、哀悼的心理语汇，多用表现哀情的同义词、反义词和古朴、严谨、概括、精炼的句式以及生死对照式和死后渲哀式的章法表达，其原因主要是越哀悼尊贵的上级或长者，其诗体句式越简洁、朴素、整齐，章法越严谨、匀称。

绝句有含蓄蕴藉的风格，其语言构成原理是：选取遗物、遗屋、遗诗、遗孤、遗孀、坟墓、送葬、典型往事、醉、梦以及即兴之景等哀悼典型，多用比喻、婉曲、衬托、借代、用典等表示含蓄委婉的辞格和第三、四句言已尽哀无穷的表达方式，往往依靠第三、四句的"犹""还""独""不""莫""唯""偏"等副词，"谁""何""岂""争"等疑问代词，"若""纵""却""虽"等连词，"今宵""昨夜""此时"等时间名词来构成语意转折，大体形成死—哀式、写景—抒情式、生—死式三种章法形式，其原因主要是因绝句篇幅短小，故要求语言概括、凝练含蓄、章法紧凑、言简意丰、意味无穷。

总之，哀悼情感强烈的程度和哀悼对象的身份是决定诗人选择何种诗体的主要原因。一般而言，哀悼对象身份越尊贵，诗人的感情越内敛，越选用齐言、格律严谨的哀悼诗，而诗人的情感越奔放，越选用杂言、不太讲究格律的哀悼诗。所以，五律体哀悼诗句式较短，节奏较少，又比四言体句式多了一个字，更富有表现力，而且因其较多用二一二句式对称结构而越发显得整齐匀称、严谨端庄，因而多用于交际应酬类哀悼诗中哀悼地位较为尊贵的死者，是先秦至唐五代所有哀悼诗中运用最多、最适合表现哀情的文体。

4. 死亡的客观必然性和灵魂不死、鬼魂作祟的观念以及生者与死者的特殊关系让人们对死者产生既敬又怕、既爱又痛的复杂心理，它是决定先秦至唐五代哀悼诗的语言表达和审美意象、审美意境的重要因素。体现为：(1)以押阳声韵为主和押“i”“u”“ü”结尾的阴声韵为辅，委婉的死亡表达，雅典、赞美性比喻的运用，构成了委婉、含蓄、庄重、典雅的语言风格，尤其是以押阳声韵为主和押“i”“u”“ü”结尾的阴声韵为辅是先秦至唐五代哀悼诗的押韵特点，其发音原理与唔唔哼哼、咿咿呜呜、吁吁嘘嘘的哭声和哀叹声的发声原理大致相同，能较好地抒发对死者的哀痛和感叹之情。(2)其总体抒情模式是哀颂式，其包含先颂后哀、先哀后颂、哀颂交集、只颂不哀、只哀不颂、哀颂讽交集六种套式，含颂式抒情套式最多，纯哀式抒情套式最少，其中又以先颂后哀套式占主流。哀颂式抒情模式按其表现方法的不同又可分为借景抒情式、借物抒情式、借梦抒情式、比兴式、直接抒情式、综合式六种抒情方式，其总体特征是在颂哀抒情模式统率下以间接抒情方式为主。(3)先秦哀悼诗的意象大多比较单一，意象表现比较疏，以动植物意象为主，以想象之象为辅，大多采用赋、比、兴的表现方法连接，形成了蓼莪、黄鹄、黄鸟的典型意象原型。汉代哀悼诗的意象大多比较单一，有些纯粹是人物形象，意象表现也比较疏，有三种意象组合方法：并置法、比兴法、赋法，形成了芑梁妻哭城、公无渡河的典型哀悼意象。三国两晋南北朝哀悼诗的意象类型发生了较大变化：坟墓意象、遗物意象、四时季节变换中的物候意象、天气意象增加，从南朝开始出现历史人文意象，从北齐开始出现送葬类意象，在意象的组合上，三国两晋南北朝哀悼诗大多是通过设置 1～3 个主要意象、辅以其他次要意象组合抒情，有四种方式：叠加复指式、对偶列举式、比兴式、跳跃式，坟墓意象是三国两晋南北朝哀悼诗的典型意象。唐代哀悼诗的意象安排得比较密集，其意象群结构也发生了较大变化：一是涌现了大量历史、神话、传说类典故意象，二是送葬类意象大大增加，三是遗物、遗作类意象增加了新的品种，遗屋类、遗作类、遗子女、坟

墓意象有所增加，在组合方式上，用得最多的是对仗或对偶句意象并举法，其次是跳跃式、叠加复指式、赋法并置、比喻式，一些典型的如关于剑、琴、鹤的历史、神话、传说典故意象较多运用，其原因大体与语言的发展变化、诗歌体式的演变更潜、作者从以感性思维为主到以理性思维为主的思维方式的演变更新等因素有很大关系。(4)先秦至唐五代哀悼诗中的意境“空”不仅是语言层面的“空”，更是语义和结构层面的空，是集地理学、生理学、心理学、哲学、宗教、美学于一体的审美范畴，具有萧条、偏僻、寂静、寒冷、孤独、虚无、荒谬、悲剧、妙悟等多重内涵。其营造方法有三：对空间之空的扩大与强化、对心理时间的拉长、对时空的虚化，它以空框效应、充满张力的语言和含蓄的韵味吸引主体的审美关注，给审美主体带来丰富的想象和联想空间，从而获得出乎意料的审美体验。

5. 作家的政治地位或文学地位及哀悼对象的地位较高，表现的思想内涵崇高或具有真理性、普遍性，文体运用娴熟或有重大突破，艺术技巧高超和艺术成就巨大，均决定了一位作家在哀悼诗史上的地位，汉武帝刘彻、潘岳、杜甫、韦应物、孟郊、刘禹锡、元稹、白居易、李商隐、李煜就以上述的某些成就而成为中国哀悼诗史上的一流作家，其中杜甫和元稹则是其中的“双子星座”。

二、启示

人人必死，正如汉乐府《篙里》所言：“蒿里谁家地？聚敛魂魄无贤愚。”哀悼诗因其内涵的广泛性而具有多方面的研究价值和研究意义。

（一）文学价值

胡适认为文学的价值在于能兼实用和审美于一体，他在文学改良“八事”中首提“言之有物”，“有物”包括两方面，一为情感，它是文学的灵魂，二为思想，它含有作家的识力见地和理想。哀悼诗亦是如此，人之必死，人人要死，因此看到别人死亡，人们总是情不自禁地产生兔死狐悲的感觉，所以哀悼诗中含有人世间最真挚、最浓郁的情感。透过对哀悼诗的解读和研究，揭示哀悼诗中最本质最合乎人性和人情的东西，我们可以清楚地了解先秦至唐五代人们的不同情感内涵。当然，我们也不否认哀悼诗中也有属于社会强迫性质的作品，作者是为文造情，并非出自真情实感，那要另当别论。再者，生与死是人世间最大的矛盾和最大的悲剧，人们由此而生的思想内涵也最为深刻、最为复杂也最为感人。例如，同是悼亡诗的思想内涵，汉武帝是身与国长生，潘岳是背叛了自己一直坚持的正义原则和善良的道德底线去趋炎附势而产生的矛盾、焦虑、困惑和不安，韦应物是渗透着繁荣过后的孤寂、沧伤过后的虚无以及佛教的看穿和试图超越，元稹是强调人与人之间真诚相待、心意相通、互相支持、投桃报李的真挚情感以及对世情、人情的真理性深刻体悟等等，都深邃而有异。哀悼诗也十分讲究美感，如用委婉语婉称死亡、多用雅典和赞美性比喻而形成的含蓄、优美、庄重、文雅的语言，营造集地理学、生理学、心理学、哲学、宗教、美学于一体的具有萧条、偏僻、寂静、寒冷、孤独、虚无、荒谬、悲剧、妙悟等多重内涵的审美意境——空，无不让人产生审美的愉悦之感。

再者，各类原型主题系统在历时性的流播过程中形成了相对稳定的语言风格、意象结构、象喻系统、抒情模式，例如，思乡诗的三大抒情模式为：(1)过去回忆式；(2)未来展望式；(3)并时互想式。(陈文忠《中国古典诗歌接受史研究》)游览类诗作的三种抒情模式为：(1)触景生情式；(2)造景抒情式；(3)游景悦情式。(胡大雷《〈文选〉编纂研究》)同样，哀悼诗也有自己独特而相对稳定的语言风格、意象结构、象喻系统、抒情模式，以此为研究，可以为中国古代诗歌的原型主题系统研究提供借鉴。

（二）文体价值

中国分体文学研究的传统及文学史、诗史、词史研究的日益细化要求我们选取迄今乏人论述的先秦至唐五代哀悼诗作为研究目标。

中国文学的文体分类由来已久，自葛天氏的古乐有“歌八阕”之说起，春秋战国时期的五经——《诗经》《尚书》《易经》《周礼》《左传》，三国时期曹丕的《典论·论文》，南朝刘勰的《文心雕龙·定势》，西晋陆机的《文赋》，南朝昭明太子萧统主编的《文选》，北宋李昉、徐铉、宋白及苏易简等二十余人共同编纂的《文苑英华》，明代吴讷的《文章辨体》，徐师曾的《文体明辨》，清代姚鼐的《古文辞类纂》，乾隆皇帝组织编写的《四库全书》无一不是文体分类的典范之作。而当前的文学史、诗史、词史的分类研究也日益细化，如有按时段分的，有按四大体裁分的，也有按地域分的，还有按题材分的，如葛晓音的《八代诗史》(中华书局，2007)为断

代诗史，杨世明的《巴蜀文学史》（巴蜀书社，2003）为地域诗史，路成文的《宋代咏物词史论》（商务印书馆，2005）为题材诗史等等。而哀悼诗作为中国古典诗歌的一大题材，其数量之多、涉及对象之广泛确是其他许多题材诗不能相比的，研究它对中国文学专题研究有重要的借鉴意义，但是当前学者的研究仅局限在其中数量不多的悼亡诗词和挽歌上，对其他的哀悼诗词尚缺乏全面系统的论述，着实令人可惜。因此，先秦至唐五代哀悼诗作为诗词研究中的鲜人涉足之地值得我们研究，研究它具有重要的文学史意义。尤其是本著作还专辟一编探导先秦至唐五代哀悼诗各种诗歌体式的不同语言风格和构成原理，不仅对哀悼诗研究有重要的文学史意义，而且对其他题材诗的研究也有所启发。

（三）文化价值

哀悼诗的文化意义主要体现在两方面：礼仪文化和死亡文化。

1. 哀悼诗的礼仪文化作用

中国自古为礼仪之邦，礼就是为区分等级贵贱、次序而制订的，中国古代礼仪文化的本质就是维护等级制度。“夫礼者，所以章疑制微，以为民坊者也。故贵贱等级，衣服有别，朝廷有位，则民有所让。”[①]礼仪规范的目的就是使人的一切行为符合自己的身份，各阶层的人要安守其身，不相逾越，做到恰如其分。这一点在古代的丧礼和祭礼中体现得非常明显。然而随着社会的发展，礼的内容已经扩展到人际交往的日常礼仪和人类社会生活的其他方面，其内涵远远超过了维护等级制度的意义，礼仪文化中所蕴含的一些具有积极意义的价值原则，如诚敬、礼让、宽恕、卑己尊人、礼尚往来、中和等，在陶冶国人的道德情操和促使社会稳定、谋求国家统一等方面有着不可泯灭的历史功绩。研究哀悼诗不仅对研究古代的丧祭制度、家族制度、社会风俗等具有重要的史料价值，对当代丧祭礼仪也有一定的借鉴作用，而且对提高个人修养、家和邦定、国泰民安更有重要意义。

2. 哀悼诗的死亡文化是社会总文化的一部分，从历代诗词中了解死亡文化，其意义大体在于：

---

① （清）阮元校刻《十三经注疏·礼记正义·坊记》，北京：中华书局1980年版，第1619页。

其一，有助于树立正确的人生观、伦理观。任何人都无法回避死亡，有的人死重于泰山，有的人死轻于鸿毛，死亡观是人生观的一部分，只有正确地面对死亡，才能明确人生的价值和意义。作为一个有着五千年文明传统的国家，我们无时无刻不生活在传统文化的渗透之中，从古人的哀悼诗中了解古人对死亡的看法和意义，如我们要从哀悼诗中的儒家思想、道教、佛教中取其精华、弃其糟粕，为我所用。面对生存，我们要吸取儒家直面现实、活在当下的态度和建功立业的进取精神，学习道教全生、贵生、保生的思想，而要抛弃佛教视生如苦的消极观念。面对死亡，我们应该吸取儒家思想直面死亡的勇气和理性，而要摒弃道教成仙和佛教死后有知的幻想，当然有时也可以当作虚拟的精神安慰，如可摒弃道教成仙的荒谬而吸取其长生的精神内核，如可学习佛教五蕴聚集的空观来看淡死亡的悲剧和人生的挫折。这均与现在西方一些国家建立的“死亡学”对人们进行正确的死亡教育用旨一致。

其二，有助我们正确地认识古代丧葬活动。苏轼说过“横看成岭侧成峰，远近高低各不同”[①]（《题西林壁》）这说明看问题的角度不同，其结果也不同。我们不仅要善于从史学的角度来看待古代的丧葬活动，还要善于从文学的角度来看待古代的丧葬活动。因为中国自古文史不分家，从多方面、多角度全面深刻地认识死亡文化，即它的含义、赖以产生的诸种社会条件和社会功能，才有可能正确地认识古代民间的丧葬活动。

其三，有助于我们更全面、更深刻地认识我们中华民族和中国古代社会。任何一个社会生存和死亡两类活动、两类文化总是相互影响、相互制约的，一个民族、一个社会如何对待死亡（死亡观）总是从不同角度反映着她如何对待生活、生命（生存观）。可以说，历史上，一个民族的衰退、一个社会的崩溃总是首先通过他们的人生哲学、死亡观的颓废开始的。所以，我们了解了一个民族、一个社会的死亡观，将大大地有助于认识这个民族、这个社会人们的处世哲学和行为方式。

（四）心灵史价值

“20 世纪历史学的一个重大转折，就是由传统的政治史、制度史、战争史、外

① 北京大学古文献研究所编，陆彬良责任编辑《全宋诗》第 68 册，北京：北京大学出版社 1991 年版，第 9339 页。

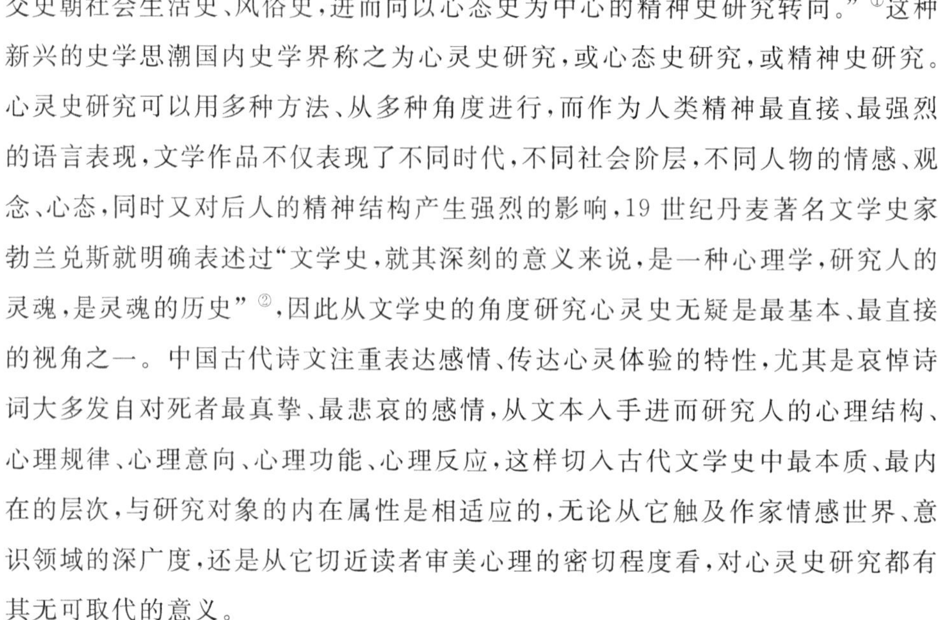

交史朝社会生活史、风俗史，进而向以心态史为中心的精神史研究转向。”[①]这种新兴的史学思潮国内史学界称之为心灵史研究，或心态史研究，或精神史研究。心灵史研究可以用多种方法、从多种角度进行，而作为人类精神最直接、最强烈的语言表现，文学作品不仅表现了不同时代，不同社会阶层，不同人物的情感、观念、心态，同时又对后人的精神结构产生强烈的影响，19 世纪丹麦著名文学史家勃兰兑斯就明确表述过“文学史，就其深刻的意义来说，是一种心理学，研究人的灵魂，是灵魂的历史”[②]，因此从文学史的角度研究心灵史无疑是最基本、最直接的视角之一。中国古代诗文注重表达感情、传达心灵体验的特性，尤其是哀悼诗词大多发自对死者最真挚、最悲哀的感情，从文本入手进而研究人的心理结构、心理规律、心理意向、心理功能、心理反应，这样切入古代文学史中最本质、最内在的层次，与研究对象的内在属性是相适应的，无论从它触及作家情感世界、意识领域的深广度，还是从它切近读者审美心理的密切程度看，对心灵史研究都有其无可取代的意义。

（五）方法论价值

对哀悼诗的跨学科交叉研究在研究方法论上也对中国古典诗词研究具有重要意义。本课题的研究涉及语言学、社会学、哲学、历史学、美学、民俗学、地理学、生理学、心理学、宗教、伦理学、文化人类学等学科领域，在研究时除了运用古代文学传统的考论结合法外，还运用到其他学科的多种研究视角和研究方法，这些都会给中国古典诗词研究注入新的活力。

先秦至唐五代哀悼诗也对后代文学产生了重大的影响，围绕哀悼诗产生的本事和诗中出现的故事成为宋代以后诗词乃至小说常用的题材，它所创建的许多意象、意象的连接方法、抒情模式、抒情方式和营造的意境等在宋代以后的哀悼诗词中大量使用，因此宋代以后的哀悼诗词仍具有很大的研究空间，但由于本人此阶段时间、精力有限，不能一一研究，实为遗憾，亟待以后有机会再作系统研究。

---

① 蒋寅《古典文学与精神史研究》，《新华文摘》2001 年第 11 期，第 111 页。

② 勃兰兑斯著《十九世纪文学主流 第 1 分册 流亡文学》，北京：人民文学出版社 1980 年版，第 2 页。

参 考 书 目

（分著作、硕博士论文、期刊论文三部分，均按字母顺序排列）

著作：

B

《抱朴子内篇校释》，王明著，北京：中华书局，1985

《抱朴子外篇校笺》，（晋）葛洪撰，杨明照笺注，北京：中华书局，1991

《八代诗史》（修订版），葛晓音著，北京：中华书局，2012

《白虎通疏证》，（清）陈立撰，吴则虞点校，北京：中华书局，1994

《白居易诗体校注》，谢思炜撰，北京：中华书局，2006

《变迁之痛转型期的社会失范研究》，朱力著，北京：社会科学文献出版社，2006

《北史》，（唐）李延寿撰，北京：中华书局，1974

C

《楚辞补注》，（宋）洪兴祖撰，白化文、许德楠、李如鸾、方进点校，北京：中华书局，1985

《楚辞集注》，（宋）朱熹撰，上海：上海古籍出版社，1979

《楚辞与中国古代韵文》，郭建勋著，长沙：湖南师范大学出版社，2001

《册府元龟校定本》，（宋）王钦若等编撰，周勋初等校定，南京：凤凰出版社，2006

《春秋繁露・天人三策》，（汉）董仲舒著，长沙：岳麓书社，1997

《春秋繁露义证》，（清）苏舆撰，钟哲点校，北京：中华书局，1992

《春秋左传正义》（十三经注疏本），（清）阮元校刻，北京：中华书局，1982

《春秋左传注》，杨伯峻编著，北京：中华书局，1981

《陈书》，（唐）姚思廉撰，北京：中华书局，1972

《词学十讲》，龙榆生著，北京：北京出版社，2004

《蔡中郎文集附蔡中郎外传》，（汉）蔡邕撰，北京：中华书局，1991

《曹植集校注》,(魏)曹植著,北京:人民文学出版社,1984

D

《典论》,魏文帝撰,孙冯翼辑,北京:中华书局,1985

《杜诗详注》,(清)仇兆鳌著,北京:中华书局,1979

《悼亡诗史》,胡旭著,上海:东方出版中心,2010

E

《尔雅义疏》,(清)郝懿行撰,上海:上海古籍出版社,1983

F

《佛教史》,杜继文著,任继愈总主编,南京:江苏人民出版社,2006

G

《古典诗论集要》,屈兴国等选注,济南:齐鲁书社,1991

《古典文学佛教溯缘十论》,陈允吉著,上海:复旦大学出版社,2002

《古赋辨体》,(元)祝尧著,台北:台湾商务印书馆,文渊阁四库全书本,1986

《古诗源》,(清)沈德潜编,北京:中华书局,1963

《广雅疏证》,(清)王念孙著,北京:中华书局,1983

《关尹子》(丛书集成初编本),(周)尹喜撰,北京:中华书局,1985

《管锥编》,钱钟书著,北京:中华书局,1979

《管子校注》,黎翔凤撰,梁运华整理,北京:中华书局,2004

H

《后汉书》,(宋)范晔撰,(唐)李贤等注,北京:中华书局,1965

《红楼梦诗词》,蔡义江评注,北京:中华书局,2011

《汉书》,(汉)班固撰,北京:中华书局,1962

《汉唐文学的嬗变》,葛晓音著,北京:北京大学出版社,1990

《汉魏六朝百三家集题辞注》,(明)张溥著,殷孟伦注,北京:人民文学出版社,1960

《汉魏六朝乐府文学史》,萧涤非著,北京:人民文学出版社,1998

《汉语等韵学》,李新魁著,北京:中华书局,1983

《汉语风格学》,黎运汉著,广州:广东教育出版社,2000

《华阳国志巴志》(丛书集成初编本),(东晋)常璩撰,北京:中华书局,1985

《汉语语法专题研究》(增订本),邵敬敏、任芝鍈、李家树、税昌锡、吴立红著,北京:北京大学出版社,2009

J

《迦陵论诗丛稿》,叶嘉莹著,石家庄:河北教育出版社,1997

《晋书》,(唐)房玄龄等,北京:中华书局,1982

《剑溪说诗又编》,(清)乔亿,《续修四库全书》本

K

《孔子家语》,王国轩、王秀梅译注,北京:中华书局,2011

L

《历代哀祭诗词精华二百首》,郭秀华、高培权编著,西安:陕西人民出版社,1997

《历代诗话》,(清)吴景旭撰,北京:中华书局,1958

《历代诗话》,(清)何文焕辑,北京:中华书局,1981

《礼记集解》,(清)孙希旦撰,沈啸寰、王星贤点校,北京:中华书局,1989

《礼记正义》(十三经注疏本),(清)阮元校刻,北京:中华书局,1980

《类编长安志》,(元)骆天骧撰,黄永年点校,北京:中华书局,1990

《梁书》,(唐)姚思廉撰,北京:中华书局,1973

《李商隐诗歌集解》第2版,刘学锴、余恕诚著,北京:中华书局,2004

《李商隐诗要注新笺》,吴慧著,北京:方志出版社,2010

《礼纬·含文嘉》,(魏)宋均注,玉函山房辑佚书本

《鲁迅全集》,鲁迅著,北京:人民文学出版社,2005

《列仙传校笺》,(汉)刘向撰,王叔岷校笺,北京:中华书局,2007

《楞严经》,赖永海主编,刘鹿鸣译注,北京:中华书局,2012

《论语集释》,程树德撰,程俊英、蒋见元点校,北京:中华书局,1990

《论语正义》,(清)刘宝楠著,北京:中华书局,1957

M

《毛诗正义》(十三经注疏本),(清)阮元校刻,北京:中华书局,1980

《孟子》,万丽华、蓝旭译注,北京:中华书局,2006

《梦占逸旨》,(明)陈士元撰,北京:中华书局,1985

《孟子注疏》(十三经注疏本),(清)阮元校刻,北京:中华书局,1980

《孟子正义》,(清)焦循撰,沈文倬点校,北京:中华书局,1987

N

《南齐书》,(梁)萧子显撰,北京:中华书局,1972

《南史》,(唐)李延寿撰,北京:中华书局,1975

《南唐书两种》,(宋)马令、(宋)陆游撰,南京:南京出版社,2010

P

《帕斯卡尔思想录》,(法)帕斯卡尔著,何兆武译,天津:天津人民出版社,2007

《潘岳及其诗文研究》,(台湾)陈淑美著,台北:文津出版社,1999

《潘岳研究》,王晓东著,上海:上海古籍出版社,2011

Q

《古今图书集成》,(清)陈梦雷、蒋廷锡等撰,北京:中华书局,1934—1940

《清诗话》(上、下册),中华书局上海编辑所编辑,北京:中华书局,1963

《清诗话续编》,郭绍虞编撰,富寿荪校点,上海:上海古籍出版社,1983

《全宋词》,唐圭璋编,北京:中华书局,1965

《全宋诗》,北京大学古文献研究所编;陆彬良责任编辑,北京:北京大学出版社,1991

《全唐诗》,彭定求等校点,北京:中华书局,1960

《全唐诗增补本》(全十五册),中华书局编辑部点校,北京:中华书局,2011

S

《史记》,(汉)司马迁撰,北京:中华书局,1959

《诗经通论》,(清)姚际恒著,北京:中华书局,1958

《诗经原始》,(清)方玉润撰,北京:中华书局,1986

《诗经语言艺术新编》,夏传才著,北京:语言出版社,1998

《诗集传》,(宋)朱熹集注,北京:中华书局,2011

《西京杂记(外五种)》,(汉)刘歆撰,王根林校点,上海:上海古籍出版社,2012

《十年生死两茫茫——古代悼亡诗百首译析》,尚永亮、高阵著,西安:陕西人

民教育出版社,1989

《十九世纪文学主流第一分册:流亡文学》,勃兰兑斯著,张道真等译,北京:人民文学出版社,1980

《诗品集注》,(梁)钟嵘著,曹旭集注,上海:上海古籍出版社,2011

《诗人屈原及其作品研究》,林庚著,上海:古典文学出版社,1957

《隋书》,(唐)魏征、令狐德棻撰,北京:中华书局,1973

《宋书》,(梁)沈约撰,北京:中华书局 1974

《宋史》,(宋)脱脱等撰,北京:中华书局,1977

《诗薮》,(明)胡应麟撰,上海:上海古籍出版社,1979

《世说新语》,(南朝宋)刘义庆著,北京:中华书局,2007

《世说新语笺疏》,(南朝宋)刘义庆著,(南朝梁)刘孝标注,余嘉锡笺疏,北京:中华书局,2011

《四书章句集注》,(宋)朱熹著,北京:中华书局,2008

《史通》,(唐)刘知几撰,(清)浦起龙通释,吕思勉评,李永圻、张耕华导读整理,上海:上海古籍出版社,2008

《隋唐五代教育论著选》,孙培青编,北京:人民教育出版社,1993

《说文解字》,(汉)许慎撰,(宋)徐铉校定,北京:中华书局,2013

《商周虚词研究》,裘燮君著,北京:中华书局,2008

T

《唐才子传校笺》,(元)辛文房撰,傅璇琮主编,北京:中华书局,1987

《通典》,(唐)杜佑撰,北京:中华书局,1984

《唐代诗人丛考》,傅璇琮著,北京:中华书局,1980

《唐代诗文六家年谱》,罗联添,台北:学海出版社,1986

《唐大诏令集》,(北宋)宋敏求编,北京:中华书局,2008

《陶公诗评注初学读本》卷一,(清)孙人龙纂辑,转引自《古典文学研究资料汇编陶渊明卷》,北京:中华书局,1962

《唐会要》,(北宋)王溥撰,北京:中华书局,1955

《唐六典》,(唐)李林甫等撰,北京:中华书局,1992

《太平广记》,(宋)李昉等编,北京:中华书局,1961

《太平御览》,(宋)李昉等编,北京:中华书局,1960

《唐前生命观和文学生命主题》,钱志熙著,北京:东方出版社,1997

《唐诗的魅力》,(美)高友工、梅祖麟著,上海:上海古籍出版社,1990

《唐声诗》,任半塘著,上海:上海古籍出版社,2006

《唐诗审美十论》,刘洁著,北京:民族出版社,2002

《唐诗学引论》,陈伯海著,上海:知识出版社,1988

《唐诗研究》,胡云翼著,台北:商务印书馆,1987

《唐诗综论》,林庚著,北京:人民文学出版社,1987

W

《〈挽歌考〉辨》(上、下),丘述尧著,《文史》第四十三、四十四辑,北京:中华书局,1988

《挽歌考》,齐天举著,《文史》第二十九辑,北京:中华书局,1988

《文镜秘府论汇校汇考》,(日)遍照金刚撰,卢盛江校考,北京:中华书局,2006

《围炉诗话》,吴乔述著,北京:中华书局,1985

《文选》,(南朝梁)萧统撰,(唐)李善注,北京:中华书局,1977

《文心雕龙》,(南朝梁)刘勰撰,北京:中华书局,1985

《文心雕龙注》,(南朝梁)刘勰著,范文澜注,北京:人民文学出版社,1958

《韦应物诗集系年校笺》,(唐)韦应物著,孙望编著,北京:中华书局,2002

《文苑英华》,(宋)李防编,北京:中华书局,1966

《文章辨体序说文体明辨序说》,(明)吴讷(书误为纳),(明)徐师曾著,于北山、罗根泽校点,北京:人民文学出版社,1962

X

《修辞学发凡》,陈望道著,上海:上海教育出版社,2006

《孝经注疏》(十三经注疏本),(清)阮元校刻,北京:中华书局,1980

《"新批评"文集》,赵毅衡编选,北京:中国社会科学出版社,1988

《先秦汉魏晋南北朝诗》(上中下),逯钦立编,北京:中华书局,1983

《新书校注》,(汉)贾谊撰,阎振益、钟夏校注,北京:中华书局,2000

《新唐书》,(宋)欧阳修、宋祁撰,北京:中华书局,2000

《荀子集解》,(清)王先谦撰,沈啸寰、王星贤点校,北京:中华书局,2013

Y

《元白诗笺证稿》,陈寅恪著,上海:上海古籍出版社,1978

《元代诗法校考》,张健编著:北京:北京大学出版社,2001

《乐府诗集》,(宋)郭茂倩编,聂世美、仓阳卿校点,上海:上海古籍出版社,1998

《乐府诗述论(增补本)》,王运熙著,上海:上海古籍出版社,2006

《艺概》,(清)刘熙载撰,上海:上海古籍出版社,1978

《永恒的眷恋——悼祭文学的主题史研究》,王立著,上海学林出版社,1999

《约翰·克利斯朵夫卷1—5》,(法)罗曼·罗兰著,傅雷译,南京:凤凰出版传媒集团,江苏文艺出版社,2012

《乐府诗集》,(宋)郭茂倩编撰,北京:中华书局,1979

《儒家伦理与社会秩序社会学的诠释》,张德胜著,上海:上海人民出版社,2008

《耶鲁大学公开课死亡》,(美)谢利·卡根著,贝小戎等译,北京:北京联合出版公司,2014

《玉台新咏笺注》,(南朝陈)徐陵编,(清)吴兆宜注,程琰删补,穆克宏点校,北京:中华书局,1985

《玉溪生年谱会笺外一种》,张采田著,北京:中华书局,1963

《云溪友议》,(唐)范摅著,北京:中华书局,1985

《艺文类聚》,(唐)欧阳询撰,上海:上海古籍出版社,1982

《元稹集上、下》卷五七,(唐)元稹著,北京:中华书局,1982

Z

《战国策》,(西汉)刘向集录,上海:上海古籍出版社,1978

《中国古代女作家集》,王延梯辑,济南:山东大学出版社,1999

《中国古代文学作品选魏晋南北朝隋唐五代卷》,王兆鹏主编,尚永亮、刘尊明卷主编,武汉:武汉出版社,2004

《中观论颂讲记》,释印顺著,北京:中华书局,2011

《中古古代文体概论》,褚斌杰著,北京:北京大学出版社,1990

《中古诗人抒情方式的演进》，胡大雷著，北京：中华书局，2003

《中国思想史》，葛兆光著，上海：复旦大学出版社，2001

《贞观政要》，(唐)吴兢撰，上海：上海古籍出版社，2008

《中华大藏经》，《中华大藏经》编辑局编，北京：中华书局，1989

《忠经》(丛书集成初编本)，(东汉)马融撰，(东汉)郑玄注，北京：中华书局，1985

《周书》，(唐)令狐德棻撰，北京：中华书局，1971

《走向生命的巅峰——马斯洛的人本心理学》，彭运石著，武汉：湖北教育出版社，1999

《增壹阿含经》，中国佛教文化研究所点校，北京：宗教文化出版社，1999

《种玉记》，(明)汪廷讷，北京：中华书局，1958

《周易集解纂疏》，(清)李道平撰，北京：中华书局，1994

《周易注疏》，(魏)王弼韩，(晋)康伯注，(唐)孔颖达疏，陆德明音义，上海：上海古籍出版社，1989

《周易正义》(十三经注疏本)，(清)阮元校刻，北京：中华书局，1980

《诸子集成》，国学整理社辑，北京：中华书局，1986

《诸子集成第 2 册：荀子集解》，(清)王先谦著，北京：中华书局，1954

《诸子集成第 8 册：颜氏家训》，(北齐)颜之推著，北京：中华书局，1954

《庄子集释》，(清)郭庆藩撰，王孝鱼点校，北京：中华书局，2006

《资治通鉴》，(宋)司马光编著，(元)胡三省音注，北京：中华书局，1971

《中国文学批评史》，王运熙、顾易生主编，上海：上海古籍出版社，1996

硕博士论文：

D

《悼亡诗研究——以潘岳为中心》，于丽，上海师范大学，2012

H

《汉魏六朝挽歌研究》，欧阳波，华中师范大学，2007

《汉魏六朝挽歌研究》，宋亚莉，青岛大学，2009

《海外李商隐研究》，王鹏飞，华东师范大学，2013

《何以悼亡方费词》，马碧心，东北师范大学，2011

L

《六朝哀挽诗研究》,吴炳辉,台湾政治大学,中国文学研究所,1990

P

《潘陆悼伤作品异同论》,徐建,首都师范大学,2008

《潘岳的人生悲剧与其哀悼作品研究》,刘洋,深圳大学,2010

《潘岳诗歌研究》,丁婧,扬州大学,2010

《潘岳生平、心态及文学研究》,孙良申,国学院,2010

《潘岳接受研究》,刘丹,2011

《潘岳研究》,王丽芬,福建师范大学,2001

《潘岳研究》,冀秀美,河北大学,2007

《潘岳研究》,李朝阳,贵州大学,2005

《潘岳研究》,王盼,山东大学,2009

《潘岳研究》,高胜利,扬州大学,2012

《潘岳人品及其诗赋研究》,朱瑛,安徽师范大学,2006

S

《宋代哀悼诗研究》,张迎双,南京师范大学,2014

《生命的挽歌——潘岳哀挽文学研究》,杨倩,山东大学,2008

《先秦至唐五代悼亡诗研究》,周如月,广西师范大学,2010

《先秦至唐五代悼亡诗研究》,史贝贝,湖南大学,2012

T

《唐代悼亡诗初探——兼论中西悼亡诗的比较》,王婉灵,山西大学,2000

W

《魏晋南北朝挽歌研究》,杜瑞平,河北师范大学,2004

《文化视域:中西悼亡诗的“爱”与“死”》,刘包发,中南大学,2009

《韦应物诗歌艺术研究》,梅华,南京师范大学,2005

X

《先唐挽歌研究》,彭蓉蓉,华南师范大学,2010

Y

《元稹的婚恋经历及其婚恋作品研究》,曾昭游,江西师范大学,2011

《元稹悼亡诗研究》,李晶琳,黑龙江大学,2003

《元稹诗歌研究》,万建军,扬州大学,2009

《元稹艳诗与悼亡诗研究》,黄冬红,广西师范大学,2007

Z

《中国古代悼亡诗中意象体系及爱情婚姻思考》,武志龙,兰州大学,2011

《中古文士生命观及其文学表述》,徐国荣,南京大学,1998

《走近元稹——元稹研究》,丁河滨,黑龙江大学,2009

期刊论文:

D

《悼亡诗写作范式的演进》,蒋寅,安徽大学学报(哲科版),2011(3)

G

《古典文学与精神史研究》,蒋寅,新华文摘,2001(11)

H

《汉魏六朝挽歌考论》,吴承学,文学评论,2002(3)

J

《几分矫饰几分真——元稹《遣悲怀》等悼亡诗质疑》,秦吟、杨民,名作欣赏,2005(7)

《〈锦瑟〉是悼亡诗新证》,杨艳梅,古籍整理研究学刊,1997(4)

《〈锦瑟〉新论》,梁枢,西北师范大学学报(社会科学版),1984(2)

K

《哭丧歌源流考略》,谭达先,广西社会科学,1988(1)

L

《六朝文人挽歌诗的演变和定型》,王宜缓,文学遗产,2000(5)

《历代悼亡诗初论》,赵梅,苏州大学学报,1992(1)

《略论楚辞的“兮”字句》,郭建勋,中国文学研究,1998(7)

《论李商隐悼亡诗对婚姻情感价值的新发现》,蔡燕,云南民族大学学报(哲学社会科学版),2004(2)

《论韦应物诗歌的生命意识》,吴惠敏,江淮论坛,2010(3)

《〈列子〉与六朝文士的演生》,袁济喜,中国人民大学学报,2005(6)

M

《墓志新辑唐代挽歌考论》,胡可先,浙江大学学报(人文社会科学版),2009(3)

P

《潘岳悼亡诗初探》,肖立生,周小喜,湖南大学学报(社会科学版),2010(3)

《潘岳文学刍论》,凌迅,东岳论丛,1983(2)

《潘岳的妻子》,林文月,中外文学,1977(10)

S

《试论〈文选〉所收陆机〈挽歌〉三首》,傅刚,文学遗产,1996(1)

《丧礼与〈诗经〉悼亡诗》,战学成,学术交流,2006(4)

《试论义山无题诗悼亡内容及其常用意象》,卢燕平,社会科学辑刊,2002(5)

T

《〈唐诗三百首〉佳作解读:关于元稹〈遣悲怀三首〉的争论》,莫砺锋,文史知识,2011(2)

W

《魏晋文人与挽歌》,芦苇蕾,复旦学报,1988(5)

《挽歌考》,杜瑞平,中北大学学报,2005(4)

《〈文选〉诗"哀伤"类初探》,胡大雷,山西大学师范学院学报(哲学社会科学版),1997(2)

《文选挽歌考》,(日本)一海知义,《中国文学报》第十二册,1960年4月

X

《血泪哀歌,生死恋情:中国古代悼亡诗初探》,尚永亮,江汉论坛,1989(4)

《〈行路难〉与魏晋南北朝的说唱艺术》,王小盾,清华大学学报,2002(6)

《雪中探梅雾里看花——元稹、李商隐悼亡诗比较》,施红梅,江南社会学院学报,2002(4)

Y

《乐府挽歌考》,(日本)冈村贞雄,《中国中世文学研究》,1967年日本第六号

《永恒的悲美——中古时代的挽歌与挽歌诗》,范子烨,求是学刊,1996(2)

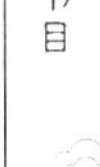

《也谈〈锦瑟〉》，高桂馥，社会科学战线，1981(2)

《语言与真实世界——中西美感基础的生成》，(美)叶维廉，古代文学理论研究，1983(8)

Z

《中国古代的挽歌》，王功龙，江汉论坛，2001(4)

《早期挽歌的源流》，何立庆，文史杂志，1999(2)

《智者的挽歌——读陶渊明的〈拟挽歌辞三首〉》，高欣，文史杂志，2002(1)